シリーズ・織豊大名の研究 8

明智光秀

柴 裕之 編著

戎光祥出版

序にかえて

　戦国時代、尾張国の地域権力であった織田氏は、庶家にあった弾正忠家出身の織田信長の飛躍によって、「日本国」の中央としてあった天下を管轄する領域権力（織田権力）へと発展を遂げ、そのもとで国内秩序にもとづいた諸勢力の統合たる「天下一統」を進めていった。信長の飛躍には、信長に仕えた一族や家臣たちの活躍があったことはいうまでもない。そのなかでも柴田勝家・丹羽長秀・滝川一益・羽柴秀吉、そして明智光秀らの織田家重臣は、「革命児」信長に登用され活躍した存在として書籍やメディアに取り上げられ、その名前や実績の知名度は他の戦国大名家と比べても突出している。こうした彼らの存在や活動も、これまでの信長や織田権力に同時代と画する「革新」的な評価を築かせてきたのである。

　だが、近年、これまで「革新」の評価でとらえられてきた織田権力に対し、歴史学の研究では革新や保守を先入観とはせず、時代状況に即した政治権力としての「実像」の追求が進められている。その「実像」にさらに迫っていくには、信長個人だけでなく、信長を支えて活動した一族・家臣たちにも目を向けていく必要が求められている。

　そのなかで、織田権力のキーパーソンとなる人物にあげられるのが、明智光秀である。光秀はもとからの織田家の家臣ではなく、前半生はいまなお不明なことが多い。しかし、信長との邂逅により、彼は信長の飛躍にあわせて歴史の表舞台における活動に従事していく。つまり、光秀は信長に才能を見いだされ、やがて近江国坂本領・丹波国を領国として統治する「織田大名」、そして天下を守衛する織田権力の重鎮として立場や活躍・役割を担う存在となった。

ところが、天正十年（一五八二）六月に光秀は、自身を歴史の表舞台での活動に引きだした主君の信長を討つという、「本能寺の変」を起こすことになってしまう。このため光秀には、謀反人というレッテルとともに、「革命児」信長に付いていくことのできなかった「常識人」という視点から、その人物評価がなされ続けてきた現況にある。

しかし、信長が「同時代人」としてその実像を明確にさせている現状にあるならば、光秀も謀反人や「常識人」という先入観をなくし、「実像」に迫ってみる必要があるのではないだろうか。光秀の「実像」に迫ることは、ただ彼の事績を評価し直すだけでなく、織田権力のより一層の実態解明や歴史的性格をとらえ直すことにもつながる。

そこで本書は、今後の明智光秀研究の進展を促すべく、著書やこれまでに織田氏関係の論文集に収録されたものを除いた十二本の論考を、四部構成のもとに収載した。これまでにも光秀をとりあげた、著書や論考は、多く刊行されている。このなかには、ぜひとも本書に掲載をお願いしたかったのだが、残念ながら諸事情のため掲載することができなかった論考もいくつかある。そこで、これまでの先行研究で明らかになった光秀の政治的立場や活動・役割、彼を支えた一族や家臣たちの成果を踏まえたうえで、編者の知見をまとめた総論「惟任（明智）光秀論」を配して、現時点における光秀の「実像」に迫ってみた。

本書の刊行によって、明智光秀の「実像」の解明がより一層進んでいき、織田権力研究はもちろんのこと、戦国・織豊期研究のさらなる進展に少しでも寄与できたならば、編者としては望外の喜びである。末筆ながら、執筆者の方々には、御理解を賜り論考の再録を御快諾いただいたことに、厚く御礼を申し上げる。

二〇一九年五月

柴　裕之

目次

第3部　政策と文化

第4部　本能寺の変と光秀

付録　明智光秀関連年表

明智光秀

総論　惟任（明智）光秀論

柴　裕之

はじめに

織田氏は、庶家にあった弾正忠家出身の信長が尾張国内を平定のうえに、やがて「日本国」の中央にあった天下を管轄統治する領域権力（織田権力）へと発展し、さらには国内諸勢力の統合たる「天下一統」を進めていった。織田権力の研究は、近年は従来の織田信長に求めた「革新性」を前提にするのではなく、同時期の政治・社会情勢を踏まえて、政治権力としての実態や歴史的性格の検討が行われている。このなかで、信長の「同時代人」としての実像が具体化されていくとともに、[1]一門や家臣の立場や活動・役割にも注目され、[2]ようやく本格的な実証研究が進められている。したがって、引き続き一門や家臣の立場や活動・役割をより明確にしていき、その総体のもとに織田権力の実態や歴史的性格をとらえていくことが、現在の研究動向にあるといってよい。

このような研究動向を踏まえたうえで、改めて注目される存在が、惟任（明智）光秀である。光秀は、本能寺の変で「革命児」の主君・信長を討ったこともあり、織田権力の実態や歴史的性格を考えるうえでのキーパーソンとして、これまでにも注目されてきた重臣である。このため、人物伝や概説書など多くの書籍が刊行されている。[3]また、研究でも、関連史料が収集のうえ、事績や居所といった基礎事項、織田権力内における政治的立場や率いる「軍団」の構成、担当領域における支配の実態など解明が進められている。(4) このうえで、かつて光秀に描かれていた謀反人や「革命児」信長に対する「常識人」＝保守的な人物というイメージのもとではなく、同時代の政治・社会情勢のなかでの「実像」に迫る必要性が説かれている。(5) この視点は、彼が属した織田権力の実態や歴史的性格をより明らかにしていくうえでも、引き続き求められよう。

本稿はこれまでの研究成果を踏まえて、「惟任光秀論」として、改めて光秀の政治的立場や活動・役割、彼を支えた一族や家臣たちをみていき、その「実像」の一端に迫ってみる。検討に際して押さえておきたいことは、光秀が当時においても「信長厚恩」によって引き立てられた人物と評されるように（『多聞院日記』(6)）、主君・織田信長との関係が立場や活動・役割に大きく影響していたことである。そこで本稿では、一般に知られる「明智光秀」ではなく、織田権力下での「惟任光秀」の名を重視し、検討していく（ただし、惟任名字を名乗る以前の記述には明智名字を用いる）。

一、光秀の出自と台頭

惟任（明智）光秀の前半生に関しては、不明なことが多い。生年と出生地を、寛永八年（一六三一）六月十三日に光秀の子息を称す妙心寺僧侶の玄琳が編み譲渡した体裁をとる、『明智系図』（『続群書類従』第五輯下所収）では、享禄元年（一五二八）三月十日に美濃多羅城（岐阜県大垣市）と記す。

また、『明智氏系図宮城相伝系図書』（『大日本史料』第十一編一、五一六～一八頁）は、生年と出生地を享禄元年に美濃多羅城とするのは同じだが、月日は八月十七日と異なる。これらによると、光秀の享年は、数え年で五十五である。この享年は、元禄年間（一六八八～一七〇四）に作成された光秀一代の事績を記した軍記物の『明智軍記』[7]でも確認される。このほか江戸時代の諸書では、光秀の享年を五十七とするものもみられる。[8]

一方、寛永年間に成立されたと推察される『当代記』（『史料雑纂　当代記・駿府記』所収）は、光秀の享年を六十七とする。さらに延宝～元禄年間（一六七三～一七〇四）にかけて、美作津山藩士の木村昌明によってまとめられた、森家時代の津山藩記録である『武家聞伝記』巻第一所載の「古今之武将他界之覚」[9]には、享年を七十として伝える。

このように、光秀の享年は五十五、五十七、六十七、七十と諸説あり、それに従えば生年は享禄元年、大永六年（一五二六）、永正十三年（一五一六）、永正十年となる。成立年代や書かれている史料の性格を踏まえると、谷口克広氏も指摘する[10]、『当代記』の六十七歳説に信を置きたいが決しがたい。その解明は、今後も引き続き検討されるべき課題である。

次に出生地と関わる光秀の出自だが、これまでも指摘されているように、『兼見卿記』（『史料纂集　兼見卿記』）の元亀三年（一五七二）十二月十一日条で、光秀に「濃州親類」の存在が確認されることや『立入隆佐記』[11]における「美濃国住人、とき《土岐》の随分衆也」との記述から、美濃国の出身で守護土岐家に従う存在であったことはわかる。

土岐一族としてあった明智氏に関しては、三宅唯美氏の専論がある。[12]その成果に大きく拠りながら、土岐明智氏を確認しよう。土岐明智氏は、初代の美濃守護・土岐頼貞の孫にあった頼貞に始まる。同氏は、美濃国妻木郷（岐阜県土岐市）などを所領とし、一族のうち、中務少輔家が室町幕府外様衆、兵庫家が同奉公衆にあった。[13]このため、『蔭凉軒日録』（『増補続史料大成　蔭凉軒日録』）の延徳三年（一四九一）五月十五日条によると、土岐一門の有力な七家の一つとしてみえる。したがって、「ときの随分衆」であったことは間違いない。一方、延徳二年頃には兵庫家と兵部家との間で、妻木郷をめぐる相論が起き（『別本伺事記録』、桑山浩然校訂『室町幕府引付史料集成』下巻、近藤出版、一九八〇年に所載）、明応四年（一四九五）三月の和解後は兵部家が活動している。

この土岐明智氏の系統に、光秀はどのように連なるのか。前掲の『明智系図』は、光秀とその父光隆とされる人物を兵部家に繋げる。これは、他の系図でも父の名が光国（『土岐系図』、『続群書類従』第五輯下所収）、光綱（『明智氏系図宮城相伝系図書』）と異なるが、同じである。しかし、系譜に裏づけをとることは難しい。後述の通り、光秀はのちに越前国に滞在した足利義昭のもとでは、新参の「足軽衆」に属していた（『光源院殿御代当参衆并足軽衆以下覚』、『群書類従』第二十九輯所収）。光秀の祖が、奉公衆などにあった系統に連なるのならば、新参の「足軽衆」には属さないだろう。

また、諸系図類のなかには、光秀の生誕地を美濃多羅城とするものもある。この正否は不明だが、もし光秀の祖が兵部家に連なるのであるならば、妻木郷でなければならないはずである。これらの点から、光秀の家は兵部家に連なる直系ではないと判断される。

ただし、近年紹介された『松雲公採集遺編類纂』所収の「戒和上昔今禄」によれば[14]、天正五年（一五七七）の大和興福寺・東大寺間での戒和上職をめぐる相論の裁許時に、担当であった光秀が述べた「我先祖致忠節故、過分ニ所知被下シ尊氏《（足利）》御判御直書等所持スレトモ」との発言から、光秀の家は足利尊氏の御判御教書を所持していたことがわかる。つまり、光秀の家は、当初は室町幕府御家人に連なる方向にあったが、早島大祐氏が指摘するように、その後、守護土岐氏に仕える被官になっていった、土岐明智氏の傍流であったととらえた方がよいと考える。

さて、江戸時代の編纂物によれば、光秀は美濃国の争乱のなかで追われたというが、正否も確かめることはできない。光秀の初見史料は、近年紹介された米田家文書に伝わる、永禄九年（一五六六）十月二十日に書写された医学書『針薬方』にある元本奥書の記述である[15]。そこには、「右一部、明智十兵衛尉高嶋田中籠城之時口伝也」との記載があり、これ以前に光秀が近江国高島郡の田中城（滋賀県高島市）に籠城していたことがわかる。

その後、光秀は越前朝倉氏のもとに身を寄せ、次に確認されるのが、前述の『光源院殿御代当参衆并足軽衆以下覚』における「足軽衆」の一員に、「明智」として記されていることである。同史料の性格に関しては、黒嶋敏氏の研究がある[16]。その成果によると、同史料は室町幕府将軍足利義輝時の記載に書き足し、「天下再興」を試みる足利義昭が越前国に滞在した、永禄十年頃に成立したことが明らかにされている。「足軽衆」としての「明智」の記載は、その書き足された部分にみえる。そして、木下聡氏によると[17]、「足軽衆」とは将軍義輝段階で創設された推察され、出自は多士済々であるが将軍直臣でない者たちで構成されていたとされる。つまり、土岐明智氏の傍流にあった光秀は、この頃には越前国にあり、足利義昭に仕える「足軽衆」として位置づけられていたのである。

一方、光秀は、『多聞院日記』天正十年六月十七日条に「細川ノ兵部《（藤孝）》太夫カ中間」、また、イエズス会宣教師のルイス・フロイスによる『日本史』でも「兵部太輔《（細川藤孝）》と称する人に奉仕[18]」とあるように、義昭の近臣で御供衆にあった細川藤孝のもとに従事していたことが知られる。藤孝は、この頃義昭の「天下再興」に尽力を示していた、尾張織田信長の交渉を担い取次を務めていた（「高橋義彦氏所蔵文書」奥野高廣編『増訂織田信長文書の研究』〈吉川弘文館、一九八八年〉六〇号文書ほか。以下、史料引用は、『信長文書』＋文書番号で略記する）。したがって、藤孝の従者として活動したという光秀も、この活動に藤孝の使者など従事した可能性が高い。

なお、奥野高廣氏は、永禄七年九月十五日付けの明智光秀・丹羽長秀連署書状写（「常在寺文書」「明智光秀文書集成」、藤田達生・福島克彦編『明智光秀―史料で読む戦国史③―』所載1号文書。以下、史料引用は、『明智』＋文書番号で略記する）に注目し、光秀が「歴史の舞台に登場した」と位置づける。(19) しかし、この文書で、光秀は天正三年七月三日に与えられた受領名「日向守」でみられる。この点は、やはり検討の余地があり、奥野氏の見解には従うことはできない。

永禄十一年七月、信長は越前朝倉氏のもとにいた義昭をようやく美濃国に迎え入れた（『多聞院日記』ほか）。そして九〜十月、信長らの尽力を得た義昭は、上洛を遂げ、念願の五畿内平定（「天下静謐」）と室町幕府の再興という、「天下再興」の実現を成し遂げる。(20) この義昭による「天下再興」の実現こそが、それに向けて藤孝のもとで活動していたと推察される光秀を「歴史の表舞台」に台頭させていく契機となっていったのである。

二、足利義昭政権と信長・光秀

京都支配での実務と軍事活動

永禄十一年（一五六八）十月に発足した足利義昭政権（室町幕府将軍足利義昭期の幕府）と織田信長との政治関係は、久野雅司氏らによって研究が進展している。(21) そこでは、義昭政権は従来いわれてきた信長の傀儡権力ではなく、当該期の天下＝「日本国」の中央にあった京都を中核とした五畿内で厳然と機能していた(22)「最大の政治勢力」であったことや信長もこの義昭政権との相互補完的な政治・軍事関係をもとに活動していたことなどが明らかにされた。このなかで光秀も、活躍が史料にみられだしていく。

最初にみられるのは、永禄十二年正月に一度は追われた三好三人衆（三好長逸・三好宗渭・石成友通）らが将軍義昭のいる京都本圀寺を襲撃したときである。このとき、光秀も本圀寺に詰めており、迎撃に加わっている（『信長公記』）[23]。その後、二月二十九日には朝山日乗と織田家吏僚家臣の村井貞勝と連署で将軍義昭御座所近辺での寄宿を取り締まっている（「陽明文庫所蔵文書」『明智』二）。

さらに、四月以降になると、京都守衛に滞在していた織田家部将の木下秀吉、丹羽長秀、中川重政と連署で[24]、織田氏に持ち込まれた禁裏御料所の丹波国山国荘（京都市右京区）からの収納保証、若狭武田氏家臣の領知保証、曇華院による山城国大住荘（京都府京田辺市）三ヶ村の領有保証などに対処している（「立入文書」、「大阪青山歴史文学博物館所蔵文書」ほか『明智』四〜七、一〇、一六九）。また、元亀二年（一五七一）九〜十月には、室町幕府奉行人の松田秀雄、織田家家臣の塙直政・島田秀満と連署で、洛中洛外に反別米の供出させ、洛中に貸し付けのうえ、利息を禁裏賄に充てる業務にあたっている（「阿弥陀寺文書」、「上京文書」ほか『明智』一四〜二一）。

一方で、元亀元年四月の信長による若狭・越前侵攻に参陣し（「永青文庫所蔵三宅文書」『明智』補遺1）、撤退後は丹羽長秀と従属した若狭武藤氏からの人質差し出し、城破りにあたっている（『信長公記』）。また、翌元亀二年には、光秀は前年の森可成の戦死により近江宇佐山城（大津市）の城将を務めるなかで、九月には比叡山攻めにおける撫で切りを積極的に実施（「和田家文書」『明智』一三）、元亀三年四月には敵対を示した河内三好氏攻めでは、柴田勝家、佐久間信盛、滝川一益と連署で、出陣に際しての指示を諸将に下している（「青山文庫文書」『明智』二四）。

このように、光秀は将軍義昭の家臣にあった一方で、義昭政権を支える織田氏の政治・軍事活動にも関与していたのである。光秀が織田氏の政治・軍事活動に携わったのには、細川藤孝のもとで織田氏との折衝実務に従事したこと。そして、それが「天下再興」の実現のうえに足利義昭政権と織田氏との連立による政治運営に至ったということが、義昭・信長双方の間で活動する「両属」という状況を生じさせたのだろう。このような「両属」態様は、戦国・織豊期では、外交や従属大名・国衆の統制と政治的後見にあたった取次・指南にみられる(25)。光秀も、将軍義昭・信長間を取り繋ぎ活動する人物であったからこそ、このような「両属」態様としてその活動がみられることになったのである。

それを示すのが、永禄十三年（元亀元年）正月二十三日付けで将軍義昭と信長の間で交わされて定められた五ヵ条の条書（「成簣堂文庫所蔵文書」『信長文書』二九）である。同条書は、義昭政権発足以来の将軍義昭・信長の関係を確認し、義昭政権による天下統治のもとに織田氏の政治・軍事活動を規定づけたものである(26)。宛て先には、同じく将軍義昭・信長間の交渉を務めた朝山日乗とともに光秀の名がみられる。このように、光秀は将軍義昭・信長の政治関係に規定され活動していく立場にあった。

なお、義昭政権の発足後に、光秀は将軍義昭から山城国下久世荘（京都市南区）を所領として与えられていた。しかし、それは、同荘の領主にあった東寺の支配を脅かす事態を生じさせたようである。このため元亀元年四月十日に、東寺から義昭政権には光秀の「押妨」を停めさせるよう訴えがなされている（「東寺百合文書」『大日本史料』第十編四、二六〇頁）。

近江国坂本領の支配

元亀二年（一五七一）九月の比叡山焼き討ち後、明智光秀は、織田信長から近江国志賀郡を与えられ、坂本（大津市）に拠点となる城を築く（『信長公記』）。この琵琶湖に面して築造された坂本城は、光秀死後ののちに破却され、現在はその姿を知ることができない。しかしながら、『兼見卿記』から「天主」を持った城郭であったことがわかり、イエズス会宣教師のルイス・フロイスが「豪壮華麗なもので、信長が安土に山に建てたものにつぎ、この明智の城ほど有名なものは天下にない」と記すほどであった（『日本史』）。

光秀が坂本城を拠点に支配する領域（以下、鈴木将典氏の研究を受け「坂本領」と呼称[27]）は、志賀郡の郡域を管轄範囲に展開した。このことは、元亀二年十二月に、信長が宿老の佐久間信盛に進藤・青地・山岡の三氏を新与力として配した際に、「但進藤事、於志賀郡令扶助至侍共者、明智ニ可相付事」と、進藤氏に仕える志賀郡内の家臣を光秀のものに属させたこと（「吉田文書」『信長文書』三〇七）でわかる。また、郡境に位置する鵜川（滋賀県高島市）をめぐる高島郡打下（同前）と志賀郡小松（同大津市）との相論を、天正三年（一五七五）十一月二十一日、光秀が「当郡与高島郡境目」と位置づけ対応にあたっていること（「伊藤晋氏所蔵文書」『明智』六六）からも確認できる。なお、『立入隆佐記』では、光秀の立場を「坂本城主・志賀郡主」と記すが、この記載も光秀が坂本城主にして志賀郡＝坂本領を統治する存在にあったことを端的に示してくれよう。

それでは、なぜ光秀に坂本領の支配が任されたのであろうか。実は、この点を指摘した研究はこれまでにない。しかし、この点は当該期の天下＝「日本国」の中心としてあった京都を中核とする五畿内との関係を踏まえると、重視されねばならない。天正十年十月、清須会議後の織田権力内部における政争のなかで、宿老の羽柴秀吉は光秀の旧領であった近江国坂本領を自身が管轄してしまうことは、「天下をつゝミ候て、筑前天下之異見をも依申度、志賀之郡を相抱候与人も存候へハ」（「金井文書」名古屋市博物館編『豊臣秀吉文書』第一巻〈吉川弘文館、二〇一五年〉、五一二号文書。以下、史料引用は、『秀吉文書』＋文書番号で略記する）とあるように、天下を押さえることになってしまい、人々の批判を受けることになるので避けたと記している。

坂本領は、地理的に京都また五畿内の東にあることを押さえ、この記述に注目すると、同領は天下の東端に位置する重要な領域であったことが確認される。そのうえで、先にみた、このときの将軍義昭と信長・光秀の関係をふまえると、光秀が坂本領に配置されたのは、織田氏の近江支配としての側面だけでなく、義昭政権のもとで天下東端の守衛を任されたととらえたほうがよい。

光秀による坂本領の支配に関しては、藤井譲治・長谷川弘道・鈴木将典・柴辻俊六の各氏による検討がある。[28]これらの研究成果を参照しながら、坂本領支配をみてみよう。

まず、現存する発給文書から、光秀による同領内における年貢の納入指示・夫役賦課が確認される（「伊藤晋氏所蔵文書」、「真田宝物館所蔵文書」『明智』六四・一四三）。さらに、（年未詳）卯月六日付けの光秀書状に注目しよう（「神宮文庫所蔵輯古帖」『明智』一三二）。同状は、光秀が坂本領を拝領し、天正三年七月に名字を惟任に改め、日向守に就任する以前の元亀三年から天正三年にかけて発給されたものである。柴辻氏は、元亀四年（天正元年）二月に「志賀郡過半相静」（『信長公記』）まったことを受け、同年に比定するが、確定はできない。

ここで注目したいのは、光秀が伊勢外宮御師の河井右近助に、山田宿における坂本領住人の宿坊を認めていることである。このような宿坊の認可は、その領域を治める大名・国衆の当主、そして自身の差配による行政・軍事指揮のほぼ全権を委ねられた「支城領主[29]」のもとに行われる。したがって、光秀は坂本領の支城領主にあったことが、前にみた領内における年貢納入の指示や夫役賦課と合わせて、確認されよう。

さらに、このことを追求すべく、天正二年七月八日に伊藤宗十郎に宛てた光秀書状（「伊藤宗十郎家文書」『明智』四九(30)）に注目しよう。同状は、将軍義昭追放後のものであるが、信長の上級統治との関係を確認するために、ここでみたい。宛て所の伊藤宗十郎は、信長から織田本国にあった尾張・美濃両国での唐人・呉服両方の商人司に任じられ活動した人物である。ここで光秀は、伊藤宗十郎が尾張・美濃両国での唐人・呉服両方の商売役の徴収を信長朱印状により認可されていることを確認したうえで、自身が管轄する坂本領での同商売役の徴収を認めている。ここから信長の朱印状を得ても、それを坂本領に及ぼし活動するのには、光秀の認可が必要であったことが確認される。

もちろん、坂本領は上位者にあった信長による上級統治のもとにあり、それを排除することはあり得ない。しかし、光秀は、信長の上級統治のもとですべての領域の支配は進められ、その支配態様のもとで政治・軍事に従事するのみという、かつての織田権力研究で主張され続けてきた「代官」にあったわけではない。坂本領の運営は、上位者の信長による政治的規定はありながらも、坂本城主・光秀の自律支配のもとに進められていたのである。

したがって、藤井讓治氏、その後に長谷川弘道氏や鈴木将典氏が注目された、山城吉田社（京都市左京区）の神官・吉田兼見の小姓逐電への対応（『兼見卿記』）も、光秀が坂本領を自治運営していることを前提にしてなされる。同件は、天正七年二月二十二日に、兼見のもとから、「譜代契約」により小姓にあった与次が逐電したことに始まる。翌日、兼見は在京中の光秀のもとを訪ね、与次の出身地が坂本領内の雄琴（大津市）であったことから、捜索のうえ引き渡しを求めた。これを受け、同月二十四日に光秀は、家臣の磯谷成孝を兼見の従者・大角与一と派遣するという処置をしている。しかし、それでは解決には至らず、光秀は坂本で再度兼見の訴えを受けたうえで、雄琴の代官にあった大中寺と川野藤介に指示し、小姓の与次を連れ戻させた。

このことから、藤井氏は「光秀の在地支配が、ごくわずかの期間に逐電したものを探索しえるほどまでに完備していた」と評価する。ここでは同時に、鈴木氏が指摘された、光秀の管轄する坂本領内であったために、光秀に解決が求められ、信長は関与していないことを重視したい。

もちろん、こうした坂本領の自律支配は、柴辻俊六氏も指摘するように、領内の安泰（「平和」）という情勢のうえで本格的に展開していったものである。そして、光秀の自律支配が行われると、信長の関与は領内を越えた案件のみに限られていく。

光秀は坂本領を与えられたと同時に、その判断のもとに同領に関わる敵対した山門領の収公も徹底的に実施していった。早島大祐氏が明らかにしたように[31]、光秀の山門領の収公は洛中洛外にもおよんだ。そして、元亀二年十月に廬山寺領をめぐる訴訟（「廬山寺文書」『大日本史料』第一〇編七、八六頁）を最初に、十二月十日には朝廷から青蓮院・曼殊院・妙法院の三門跡領に光秀の押領があったので、義昭政権に停めさせるよう指示が下されている（『言継卿記』〔続群書類従完成会刊〕）。

ここに、光秀の山門領の収公徹底化は、天下人として寺社本所領の保護責務にあたる将軍義昭の政治活動に抵触し[32]、将軍義昭から勘気を蒙ってしまったようである。この事態に、光秀は将軍義昭へ暇を願いでたうえ、「かしらをもこそけ」と薙髪の覚悟を示した（「ＭＯＡ美術館所蔵文書」『明智』二三）。この後も、光秀は将軍義昭と信長に「両属」して活動し続けたが、将軍義昭との関係には苦慮していく状況に追われる。

このうえで元亀争乱の情勢悪化と内部対立が絡み、遂に元亀四年二月、将軍義昭は信長に敵対を示し挙兵する（「土井家文書」『戦国遺文　武田氏編』四〇六四号文書）。この将軍義昭と信長の敵対のなかで、光秀、そして細川藤孝は信長に従う立場を明確に示した。これは、光秀・藤孝両人にとって、彼らが将軍義昭と信長とを結びつけて「天下再興」を実現させたうえ、義昭政権と信長との政治関係を保ってきた存在であったからにほかならない。つまり、義昭政権下での光秀・藤孝の立場は、将軍義昭を政治的・軍事的に補佐する信長との関係のうえに得られたものであった。したがって、将軍義昭と信長の関係決裂・敵対という事態は、光秀・藤孝に立場を喪失させることになったうえ、義昭政権下での「将来」＝今後の行く末に悲観をもたらすものでしかない。この事態の打開には、光秀・藤孝両人が、将軍義昭ではなく、信長のもとで活動していく道を選ぶほかなかった。

このように、信長との関係とは、そのもとで歴史の「表舞台」に登場した光秀の立場と活動を強く規定した。その結果、いま光秀は、将軍義昭と信長の関係決裂・敵対のなかで、織田家家臣としての立場を明確に選び、信長のもとに活動を歩むことになったのである。

三、惟任光秀の政治的立場

将軍義昭追放後の活動と「惟任日向守光秀」へ

元亀四年（一五七三、天正元年）七月、将軍義昭は織田勢の攻撃に山城槇島城（京都府宇治市）を開城し、京都を追われた。このなかで、織田家家臣となった明智光秀は、吏寮の村井貞勝とともに、京都支配を担当した。光秀・貞勝両人は、「京都御代官両人」（「愛宕山尾崎坊文書」『信長文書』三七五号文書参考）と称され、このもとで京都支配は以後天正三年まで続けられていく。[33] 光秀が「京都代官」に任用されたのには、まずは幕府衆との関係があげられるが、[34]

このほかに早島大祐氏は信長から洛中洛外の旧山門領の知行を託されたことに注目する。[35]そして、光秀は「領主的代官」、貞勝は「吏寮的代官」として位置づける。光秀は、これまでも京都政務に携わり、洛中洛外の旧山門領の処理に携わってきた実績をもつので、早島氏の指摘するように、その実績を買われ「京都代官」に任用されたのだろう。

この間、光秀は天正元年八月には、越前朝倉氏攻めにも参陣している。そして朝倉氏滅亡後の越前国の所領安堵や権益保護などの統治処理に、羽柴秀吉と滝川一益との三人であたっている（「辻川家文書」、「橘栄一郎家文書」ほか『明智』一三三～一三八）。

また、天正元年十二月、松永久秀・久通父子の明け渡しを受け、大和多聞城（奈良市）に入り、長岡（細川）藤孝（将軍義昭追放後、信長への従属を明確に示すために名字を長岡に改姓。[36]以下、「長岡藤孝」とする）と城番を務めた（『多聞院日記』ほか）。このなかで翌年の天正二年二月四日には、光秀は多聞城にて、大和善法寺（奈良市）の美濃国生津荘（岐阜県瑞穂市・北方町）における年貢をめぐる相論に直納を認める裁許に携わっている（「石清水文書」明智四七）。

その後、十月には、佐久間信盛ら諸将とともに、河内高屋城（大阪府羽曳野市）の攻撃に参陣した。そして、二十九日には、諸将と連名で、河内誉田八幡社（同前）に禁制を発給している（「大阪城天守閣所蔵文書」『明智』五二号文書）。このように、光秀の多才な活動は京都のみに止まらず、各地に広がり、政治・軍事両面で活躍した。

一方、元亀争乱以後の天下および周辺が、信長のもとに鎮まるという、「天下静謐」が実現する情勢に応じ、信長が室町幕府将軍足利氏に代わり、天下人としての立場に君臨することになっていく。このなかで天正三年七月三日、光秀は惟任の名字と、受領名「日向守」とを与えられ、それまでの「明智十兵衛尉光秀」から「惟任日向守光秀」となる（『信長公記』）。同日に、塙直政は原田、簗田左衛門太郎は別喜、丹羽長秀は惟住の各名字を拝受している。これらの名字がよくいわれるように、九州の名族のものであることは間違いない。しかし、金子拓氏も指摘するように[37]、これらの名字が織田権力による西国征服を込めたものであったとするには飛躍があろう。

これらの名字授与の意味に関しては、それに関わる史料もないことからはっきりせず、今後の検討を俟たねばならない。だが、光秀に関して述べれば、この惟任名字の授与と日向守就任によって、ここに信長の信頼する織田家宿老衆(「御家老之御衆」)の一人としての立場を明確にしていった意義をもったことだけは間違いない。

丹波攻略の展開

惟任名字の拝領・日向守就任により、織田家宿老の一人という立場を明確にした惟任光秀に課せられた新たな任務は、京都の北西に位置する丹波情勢への対応であった[38]。

丹波国は、朝廷や室町幕府の御料所が展開するなど、天下＝「日本国」の中央にあった京都を中核とする五畿内地域と関係深い要地にあり、同地の国衆内藤・荻野・波多野など各氏は、たびたび室町幕府や細川・三好両権力による中央政局の動向に関わってきた。そして、足利義昭・織田信長が三好氏を逐い、「天下再興」＝室町幕府を再興した時も、丹波国衆はそれに応じ、以後も義昭政権のもとに活動してきた。

しかし、前述のように、元亀四年(一五七三、天正元年)二月以降、将軍義昭と信長はこれまでの協調関係を崩し、対立する。この将軍義昭・信長の対立は、丹波国衆の間で生じていた「不和」のうえに波及し、国内での対立を広めていく事態となる。

このなかで将軍義昭方として、いち早く立場を鮮明にしたのは、桑田郡の宇津頼重、船井郡の内藤如安であった。

とくに宇津頼重は、信長との関係が亀裂に至る前、将軍義昭が甲斐武田氏や越前朝倉氏ら反勢力の攻勢に、万一の場合に備え、頼重のもとへ遁れる準備を進め、その見返りに頼重は「御供衆」に列せられていた（「細川家文書」『信長文書』三六四）。また、内藤如安は、将軍義昭が信長へ敵対の意向を鮮明にし、京都二条御所に籠城すると、将軍義昭を援護すべく宇津頼重とともに軍勢を率いて入京している。そのうえ将軍義昭が、四月に正親町天皇の要請に応じて信長と和睦した際には、如安に内藤氏の居城・丹波八木城（京都府南丹市）へ移る意向を示し（以上、『日本耶蘇会年報』『新修亀岡市史』資料編第一巻、一四二八・一四二九号資料）[39]、頼りにされていたことがうかがえる。

さらに、将軍義昭方には、氷上・天田・何鹿の丹波奥郡における有力勢力の赤井忠家・荻野直正が加わる。荻野直正は、元亀四年正月二十七日付けの大坂本願寺法主・顕如書状（『顕如上人書札案留』『亀岡』1一四二五）によれば、すでにこの時点で越前朝倉氏・大坂本願寺の反織田勢力と繋がりを持っていた。また同年中には、東国最大の反織田勢力であった甲斐武田勝頼とも接触している（「赤井家文書」『戦国遺文　武田氏編』二二六五号文書）。このような将軍義昭らとの提携のもとで、直正は丹波国における最大の反織田勢力として活動し、織田方の但馬山名氏とも交戦を始めていた（「吉川家文書」『大日本古文書　吉川家文書』九三号文書）。

一方、小畠氏ら船井・桑田郡の国衆のなかには、織田氏へ接近する者もみられた[40]。背景には、丹波国内における国衆間の対立が関わっていたと推察され、その解決と今後の存立保護を織田氏に求めたのだろう。信長は、彼らの統制を山城勝竜寺城（京都府長岡市）の城主にあった長岡藤孝に任せている（「細川家文書」『信長文書』五〇一）。

このように、丹波国内では中央政局の動きに絡み、将軍義昭方・織田方という勢力のもとで対立が広まっていった。

このようなか天正三年（一五七五）四～五月、畿内における将軍義昭方勢力を大坂本願寺のみとし、甲斐武田氏を三河長篠合戦で破った信長は、六月になると自身に味方する川勝継氏や小畠永明らの協力のもとに、内藤如安・宇津頼重の征伐に光秀を派遣する意向を示す（『古文書』、「小畠文書」『亀山』2六・九）。ここに光秀は、丹波攻略の総大将に抜擢されることになる。光秀が、惟任名字を拝領のうえ日向守に就任し、織田家宿老の一人という立場を明確にしたのは、この直後のことである。

七月、光秀は宇津氏征討にあたり、桐野河内（京都府南丹市）に向かった（「大東急記念文庫所蔵小畠文書」『明智』五九）(41)。しかし、その直後に越前一向一揆平定への参戦に追われ、光秀は小畠氏ら国衆の奮戦に期すしかなかった。そして九月、光秀は加賀国代官を務めた後（「威徳院文書」『明智』六三）、改めて信長より丹波侵攻を命じられ、出陣する（『信長公記』ほか）。背景には、光秀の出陣を待つ小畠氏ら織田方国衆への応えるべく状況と、荻野直正と対立する但馬山名氏からの相次ぐ救援要請があった（「吉川家文書」『大日本古文書　吉川家文書』九三号文書）。

丹波国へ侵攻した光秀は、十一月には荻野直正の居城・黒井城（兵庫県丹波市）を包囲する（「吉川家文書」『大日本古文書　吉川家文書』九三号文書）。そして十二月には、丹波国内の村々の要請に応え(42)、質入れなき借銭・借米や年季売、年貢古未進などを破棄する徳政を実施する（「森守氏所蔵文書」『明智』六七）。この徳政に関しては、下村信博氏の研究がある(43)。その成果を踏まえたうえで、この徳政を位置づけると、前月における信長が従三位権大納言兼右近衛大将に叙任（『天下人公認』）されたのを受け、丹波国内の村々に徳政を実施し、味方に付け織田方への「代替わり」情勢を普及させていったといえよう。

だが、急激な情勢変化と勢力伸張は同時に、それに対する政治的危惧を生じさせる場合がある。また、将軍義昭による再起の働きかけも進められていた。これを受け、翌天正四年正月に、黒井城を攻囲する光秀の陣中にあった多紀郡国衆で八上城（兵庫県丹波篠山市）の城主・波多野秀治が離反、惟任勢は敗退に追い込まれる（『兼見卿記』ほか）。

その後、光秀は再び将軍義昭の要請に応じて蜂起した大坂本願寺攻めに転戦する一方（『信長公記』ほか）、丹波侵攻の態勢の立て直しを図っていく。そのなかで、丹波攻略の拠点を亀山（京都府亀岡市）に置き、味方する丹波衆をも動員のうえ、同地に築城を進めていった（「大東急記念館所蔵小畠文書」『明智』七一ほか）。

そして、天正五年十一月には、丹波籾井城（兵庫県丹波篠山市）を攻落させるなど攻略を進めつつ（「三宅文書」『明智』七三）、一方で翌天正六年にかけて離反した松永久秀が籠もる大和信貴山城（奈良県平群町）攻めや播磨国への出陣、さらには摂津有岡城（大阪府伊丹市）の城主・荒木村重の離反対応に相次いで追われた。このうえで天正六年十二月から、敵対する波多野氏の居城・丹波八上城攻めに取り掛かる（『信長公記』ほか）。

このなか天正七年正月の波多野氏との合戦で、光秀に協力してきた丹波衆の明智（小畠）永明が戦死するということもあったが（「泉正寺文書」、「小畠文書」『明智』八五・八六）、惟任勢は付城をめぐらした厳重な包囲網を築き、八上城を攻囲していく（「楠匡央家文書」『明智』八八）。

この惟任勢の攻囲で、四月四日に記された光秀の書状（「大阪青山歴史文学博物館所蔵下条文書」『明智』九〇）によると、城内からは助命・退城の「懇望」（嘆願）がなされ、「籠城之輩四五百人も餓死候、罷出候者之顔ハ青腫候て、非人界之体候」という状況にあったという。このうえで引き続く徹底した惟任勢の攻囲と掃討態勢によって、八上城は落城に追い込まれ、捕らわれた城主の波多野秀治ら三兄弟は、六月に近江国安土（滋賀県近江八幡市）へ移送のうえ、磔刑に処せられた（『兼見卿記』、『信長公記』）。

その後、七月に桑田郡の宇津頼重を逐ったうえ（「九州大学所蔵堀文書」功刀俊宏・柴裕之編『戦国史研究会史料集4

丹羽長秀文書集』〈戦国史研究会、二〇一六年〉一〇〇号文書。以下、史料引用は、『丹羽』＋文書番号で略記する）、八月に赤井氏の氷上郡黒井城、九月には多紀郡国領城（兵庫県丹波市）を落城させ、「三ケ年以来之鬱憤散候」と書状に感慨を記している（「東海大学附属中央図書館所蔵北尾コレクション文書」『明智』九四）。

さらに、長岡藤孝・忠興父子の尽力により、同様に将軍義昭派・信長派の対立が展開していた丹後国をも平定した。このうえで十月、近江安土城の信長のもとへ丹波・丹後両国平定の報告に赴いている（『信長公記』）。ここに三年にかけおよんだ、丹波攻略の完了を丹後平定とともに、成し遂げたのである。

丹波の領国支配

平定を遂げた丹波国は、信長より光秀の管轄する領国として任された。[44] したがって、同国内に対する信長の発給文書はみられず、光秀が丹波亀山城主として同国の諸将を率い、統治することになった。丹波国の統治にあたり、八上城に明智光忠、黒井城に斎藤利三、福知山城（京都府福知山市）に明智秀満というように、主要城郭に重臣を城代として配置した。彼ら重臣が配置されたのは、鈴木将典氏が指摘するように、いずれも波多野領・赤井領・塩見領という旧国衆領であり、これまでの地域運営を活用したものであった。また、宇津城（京都市右京区）や周山城（同前）も光秀の管轄のもとで機能しつづけている。[45] これも宇津領という、これまでの地域運営を前提とした統治態様であろう。このように、光秀の丹波統治は、すべてが中心拠点・亀山城に収斂されるのではなく、各領における地域運営を束ねることで実施されていった。

一方、丹波攻略のなかで光秀に従い、惟任家の直臣化（家中包摂）を進めた丹波衆には、知行高の申告を求めた指出が課せられた。現在、天正九年五月十七日に提出された和知衆による知行高指出と、六月二十一日付けの侍・百姓人数指出とが、その事業のありさまを伝えている（「片山家文書」『亀山』２八一・八三）。和知衆とは、丹波国和知荘（京都府京丹波町）で活動した土豪の片山康元・出野康勝・粟野久二の三人をいう。[46] 彼らの指出によると、それぞれの年貢地と畠・屋敷地を対象とした地子分の内訳と七九八石余の総額、知行内の侍・百姓の人数が具体的に記されている。光秀は、この指出を基に彼らの知行高を管理し、軍役や亀山城普請など諸役を賦課したのである。

また、丹波衆に対し、城破りを実施させた。天正八年かと年次が推察される六月二十一日付けの出野左衛門助・片山康元両人に宛てた光秀書状（「御霊神社文書」『明智』一〇九）によれば、[47] 和久左衛門大夫に城破りを命じたところ、それに応じなかったので成敗し、逃亡した一族・被官人を逮捕するよう指示している。ここから、丹波衆の城破りが進められていたことと、それに応じない場合は和久左衛門大夫のように成敗されたことがわかる。このように、丹波衆は、知行保証や城破りを通じて光秀の直臣として組み込まれていった。

そして、光秀による領国化した丹波国の支配は、早くに桑原三郎氏が指摘するように、[48]「軍事・行政等は凡て光秀の管掌下にあり、信長の同国に対する命令は必ず光秀の手を経て行われた」という、自治運営（自律支配）下にあった。このことは、鈴木将典氏の研究によって深められ、独自の領国支配を実施し、排他的自律性を有していたことが指摘されている。具体的にみていこう。

光秀の発給文書より、丹波領国支配としてみえるのは、知行宛行（『世界の古書店目録』（一九九九年）所載文書」『明智』一〇一）、国役賦課（「吉田文書」『明智』一二三）、諸役免許と治安保証（「天寧寺文書」『明智』九五）、市場興隆の保護（「『丹波志』所載文書」『明智』九八）、[49] 亀山普請と飯米の支給（「片山家文書」『明智』一〇五ほか）である。これらは、すべて光秀の管掌のもとに行われているのである。

このうち、国役賦課に関するものが、正月十三日付けの三上大蔵大夫らに宛てた光秀書状（「吉田文書」『明智』一二三）である。同状に関しては、早島大祐・鈴木将典両氏の間で国役をめぐる議論がある。[50]なお、奥野高廣・早島・鈴木・柴辻[51]の各氏は、本書状の年代に関し、天正八年に年次比定する。しかし、天正八年は大坂本願寺との戦争が続[52]いているうえ、五畿内平定＝天下静謐が実現していない。さらに、信長が「西国御陣」＝「芸州出馬」の意向を示すのは、天正八年八月である（「島津家文書」『信長文書』八八六）。したがって、本文書の年次は天正九年以降のものである。ここでは、天正九年かと年次比定しておく。

内容は、信長からの初秋に予定される西国出馬の意向を受け、当年春の国役としての十五日間の普請役を田畠の開発に転用し、専念させたものである。丹波平定から時も短く、また、西国への出陣を向かえるという直前の勧農期に備え、鈴木氏が指摘するように、荒廃した百姓地の復興と各知行地＝地域の存立保持を目的として発給されたのだろう。早島氏は、本史料から「本来は城普請として設定された国役が、軍事的普請が一段落した後に完了するのではなく、開発に転用された」とみる。

しかし、本書状による限り、開発に転用されたのは、初秋予定の西国出馬という事態を受けての対応であって、これをもって以後も開発に転用されたということはできない。また、早島氏は、国役を給人知行地の百姓に課せられたとし、柴辻氏も同様の見解を示す。だが、本書状は鈴木氏が明らかにしたように、三上大蔵大夫ら各給人に課された知行役、すなわち十五日間の普請役を転用したのであって、「百姓早明隙、西国御陣速可相働」は、それによって望まれる事態を記したものである。つまり、対象対象は百姓ではない。

注目したいのは、このような惟任領国内の国役としての給人知行役転用が光秀の判断のもとでなされていることである。つまり、そこには信長の関与はうかがえない。このことは、織田権力における光秀ら宿老による領域支配をどのように位置づけるかになる。織田権力による領域支配に関しては、先にも述べたように、かつて各地域に配置された地域支配担当（一職支配）者は信長の上級統治のもと軍事・行政を司る代官として支配に携わり、すべての支配領域は信長に権限が属する領域にあったとされてきた。(53) しかし、鈴木氏による惟任領国支配の実態、同様に宿老の柴田勝家・羽柴秀吉・滝川一益の領域支配の具体的な解明がされ、「支城領主としての自律的な領国支配の展開」が指摘された。(54) その後の研究現状は、信長の上級統治を重視する論論との間ですれ違いが続いている。(55)

だが、信長の上級統治のもとにありながらも、イエズス会宣教師のルイス・フロイスがその書簡のなかで「領土及び兵士に付いては当地で信長の如き人」（『福井市史』資料編2古代・中世、一〇四三資料）であったと記す柴田勝家と同等にあった惟任光秀らによる自律的な領国支配の展開を押さえなければ、織田権力の実態をつかむことはできないだろう。ここでは、坂本領支配の検討と合わせ、丹波国が光秀による自律支配が行われる領国としてあり、光秀はその領国を統治する支城領主＝「織田大名」にあったことを改めて確認しておきたい。

最後に、天正九年六月二日に定められた家中軍法（「御霊神社文書」・「尊経閣文庫所蔵文書」『明智』一〇七・一〇八）に関して述べよう。同法は、戦時の規律と知行高に応じた武装を定めたものである。織田権力に同様の規律と一〇〇石に六人の軍役負担や武装の規定を定めたものは伝来していないため、貴重な文書ではある。だが、山本博文・堀新両氏が指摘するように、(56) 難解な文章表現や武装に鉄砲とともに重視された弓があがっていないなど、検討の余地がある。もちろん、丹波国内における知行高の指出提出や後述の丹後・大和両国の事例から、それに応じた基準のもとに軍役が賦課されたことは推察される。しかし、それをこの家中軍法の存在から導き出してしまうことは慎重にならなければならない。本家中軍法の使用には、今後も史料的検討のうえで行う必要がある。

天下周縁の守衛

近江国坂本領に続き、丹波国を領国とした惟任光秀は、これにより天下=「日本国」の中央である京都を中核とした五畿内地域において、東端のみでなく北西の守衛を担うことになった。丹波攻略の開始とともに、村井貞勝との京都の内政からははずれたが、光秀にはそれに代わる新たな役割が求められた。それは、光秀との縁戚関係や政治・軍事指揮下に置かれた与力の諸将とその活動する地域から確かめられる。

まず、光秀と縁戚関係をもつ諸将として、摂津有岡城主の荒木氏（相手は村重の嫡男村次）、近江大溝城（滋賀県高島市）の城主・織田信澄（信長の甥）、そして丹後宮津城（京都府宮津市）の城主・長岡氏（相手は藤孝の嫡男忠興）があげられる。いずれも次節でみるが、光秀の娘が嫁いでいる。

荒木村重は、もとは摂津池田氏の重臣であったが、将軍義昭と信長が対立した際に信長に従い、有岡城主として同領域の支配と摂津一国の軍事指揮を任された（『信長公記』ほか）[57]。また、織田権力に従属を示した備前浦上宗景の救援や御着小寺氏ら播磨国衆の統制にも携わっていた（「花房文書」、「黒田家文書」『姫路市史』第八巻 史料編古代・中世Ⅰ、一五〇〇・一五一四・一五一五号資料ほか。以下、史料引用は、『姫路』＋資料番号で略記する）。つまり、光秀が荒木氏と縁戚関係をもったことには、天下西部=中国地方方面への対応という意義もうかんでくる。

織田信澄は、後述のように、近江国高島郡の支配を任されていた。その点に注目すると、坂本領との関係はもとより、天下北東への守衛固めという対応をみることができる。

長岡藤孝は山城勝竜寺城（京都府長岡京市）の城主として、桂川以西の西岡地域の支配にあたるとともに、光秀のもとで京都の北西に位置し、将軍義昭との政治関係が強い丹波・丹後両国の攻略に努めた。また、攻略中の天正六年（一五七八）八月には、光秀の三女・玉が藤孝の嫡男・忠興に嫁ぎ（『綿考輯録』）、惟任・長岡両家の関係は深化した。

そして、丹波・丹後両国の平定を受け、天正八年八月に信長から丹後国は藤孝へ与えられる（『兼見卿記』）。そして、藤孝の丹後入国を受け発給された八月十三日付けの信長黒印状は（「細川家文書」『信長文書』八八七）、長岡氏に対する光秀の立場をみることができる。

そこでは、藤孝が丹後国に入った報告を受け、信長が光秀と相談のうえ、統治を進めるよう指示したものである。ここから、光秀が指南として藤孝を政治・軍師指揮下の与力に置きつつ、長岡氏の丹後統治が軌道に乗るよう後見を務めることを求められたことがうかがえる(58)。実際、直後の八月二十一日、信長は丹後統治にあたり、藤孝から宮津城を居城に据えるという申し出を了承のうえ、光秀との相談し堅固な普請をおこなうよう指示する（「細川家文書」『信長文書』八八九）。また、翌二十二日の信長黒印状（「同前」『信長文書』八九〇）によると、光秀は藤孝と、出仕を拒み不臣従を示した吉原西雲を討ち果たしたことが確認される。

さらに、天正九年三月五日、信長は藤孝に丹後国内の知行改めを実施させ、そのうえで諸将に所領を宛行い、軍役を課すよう命じる（「同前」『信長文書』九一五）。このとき、光秀も丹後国内における国衆・一色五郎と矢野藤一の知行増分処理に携わっている（「同前」『信長文書』九四一・九四三・九四五）。鈴木将典氏が明らかにしたように、この統治整備後に、光秀の丹後国への関与は、軍事指揮のもとでの活動を除いてなくなる。そして、長岡氏の丹後統治（一色・矢野両領を除く）は、自律運営のもとに進められていくようになる。このように、光秀の活動は、設立時に限るものではあったが、縁者の長岡氏のもとに丹後統治を固めていくことにより、自身が統治する丹波国とあわせて、天下北西の守衛を盤石としていったのである。

丹後国と同様に、光秀がその統治整備に携わったのが、天下南部に位置する大和国である。同国と光秀との関係は、前述した天正元年十二月に松永久秀・久通父子の明け渡しを受け、大和多聞城の城番を務めたときに始まる。このなかの翌天正二年正月の年頭祝儀時に、信長から光秀子息を有力衆徒で筒井城（奈良県大和郡山市）の城主・筒井順慶の養嗣子とすることを命じられたと、『綿考輯録』は記す。しかし、このことはほかの史料では確認できない。ただ、金松誠氏が指摘するように[59]、順慶はこの後に光秀と行動をともにすることが多くみられていくようになる。

天正三年三月、信長は大和国に重臣の原田（塙）直政を「守護」として据える（『多聞院日記』）。これにより、織田権力に従属する大和国衆は、直政の軍事指揮下に置かれた。ところが、翌天正四年五月に摂津国天王寺（大阪市天王寺区）での合戦で直政が討ち死にしてしまう（『信長公記』ほか）。この後、信長は光秀と万見重元を派遣し、五月十日に「和州一国一円筒井順慶可有存知」との意向を示す（『多聞院日記』）。このように、織田権力のもと大和国は、筒井順慶のもとにまとめられた。ここでも光秀は、信長から差配を任される指南として活動していた。つまり、順慶をはじめとした大和国衆は、この頃から光秀の政治的・軍事的指揮下で活動する与力に配されたのである。

そして、天正八年に大坂本願寺が信長に従い、「天下静謐」が実現すると、信長は五畿内各国に知行割・城破りなどの事業を通じて統治整備に取り掛かる。大和国でも、大和郡山城（奈良県大和郡山市）を除いて、諸城の破却が命じられ、さらに織田権力の大和国統治者（大名）として順慶は、大和郡山城に入るよう指示された。そのうえで九月、大和国には光秀と滝川一益が織田権力の上使として派遣された（以上、『多聞院日記』）[60]。光秀とともに滝川一益が派遣されたのは、大和国が一益が指南を務める伊勢・伊賀両国と関係を有していたからだろう。つまり、光秀・一益両人は、いずれも指南の関係で大和国内の統治整備に携わるべく存在であり、上使として派遣されたのである。九月二十六日に大和国衆の白土氏に宛てられた次の光秀・一益の連署書状（「仲覚三氏所蔵文書」『明智』一〇三）は、彼ら上使の具体的な役割を示している。

その内容によると、信長からの大和国内の知行割とそれにともなう軍役賦課を命じられたので、知行状況を知っている者を光秀・一益両人のもとに派遣するよう指示している。ここで注目したいのは、国衆の知行状況の確認とそれにともなう軍役賦課が、信長の指示のもとで行われていることである。つまり、織田権力は、先にみた光秀の領国であった丹波国、長岡氏の領国にあった丹後国同様に知行高に応じた軍役賦課が行われていたことが確認される。

池上裕子氏・稲葉継陽両氏は、信長は客観的基準なき軍事動員を行ったのに対し、光秀ら直臣大名は所領高に応じた軍役を課し、両者の間に「差」があったことを説く[61]。しかし、前述の丹後国も含めてみる限り、知行高に応じた軍役賦課の方針を命じているのは信長であり、光秀らはその方針を受け、自身らの判断のもと指出提出または検地を実施し、そこで定まった知行高に応じて軍役賦課を課しているのである。つまり、信長と現地で方針に従い、知行割・軍役賦課を行った家臣たちとの間に「差」は存在しない。

大和国における知行状況の確認は、国衆だけでなく、国内に所領を持つ寺社にもおよび、指示にもとづき作成された指出が光秀・一益の両人のもとへ提出されている（「春日神社文書」ほか「滝川一益受発給文書集成」五五〜五九号文書）[62]。そして知行割・確認が行われたのち、信長から朱印状で改めて「国中一円筒井存知」が確認され、順慶は大和郡山城に入り活動を始めていく。一方で、天正九年二月に京都で開催された馬揃えに順慶は、光秀のもとで参加しているように（『信長公記』）、光秀を支える与力にあった。

このほか、光秀の与力に確認されるのは、山城衆・幕府衆である。染谷光廣・谷口克広・和田裕弘各氏の研究に拠ってみていこう。(63)光秀は、すでに足利義昭政権時から佐竹宗実・渡辺昌・山本実尚・磯谷久次らを与力として附属させられていた。彼らは北山城地域を活動拠点とし、光秀の拠点であった近江国坂本と京都との地理的線上にあった。このうち、元亀三年（一五七二）十一月十五日に、磯谷久次の子息彦四郎の元服に際して、光秀が名付け親を務めていることが『兼見卿記』にみえる。しかし、元亀四年二月に将軍義昭が信長と敵対に動きだすと、それに応じるように山本実尚・渡辺昌・磯谷久次も光秀に「別心」した（『兼見卿記』）。彼らは、その後、光秀の攻略を受け、没落する。

一方、佐竹出羽守宗実は、その後も光秀に従い、摂津国への出陣や丹波八上城攻撃に参陣している（「尊経閣文庫所蔵文書」『明智』八〇、『兼見卿記』）。宗実は、吉田社神主の吉田兼見妻の兄にあたり、兼見との交流はその紙背文書にもみられる。(64)その紙背文書から宗実は、光秀から明智名字と「秀」の一字を与えられ、明智秀慶を名乗ったことが確認される。また、弟とされる左近允信世も兄とともに丹波八上城攻撃に従軍し、弥吉は天正十年正月に吉田兼見が近江坂本城を来訪した際に光秀の奏者を務めている（『兼見卿記』）。このように佐竹氏は、光秀との関係を深め直臣化している状況にあったといってよい。

また、光秀に附属された幕府衆には、室町幕府政所頭人にあった伊勢家の当主貞興をはじめ、被官（三上・古市・蜷川各氏(65)）、諏訪飛騨守・津田重久・御牧盛直らがいる。光秀と幕府衆との関係にはその影響力が注目されるが、木下昌規氏によれば、光秀に附属された幕府衆はいずれも義昭政権のもとで実務に携わっていない。伊勢氏が、光秀に附属されたのにも、幕府御料所に関わる丹波国との地縁関係を指摘され、筆者もその見解に賛同する。伊勢貞興らは、その後、光秀の直臣化を強め、貞興は山崎合戦で討ち死にしている（『言経卿記』）。

このように、光秀は近江国坂本領と丹波国を領国とするだけではなく、摂津荒木氏、近江国高島郡の織田信澄、丹後国の長岡藤孝と縁戚関係をもち、山城国北部の諸将、長岡藤孝ら丹後衆や筒井順慶を主将とする大和国衆を政治・軍事指揮下の与力としていた。その範囲は、ほぼ天下周縁を囲む状況にある。唯一、南西の摂津国南部・和泉方面には、関係がないようにみえる。だが、その先に位置する四国を視野にすると、後述する織田権力の対阿波三好氏のもとで、光秀が土佐の長宗我部氏との取次を務めていることが注目される。つまり、なぜ光秀が四国外交を担当したかが、織田家の管轄する天下との関連でみえてくるのである。

ここから、改めて織田権力で光秀が務めていた立場・役割がみえてこよう。その立場・役割とは、天下周縁を守衛するというものである。高柳光寿氏は、光秀のこの立場を「近畿管領」と称したが[66]、ここでは天下周縁を守衛する織田家の重鎮として注目したい。そして、このことから、天下を治める信長と、その天下の守衛にあたる光秀、両者は織田家が天下を管轄する表と裏の関係にあったといえよう。

四、光秀の一族と家臣

光秀の妻子

惟任光秀の妻子は、惟任家が滅亡したこともあり、不明なことが多い。とくに、子息・子女は諸系図によって異なり、はっきりしない。ここでは史料からわかる限り、みてみよう。

まず、妻であるが、美濃妻木城（岐阜県土岐市）の城主・妻木氏の出身として知られる。同時代史料で確認できるのは、天正四年（一五七六）十月に病を患い、吉田兼見の祈禱を依頼していることである（『兼見卿記』）。その後、一時持ち直したようだが、近江西教寺（大津市）の過去帳によれば、翌月の十一月七日に死去したという。法名は福月真祐大姉と伝わる。[67]なお、永田恭教氏は、長女とされる荒木村次に嫁ぎ、明智秀満に再嫁した娘が天文二十一年（一五五二）九月生まれとされ（「三宅家系譜」[68]）、光秀の長男が天正十年六月に十三歳で亡くなったという記述（ルイス・フロイス『日本史』）に従えば、逆算して元亀元年（一五七〇）生まれであり、さらにその下に男子がいたことから、妻木氏をすべて同母にすることは無理であり、ほかに女性がいた可能性を説く。筆者も、この永田氏の見解に賛同するが、その実態解明は引き続き課題となろう。

次に子息・子女をみよう。光秀の子息・子女は、前述の通り、系図類でははっきりしない。史料からわかる存在は、二男三女である。

子女からみていこう。長女とされる女性は、前述のように天文二十一年九月生まれと伝わる。また、『立入隆佐記』に「荒木新五郎（村次）ハ惟任日向守むこ」と記述されていることから、荒木村次に嫁いでいたことは間違いない。荒木村重離反の際に、父光秀のもとに帰された後、重臣の明智秀満に再嫁されたという。

次に確認されるのは、織田信澄に嫁された娘である。信澄は、信長の弟信成（初名は信勝）の子である。通称は七兵衛で、実名ははじめ信重を称し（「『高島郡志』所載文書」）、のちに『信長公記』にみえる「信澄」に改めたようである。父の信成が永禄元年（一五五八）十一月に殺害された後は、名字は津田を称し活動し、近江国高島郡の支配を任されていた浅井氏旧臣の磯野員昌の養子となったようだが、天正六年二月に員昌が信長の怒りを買い失脚すると、高島郡域を支配する近江大溝城主として本格的に活動を始めた。『信長公記』では、この直後より織田名字でみられるので、大溝城主となったのを機に織田御一門衆としての立場をより強めていったと判断される。天正十年六月の本能寺の変後に摂津大坂城（大阪市中央区）で、織田信孝・惟住長秀に殺害されたときの歳が二十五、または二十八と伝わる（『寛政重修諸家譜』ほか）。妻が光秀の娘であったことは、殺害された際の史料に「向州之婿」（『多聞院日記』）、「明智の一女を娶っていた」（ルイス・フロイス『日本史』）とみられるので間違いないが、婚姻がいつなされたのかはわからない。また、信澄殺害後の行方も不明である。

三女とされるのは、与力にあった長岡藤孝の嫡男忠興に嫁いだ娘である。名は玉と伝わる。天正六月八月に忠興と同年齢で婚姻、慶長五年（一六〇〇）七月に、石田三成ら反徳川勢力からの人質要求を拒絶し、摂津国大坂の屋敷で自刃したときの享年が三十八歳とされる（『綿考輯録』ほか）。これに従えば、生まれは永禄六年（一五六三）である。なお、信澄の妻と玉とは、姉妹の順が逆転して記されることもあるが、それぞれの嫁ぎ相手の年齢を参考にすると、順は信澄妻、玉の順であったかと推察される。

一方、子息には、天正九年四月に津田宗及が丹後国を訪れた際、十二日の長岡忠興によって主催された茶会への参加者のなかに「惟任日向守殿父子　三人」との記述がみられる（『宗及茶湯日記 他会記』）[69]。この記述から、光秀の子息として二人の存在が確認される。二人とは、他の史料から存在が確認される光慶と自然のことだろう。

光慶は、天正六年三月十日に開催された連歌会が初見である[70]。通称は、十兵衛尉とするものもみられるが、十五郎ではなかろうか。同通称は、『当代記』では山崎合戦後の近江坂本落城時の記載に、「明智男の十五郎」としてみえる。

また、天正十年六月九日に長岡藤孝・忠興父子に宛てた光秀覚（「細川家文書」『明智』一二一）にも、この通称が確認される。なお、この十五郎を長岡忠興の弟頓五郎興元とする比定もみられる。しかし、興元であるならば、なぜこのときに光秀が頼りにした娘婿で長岡家嫡男の忠興より前に、その名が記される必要があるのか、検討の余地がある。光秀の嫡男と考えるべきだろう。したがって、ルイス・フロイス『日本史』が記す、「十三歳」の長男は彼のことになるが、その年齢が正しいのか事績の詳細も含め、今後解明が俟たれる。

もう一人の子息自然は、天正二年閏十一月二日に近江国坂本で開催された連歌会に参加したのが初見である。また、天正九年正月十一日には、坂本城内で開催された茶会の後に、津田宗及へ小袖一重を贈っていることがみえる（『宗及茶湯日記 他会記』）。自然が兄の光慶と代わらぬ存在として活動がみられるのは、彼がいわゆる嫡子のスペア的存在であったからであろうか。[71]そして、本能寺の変後、光秀が摂津・河内方面へ出陣すると、近江安土城に明智秀満の支えのもとに在城し、山崎敗戦ののち坂本へ撤退した（「安養寺文書」『丹羽』参考48ほか）。

なお、自然が安土城にいたことが確認されるので、一五八二年十一月五日付けのルイス・フロイス報告書[72]や『日本史』にみえる、坂本城でイエズス会司祭オルガティーノらに通行許可証を発給したのは、光慶になろうか。坂本に戻った自然は、竹中重門筆の『豊鑑』（『群書類従』第二十輯所収）によると、坂本落城の際に秀満によって「差殺し」とあるので、ルイス・フロイス『日本史』にみえる「明智の二子」の一人は、彼であることは間違いないだろう。

諸系図類には、このほかにも子息・子女をあげるがはっきりしない。ここに記した子息・子女ともさらなる実態の解明は、今後の課題である。

光秀の妹妻木と妻木一族

惟任光秀の一族で、重要な役割を果たした女性に、妻木（「御妻木殿」）がいる。妻木は、系譜が不明な光秀の一族のなかで、同時代史料で「惟向州妹」（『兼見卿記』）としてみえる女性である。ただし、「妻木」の呼び名に注目すると、出身は美濃妻木氏と関係ある人物と推察され、光秀実妹ではなく、正妻・妻木氏の妹（義妹）の可能性もある。横山住雄氏も「光秀の実の妹というよりは、夫人の妹（妻木氏）と見るのが順当ではなかろうか」とする。(73)いずれにせよ、同時代史料でうかがえる光秀にとって頼りとなる一族の一人であったことは間違いない。

妻木は、信長の女房としてあり、寵愛を受けていたという（『多聞院日記』）。そして、信長に付き従い在京中には吉田兼見ほか公家らと交流し（『兼見卿記』、『言経卿記』〈『大日本古記録　言経卿記』〉）、その関係からか天正五年（一五七七）の大和興福寺・東大寺間での戒和上職をめぐる相論は、彼女を通じて信長のもとにもたらされ、信長はその解決を彼女の「兄」光秀に委ねている（「戒和上昔今禄」）。したがって、彼女の存在は、信長と光秀の関係とその展開において、勝俣鎮夫氏が注目されるように、(74)影響があったことは推察される。

しかし、天正九年八月、妻木は死去する。これを受け、大和国を訪れていた光秀の姿は「無比類力落」状態であったと、英俊は『多聞院日記』に記す。光秀の悲嘆に、妻木の存在の大きさをうかがえるのではなかろうか。

ついでに、ここで光秀に仕えた妻木一族をみておこう。光秀に仕えた妻木氏として、『寛永諸家系図伝』にみえる妻木藤右衛門がいる。同書によれば、藤右衛門は「光秀か伯父」とみられるが、これが事実であれば光秀妻の伯父ということだろう。横山住雄氏によって、(75)永禄二年（一五五九）五月二十八日の妻木八幡宮神社棟札に「大旦那藤右衛門尉源広忠」とあることが紹介され、実名が広忠であったことが確認される。また、天正七年二月十五日に、尾張定光寺（愛知県瀬戸市）へ祠堂米十二俵を寄進した「明智藤右衛門入道殿」（「定光寺文書」『愛知県史』資料編14中世・織豊、六六号資料）は、同人とされる。ここから、妻木広忠はこの時期には出家しており、なおかつ光秀より明智名字を拝領し名乗っていたことが確認される。その後、天正十年六月の惟任家滅亡の際には、近江西教寺で自刃したという。法名は一友宗心、享年は六十九と伝わる（『寛永諸家系図伝』）。

光秀の家臣たち

惟任光秀は、もとは「一僕の者、朝夕の飲食さへ乏かりし身」であったという（『当代記』）。したがって、年来の家臣（直臣）は少なく、光秀の台頭に応じて増えていったというのが、惟任家中の実態である。光秀の家臣団に関しては、谷口克広・和田裕弘・中脇聖の各氏の研究がある。[76] 以下、各氏の研究成果に大きく拠りながらみていこう。

光秀の家臣は、大きく一族衆、美濃衆、近江衆、丹波衆に分別され、それぞれには以下の諸将があげられる。

a、一族衆…明智光忠・明智秀満・妻木一族ほか

b、美濃衆…斎藤利三・藤田行政・三沢秀次（溝尾庄兵衛尉）・三宅藤兵衛ほか

c、近江衆…猪飼野昇貞・居初又次郎・馬場孫次郎・林員清ほか

d、丹波衆…小畠永明・並河掃部助・荒木氏綱・四王天但馬守・中沢豊後守ほか

このほか、当初は与力であったが、直臣化していった佐竹宗実ら山城衆・幕府衆も、惟任家の家臣に含めてよいだろう。

aは光秀の一族、bは光秀の生地である美濃国出身の諸将で、惟任家中の中心にあったといってよい。c・dは、

近江国坂本領、また丹波国を領国化したなかで、家臣化していった諸将である。このうち宿老にあったのが、本能寺の変の直前に叛意を打ち明けられたという、明智秀満・明智光忠・藤田行政・斎藤利三・三沢秀次の五人である（『信長公記』）。

明智秀満は、光秀の娘婿で、もとは「三宅弥平次」を名乗っていた（『宗及茶湯日記 他会記』）。しかし、天正九年四月までには、光秀より明智名字を与えられ、「明智弥平次」としてみえる（『同前』）。この背景には、光秀長女（もと荒木村次室）の再嫁と福知山城代への就任があるのだろうか。同年十月六日には、丹波天寧寺（京都府福知山市）に前年の天正八年二月十三日付の光秀判物に従い、諸役免除を認めている（「天寧寺文書」『亀岡』２八六）。『信長公記』では、本能寺の変直前に光秀が宿老たちに逆心の意向を打ち明けた際に、秀満は「左馬助」としてみえる。したがって、このときまでに、同官途名を称したか。本能寺の変は光秀に従い活動し、変後は前述のように光秀の子息・自然を擁し近江安土城に在城した（「安養寺文書」『丹羽』参考48）。山崎敗戦後は、安土城を退き、坂本城に籠城し、織田方の攻勢に光秀子息らを刺殺し自刃した。『明智軍記』は享年を四十六とするが、『武家聞伝記』巻第一所載の「古今之武将他界之覚」は二十六とする。この後、福知山城にあった父も生け捕られ、七月二日に粟田口で磔刑に処せられた（『兼見卿記』）。その年齢は、『言経卿記』によると、六十三歳であった。

明智光忠は、通称は次右衛門で、従兄弟とされる（『系図纂要』）。丹波支配では、八上城代を任されたという。『系図纂要』の記述によると、本能寺の変で二条城攻防戦で負傷し、京都知恩院で療養していたところ、光秀の敗死を知り自刃、享年は四十三と伝わる。ただし、ほかに史料がなく、この実否も含め事績の解明は今後の課題である。

藤田行政は、通称は伝五で、光秀年来の家臣といわれる。その活動や音信先として『多聞院日記』や『蓮成院記録』にみられることから、光秀のもと大和国担当の取次を務めたか。なお、『蓮成院記録』には、和田裕弘氏が指摘するように、行政は「明智伝五」としてみられる。このことから、光秀から明智名字が与えられていたことが確認される。本能寺の変後には、光秀に従順しようとしない筒井順慶のもとに派遣され、説得にあたっている（『多聞院日記』）。山崎敗戦後、光秀に殉じた（『蓮成院記録』）。

斎藤利三は、父は諸系図によると斎藤伊豆守（『美濃国諸家系譜』『大日本史料』第十一編一、六二五頁）では、実名は「利賢」とされる）で、通称は内蔵助。『美濃国諸家系譜』によれば、天文七年（一五三八）三月の生まれという。母が、光秀の叔母または妹ともいわれるが、はっきりとしたことはわからない。美濃稲葉一鉄の娘婿にあったこともあり、はじめ稲葉一鉄に属していたが、その後に時期は不明だが光秀に仕えた人物である。兄に室町幕府奉公衆石谷家の養子となった頼辰があり、その義妹が土佐長宗我部元親の正室にあったことから、後述の通り、利三は兄の頼辰とともに光秀の長宗我部氏との通交に活動した（「石谷家文書」[77]）。丹波平定後は、丹波黒井城代を務めたとされ、天正八年七月二十三日には判物を発給し、丹波白毫寺（兵庫県丹波市）に還住した衆僧への人足役を免除している（「白毫寺文書」『亀岡』２七四）。

また、子息には利宗と三存、息女にはのちに徳川三代将軍の乳母になった福（春日局）がいる。注目すべきは、利宗は諸系図類に「明智平三（十）郎」[78]を名乗ったとみえ（『柳営婦系』『大日本史料』第十一編一、六二四頁ほか）、また、三存も、中脇聖氏が指摘したように、年未詳六月九日の書状写（「常在寺文書」『岐阜県史』史料編古代・中世1、五八頁）で、「明智与三兵衛三存」とみえることである。利三自身は、天正十年に年次が比定される正月十一日付けの書状（「石谷家文書」『石谷』三二）より、「斎藤」名字でみられるので、明智名字を授与されたかは判断できない。しかし、その子息たちには、中脇氏の指摘されるように、光秀から明智名字が与えられていたことが確認されるので、斎藤家は准一門格に位置づけられていたことがわかる。本能寺の変では、利三が率いる軍勢は「今度謀叛随一也」（『言経卿記』）との活躍をおこなった。山崎合戦でも先陣を務め奮戦するが、敗戦後に利三は近江国堅田（滋賀県大津市）に逃れたところを捕縛され、京都六条河原にて斬首された（『兼見卿記』）。

三沢秀次は、通称は少兵衛尉で、実名は天正元年十月一日付けの書状（「称名寺文書」『福井県史』資料編7中近世五、八九八頁）から「秀次」と確認される。天正元年八月の朝倉氏滅亡後における越前国の統治処理に、光秀の代官として活動した（「橋本文書」『信長文書』四一二参考）。（天正七年）卯月四日付けの和田弥十郎に宛てた光秀書状写（「大阪青山歴史文学博物館所蔵下条文書」『明智』九〇）に「同名少兵衛尉」、天正五年六月二十九日の津田宗及主催の茶会でも「明智少兵衛」としてみえるので（『宗及茶湯日記 自会記』）、彼もまた光秀から明智名字を与えられたことが確認される。なお、管見の限りであるが、彼が明智名字としてみえる存在として、もっとも早い。本能寺の変後は、山城勝竜寺城に配置されたが（『惟任退治記』〔『続群書類従』第二十輯下所収〕）、山崎敗戦後に光秀に殉じたとされる。

以上、宿老衆から確認できることは、いずれも明智名字を称する一門・准一門格にあったことである。明智名字の授与は、中脇氏によって、さらに近江衆・丹波衆にも及んだことが明らかにされている。たとえば、近江堅田衆・猪飼野昇貞の子秀貞は、年未詳十月二十九日書状に「明智半左衛門尉」とみえる（「大徳寺文書」『大日本古文書　大徳寺文書』一六六三号文書）。丹波衆では、小畠永明・伊勢千代丸父子が、福島克彦氏により[79]、明智名字を名乗っていたことが指摘されている（「泉正寺文書」、「小畠文書」『明智』八五・八六）。また、並河掃部助も、天正八年十二月十日朝の津田宗及主催の茶会に「明智掃部」としてみえ、明智名字を与えられていたことが確認される。

このことから、中脇氏は、光秀の惟任家を頂点に「明智」名字を名乗る層、それ以外の名字層という家格の重層化を図った家中編成をみる。筆者もその成果に賛同する。しかし、これを中脇氏は豊臣期の羽柴名字授与や徳川期の松平名字授与の「ひな型」とするが、その見解には検討を要する。それは、たとえば、同時期に徳川家では、直臣の大須賀康高や国衆の三河戸田氏、信濃依田氏らに松平名字を授与している。したがって、まずは同時代におけるそれぞれの家中編成のなかに、名字授与を通じた編成が行なわれた意義をみいだしていくべきではないか。惟任家中のさらなる実態解明のうえに、その検討が俟たれる。

なお、光秀重臣は、『宗及茶会記』に頻繁にみられる。茶の湯を通じた交流も、他の家中にはみられない惟任家中の特徴をあげることができるかもしれないが、今後の課題である。

五、本能寺の変へ

天下周縁の守備変化

天下周縁の守備を担う織田家重鎮にあった惟任家の立場だが、それは不動でありつづけたわけではない。早くに桑原三郎氏も注目されたように(80)、天正六年（一五七八）十月、惟任光秀の縁者で摂津有岡城主・荒木村重の離反が勃発したことを契機に、惟任家が担う天下周縁の守備に変化がみられはじめだしていく。

荒木村重は、前述のように、摂津国有岡領の統治のほか同国一国の軍事指揮、播磨従属国衆の統制を担う部将として活動していた。ところが、天正四年に織田権力と安芸毛利氏との敵対・対戦が本格化していくなかで、織田信長は直臣の羽柴秀吉に中国地方方面の軍事指揮官の立場を委ねる[81]。そして、これを受け、天正五年十月二十三日に秀吉は播磨国への侵攻を開始した（『兼見卿記』）。秀吉は播磨侵攻を開始すると、ただちに指南として播磨従属国衆に対し、進退保証を約束して人質を徴収、彼らを自身の軍事指揮下に属す与力として率いた。そして、毛利方に属した勢力を討つ一方、但馬国にも出征し、反織田方の中心国衆太田垣氏を攻略して、播磨・但馬二ヵ国を従えた。

ところが、翌天正六年三月に、播磨国衆・三木城主の別所長治が秀吉に「存分」ありとして、室町幕府将軍足利義昭・安芸毛利氏に通じて織田権力を離反（「黒田家文書」『姫路』一五三二ほか）、七月には救援を求める尼子勝久・山中幸盛らの播磨上月城（兵庫県佐用町）が毛利勢に攻略されてしまう（『信長公記』）。このような情勢のなか、十月に荒木村重は織田家を離反し、将軍義昭・安芸毛利氏や大坂本願寺に通じたのである（「古文書集」『信長文書』七八七参考ほか）。この村重の離反に応じて、御着小寺氏ら播磨従属国衆も離反に至る（「毛利家文書」『姫路』一五四九）。

村重が離反に至った背景には、ここまでみてきた自身に代わって秀吉の主導のもとに進められた中国地方方面の外交・軍事の展開が大きく関係していよう。近年の戦国大名の外交・国衆統制に関する研究によると、取次・指南を務めることは、権力中枢における政策決定への発言力に影響を有したことが明らかにされている[82]。この研究成果をふまえると、村重離反の背景には、秀吉のもとに進められる中国地方方面の外交・軍事の展開に対する、自身の政治的立場の低下という事態への対処が大きくあったと推察される。

村重離反の報告を受け、信長は縁戚関係を持っていた光秀にも説得にあたらせる。光秀はこのなかで娘を返還されるが、説得自体は失敗に終わってしまう（『立入隆佐記』）。結果、光秀も荒木氏討伐に参戦する。そして、一年八ヵ月にわたる攻防戦を経て、天正八年七月に村重ら荒木勢は安芸毛利氏のもと退去し、有岡領は平定されることになる。

その後、信長と乳兄弟にあった池田恒興とその嫡男・元助が、荒木氏旧領の摂津国有岡領に配置される（『信長公記』）。これにともない、摂津国が天下の守衛を担う光秀の管轄から外れることになってしまう。また、同年四月から五月にかけて、秀吉は播磨・但馬の両国を平定し、播磨姫路城（兵庫県姫路市）を居城に領国支配を開始する一方、因幡国へも影響力を及ぼしていく。さらに、翌天正九年十一月には、淡路国が池田元助・羽柴秀吉勢に平定される（『信長公記』）。この結果、池田・羽柴両氏の瀬戸内海への関与が強まることになり、光秀が携わる四国外交にも影響していくことになるのである。

四国外交の転換

それでは、天下周縁の守備を担う織田家の重鎮にあった惟任光秀の立場に影響をもたらすことになった、織田権力の四国外交はどのようなものであったのであろうか[83]。

織田権力の四国外交は、永禄十一年（一五六八）九月に織田信長が足利義昭の室町幕府再興に軍事協力し、上洛のうえ、五畿内平定（天下静謐）を実施したときから始まる。これは、このときに義昭・信長に敵対したのが、それまで天下統治に関わっていた三好三人衆（三好長逸・三好宗渭・石成友通）であり、彼らを支援する阿波三好長治らとの対立が継続したことによる。阿波三好氏との対立は、将軍義昭が信長と敵対し、京都を逐われた天正元年（一五七三）七月以降でも、彼らが将軍義昭と連携するに至ったことから継続した。このように、織田権力の四国外交は、阿波三好氏への対策のもとに展開していく。

そして、この対阿波三好氏のなかで、織田権力が通交を展開したので、土佐国の平定を進め、阿波三好氏と対立していた土佐長宗我部氏であった。その後、両者の通交は深化し、天正六年十月二十六日付けの信長書状写（『土佐国蠹簡集』『信長文書』五七三）では、信長が長宗我部元親の嫡男信親の阿波在陣を賞するとともに、「信」の一字を与え、「信親」と名乗らせていることが確認できる。信親の一字拝領は、同年十二月十六日付けの長宗我部元親書状（「石谷家文書」『石谷家』一八）で、斎藤利三に働きかけ申請したことがみえるので、長宗我部氏側からの要請であったことがわかる。

注目すべきは、仲介者として存在が確認されるように、織田・長宗我部両氏間の通交に携わった取次が、織田家宿老・惟任光秀であったことである。光秀が、この通交に奔走したのには、これまでみてきたように、惟任家が織田権力が管掌する天下周縁の守衛を担う役務にあったことが大きく関係していよう。そして、その通交は、光秀の重臣・斎藤利三実兄である石谷頼辰の義妹が長宗我部元親の正室にあったという縁戚関係を活用して進められていった。このように、惟任家中の所縁のもとに取次たる光秀の奔走を得て、織田・長宗我部両氏間の対阿波三好氏を中心に据えた政治関係は展開した。

この両者の外交関係は、表面上にしても天正九年十一月上旬までは友好にあったことが確認されている(84)。ところが、その後、両者の関係は断交を決定的にさせ、翌天正十年五月には信長の三男・織田信孝を大将に三好一族の康長を配した四国討伐の実施方向に決することになる（「寺尾菊子氏所蔵文書」『信長文書』一〇五二）。

この主要因には、織田・長宗我部両氏間の通交の基軸にあった対阿波三好氏路線が転換したことにあった。これに関しては、藤田達生・桐野作人両氏により、織田権力に属していた三好康長の四国進出を支援することにしたことが転換の要因として重視されている(85)。

しかし、筆者がとくに注目しているのは、近年、中平景介氏によって明らかにされた、阿波三好氏自体の動向とそれにともなう情勢の変化である[86]。この頃、阿波三好氏の当主は、天正四年十二月に阿波国内の内戦による長治の敗死を受け、阿波勝瑞城（徳島県藍住町）に入った弟の存保が家督を継承していた。そして、存保のもと阿波三好勢は、織田・長宗我部両氏と対戦を続けてきた。ところが、中平氏によると、阿波三好氏が提携してきた反織田勢力の大坂本願寺の降伏や安芸毛利氏の劣勢、さらに天正九年九月に池田元助・羽柴秀吉の軍勢に淡路国を制圧されたことにともない、阿波三好氏は織田権力へ従属してしまう。この結果、阿波三好勢力の勢力圏が織田領国に組み込まれ、さらに、はそれにともない、旧領国であった阿波一国へ対処が求められることになる。

だが、この事態はこのときに土佐国と阿波国南部に勢力を拡大していた長宗我部氏との間に領有帰属をめぐる軍事的衝突＝「国郡境目相論」たる領土戦争を招く事態を生じさせることになった。この事態の対応も含め織田権力が示したのが、信長による長宗我部領国の範囲を土佐一国のみの領有保証として示した領土配分＝国分案であった[87]。しかし、この国分案はこれまで織田権力との通交のもとに勢力を保持・拡大してきた長宗我部氏、またそれに与して存立保持に努めてきた、とくに境目で活動する阿波国の諸将らにとっては、そう簡単に従いがたく、軍事衝突を避けにくかったであろうことは推察される。このような織田・長宗我部両氏間における境目事情が、最終的に織田・長宗我部両氏間の政治関係を断交・対立へと転換させ、翌天正十年六月三日を実施予定日とした四国出兵が進められていくことになるのである（『貝塚御座所日記』[88]）。

この四国外交の転換事態に対し、光秀は元親と縁戚にある石谷空然（光政、頼辰の養父）、同頼辰・斎藤利三兄弟に国分に応じ通交を維持するよう説得にあたらせる。長宗我部氏は説得になかなか応じないようであったが、織田信孝を大将とした織田勢の四国出兵が間近に迫るなか、天正十年五月二十一日付けの長宗我部元親書状（「石谷家文書」『石谷家』一九）によると、阿波海部（徳島県海陽町）・大西（同三好市）の両城は土佐国の「門」にあたるので除き、信長の提示した国分案に応じる意向を示した。だが、このとき、信長より中国出兵を命じられていた光秀のもとには、日数的にも届かず、もはや四国出兵へと舵を切り進められている状況を変えさせることは難しかったと判断される。ここに光秀は、織田信孝を擁して四国出兵を求める側との政争に敗れ、挽回の機会を喪失したことになる。

これまでこのことに関しては、光秀個人の立場のなかでとらえられ、そして本能寺の変の動機に関連づけられてきた。だが、現代のように個人が重視される社会と異なり、個人が家などの帰属する集団のなかでこそ生存していくことができ、そのもと活動していた時代において、個人の行いはそのまま所属する集団の営みにも影響した。つまり、四国外交の転換は、光秀に自身の権力中枢における立場とそれにもとづく発言権の喪失のみでなく、天下周縁の守備を担う惟任家自体の今後（織田権力内部での格ほか）にも大きく影響することにも繋がったのである。

もちろん、筆者は四国外交の転換のみを、本能寺の変を起こした要因に直接結びつける気はない。しかし、進みつつある惟任家周辺で起きた四国外交の転換を含む情勢変化とそれにともなう織田権力内部の対立の展開が、これまで天下の守衛を担い、威勢を保ってきた惟任家の「将来」＝今後の行く末を光秀やその周辺に悲観的に追いやる大きな要因となり、その事態打開へと追い込まれたことは想像に難くない[89]。本能寺の変は、そのなかで光秀と惟任家中が最終的に選んだ打開策として起きた政変（クーデター）ということになろうか。

本能寺の変とその後

天正十年（一五八二）六月二日に起きた「本能寺の変」とは、周知のように、惟任光秀が謀反により、当時は京都四条西洞院（京都市下京区）にあった本能寺に滞在していた天下人織田信長、同じく上京していた信長の嫡男で織田家当主の信忠、彼らの側に仕える御小姓衆・馬廻衆という、権力中枢の人物らを討った政変（クーデター）である。一般に注目されるのは、六月二日の出来事だけだが、この政変を考えるには、その後もみる必要がある。[90]すなわち、この後、京都を押さえた光秀は近江国を制圧したうえ、六月五日に天下人信長の政庁・安土城へ入城を遂げている（『兼見卿記』ほか）。ここからうかがえることは、たまたま織田権力の中枢が京都に会したという状況を機会にした、光秀による織田権力中枢の解体と掌握にあり、ここにこそ本能寺の変の狙いをみることができる。

それでは、なぜ光秀は本能寺の変を起こすことにしたのか。これまで、その本質や歴史的意義と合わせ動機をめぐって、多くの議論が交わされてきた。

まずあげられるのが、光秀個人に要因を求める怨恨説と野望説である。怨恨説は早くから説かれ、信長の冷酷な仕打ちに対し、光秀が耐えかね謀反に至ったとする。だが、これら怨恨説の根拠の多くは後世に作成された編纂物を典拠としたものであり、検討を要することが説かれている。これに対し野望説は、光秀の天下取りの野望を重視する。この光秀の天下取りの野望を本格的に提起したのが、高柳光寿氏である。[91]高柳氏は四国外交の転換にも注目したうえで、信長・秀吉と同じように「光秀も天下が欲しかったのである」としたうえで、「与えられた機会」を生かし実行したと説いた。

これら光秀個人に要因を求める説に対し、光秀の背後に信長打倒を試みる政治勢力をみる、いわゆる「黒幕」説がある。「黒幕」的存在には、これまでに多くの人物や勢力があげられ、議論されている。だが、織田権力論としての視点より史料から検討された学説としては、朝廷関与と室町幕府将軍足利義昭関与の二説をあげることができよう。

前者の朝廷関与説は、立花京子氏により本格的に提示された論である[92]。立花氏は、公家の勧修寺晴豊による『日々記』（国立公文書館内閣文庫所蔵）の検討を通じて、本能寺の変は信長の朝廷侵食攻勢激化に対する、光秀と誠仁親王や近衛前久などの朝廷勢力とが信長打倒計画のうえで遂行したと述べた。

一方、室町幕府将軍足利義昭関与説は、藤田達生氏が「織田政権から豊臣政権へ―本能寺の変の歴史的背景―」（『年報中世史研究』二一号、一九九六年）で最初に見解を述べられ、その後、多くの著書を通じて深化している。この説は、光秀が当時備後国鞆（広島県福山市）にいた室町幕府将軍足利義昭を奉戴し、反織田勢力との提携のうえ実行したクーデターとして本能寺の変を位置づけた。さらに、この説は織田権力の四国外交をめぐる権力内の対立、具体的には光秀と羽柴秀吉の四国外交をめぐる相克も背景に提示した。その後、これまでの諸説やそれを裏づける史料の検討を含めた議論が行われ[93]、現在も解明が進められている研究状況にある。

このように、本能寺の変に関しては、信長と光秀の関係、そして天下人信長に対する敵対勢力の存在に注目して議論や解明が進められてきている。だが、問題をあげるとすれば、全般的に新たな時代の創設を試みる革命者信長に対し、光秀個人またはそれに同調して敵対する朝廷や将軍義昭、戦国大名などの保守勢力という対立構図のもとに議論や解明が行われている。これは、織田権力を同時代の政治・社会のなかで特異な政治権力として位置づける見方のなかに、この政変も位置づけられてしまっているといえる。

また、稲葉継陽氏は、近年の研究動向を「政治史の表面的レベルでの論説に収斂する傾向が極めて強い」としたうえで、政治的階級的な諸潮流の対抗関係がつくり出す矛盾をはらんだ権力構造が変容する「政治過程」のもとに、本能寺の変を位置づける必要性を説く。(94) そのうえで、室町幕府将軍段階に止まっていた「中世的な信長権力」と石高制領国支配を指向する光秀ら「近世的な織田大名権力」との矛盾拡大と限界に終止符を打ち、近世的な封建国家の樹立過程における一大画期に道を開いたことが、「「本能寺の変」の歴史的意味」であるとする。

稲葉氏の見解には、政治権力内部の問題に止まらない、今後の検討の方向に傾聴すべきところがある。しかし、先にみたように議論の根底にある知行高に応じて軍役賦課を課すという、信長と光秀ら「織田大名」との間に「差」は存在しない。また、この見解も視点は違えど、「中世的な」「近世的な」という構図を前提にして、本能寺の変がとらえられてしまっているところに検討の余地が残されている。

たしかに、天下人信長とその後継者にあった嫡男の信忠が討たれたという、この政変の政治的影響は、別にも述べたように、(95) 織田権力による国内諸勢力の統合＝「天下一統」にむかっていた流れを中断させ、それを機にして押さえつけられていた各地の動向が再動しだすという、国内情勢を生じさせた。その点では、政変の特異はある。

しかし、近年の研究成果を踏まえ、織田権力も同時代の政治・社会に展開する領域権力であったことに注目したい。そうすると、職制よりも個々の器量のもとに運営されていることで、活動の失敗や政争敗退によって権力内部における政治的立場や格の失墜の影響は大きく反映されることになる。そして、その打開のために他家への出奔や謀反が行われた、当該期における領域権力の特質のもとに、この政変も位置づけられ同時代性をもつ。本能寺の変は、時代を画する特異を前提にみるのでなく、同時代のなかで解明を進めていくべきことが求められる。

さて、信長・信忠父子を討ち、天下人織田家の政庁にあった近江安土城を押さえた光秀であったが、政変はしっかりとした計画のもとで実施されたというより、むしろ信長・信忠父子ら権力中枢の人物が京都に会したという、偶発的な機会を優先して進められてしまったことに特徴がみられる。このため、政変後の対応として、早急な各地の戦線で活動する織田家諸将への対処が求められ、そして「天下静謐」に務めるべく畿内近国の平定を進めていった。また、六月十二日付けの光秀書状（「美濃加茂市民ミュージアム所蔵文書」[96]）によると、備後国鞆の将軍義昭に繫がり帰洛に尽力する意志を示していた。それとともに、光秀は各地の反織田勢力と連携を模索した。

一方、本能寺の急報を受け、四国出兵の渡海を目の前に動揺を受けた信長の三男・織田信孝の軍勢は、惟任勢と対峙するに至らず、宿老の惟住長秀とともに摂津大坂城へ移る。そして、六月五日に信孝と長秀は、同城に在城する、織田家御一門衆で光秀の娘婿・織田信澄が光秀に応じるのを恐れ、殺害する（ルイス・フロイス『日本史』、『惟任退治記』ほか）。このうえで河内国の諸将を味方に付け、惟任勢との対決に備えていく。また、畿内近国の制圧を進めようとする光秀に強く抵抗したのが、信長との関係が強い重臣の池田恒興と高山重友・中川清秀らの摂津衆であった。

このため、畿内近国の制圧を急ぐ光秀にとって、摂津・河内両国の反惟任勢力の平定が急務となっていった。この事態に、摂津衆ほか反惟任勢力は、援護を各地に出陣中の織田諸将に求める。働きかけにいち早く対応を示したのが、中国地方で安芸毛利氏との戦陣にあった宿老の羽柴秀吉であった。本能寺の変時、秀吉は安芸毛利方勢力との境界に位置した備中高松城（岡山市）を攻囲していた。秀吉のもとに、本能寺の変の急報が届いたのは、六月三日の夜のことであったという（『惟任退治記』）。急報を受け、秀吉は毛利氏と優位的な和睦を結ぶとともに（『水月古鑑』秀吉四二）、反惟任勢力の援護・討伐のために、畿内への進軍を実行した。

反惟任勢力の屈強な敵対態度と秀吉の進軍の報せは、光秀の与力にあった丹後宮津城主の長岡藤孝や大和郡山城主の筒井順慶らにも影響し、彼らも光秀に従順しない態度を示しだす（「細川家文書」『明智』一二一、『多聞院日記』）。この事態の対応のために、光秀は六月八日に上洛を経た後、反惟任勢力討伐へ出陣した（『兼見卿記』）。なお、上洛の際に光秀は、京都の町民に地子銭を永代免除したことが、光秀の恩恵として後々まで語られたことを桑原三郎氏が明らかにしている(97)。

一方、反惟任勢力のもとには羽柴秀吉の軍勢のほか、織田信孝・惟住長秀らの軍勢も加わり、信孝を主将に結集した織田勢が惟任勢との対戦に備えていく。そして六月十三日に、惟任・織田両軍勢は、山城・摂津両国の境目に位置した山城国山崎（京都府大山崎町）の地で激突する。この山崎合戦にて、数で勝る織田勢の攻勢に惟任勢は奮闘するが敗北し、光秀は山城勝竜寺城に撤兵する。そして再起のために、同城を出て近江坂本城へ向かった。だが、その途次に山科・醍醐（京都府山科・伏見区）で光秀は村人らの「一揆」により殺害された。その後、織田勢は入京のうえに進撃を続け、十五日には光秀の子息や宿老の明智秀満が籠もる近江坂本城も落城し、惟任家は滅亡した（「大阪城天守閣所蔵文書」秀吉四四四、『兼見卿記』ほか）。

さらに、本能寺の変後に光秀に応じた近江・美濃両国における惟任勢力も平定され、ここに光秀が起こした本能寺の変によって生じた織田権力内部の抗争は終結する。しかし、天下人信長とその後継者の信忠という中核を失った織田権力は、政変の影響は大きく尾を引き、その後の政治運営から生じた信雄・信孝兄弟や羽柴秀吉・柴田勝家ら宿老間の対立を機にした内戦のなかで、やがて中央権力としての存在意義を喪失させてしまうことになるのである(98)。

おわりに

以上、「惟任光秀論」として、これまでの研究の成果を踏またうえ、光秀の政治的立場や活動・役割、彼を支えた一族や家臣たちをみてきた。

ここからみえてきた光秀の「実像」には、織田信長との関係とその動向に大きく規定を受け、宿老・直臣大名へと台頭し、活動していった姿がある。このことから、彼の存在はまさに、変動する国内情勢の展開のなかで、信長のもとに「日本国」の中央にあった天下を管轄統治し、そのもとに国内諸勢力の統合＝「天下一統」を進めていった領域権力に急激な発展を遂げた織田権力の特質を表徴したキーパーソンにあったということができよう。

ただ、本論に記したことは、現段階で知られている史料を用い、あくまでも近年における織田権力研究の成果を踏まえてみたという、一側面からの彼の「実像」に過ぎない。したがって、まずはこれまでの後世の謀反人・「常識人」像から脱却を遂げ、まだなされていない史料収集のうえに、さらなる「実像」を求めての検討が必要であることが、引き続き行なっていくべき課題にあげられよう。本書の刊行を機にして、より一層の光秀の「実像」が解明が進み、光秀はもとより織田権力の研究が進展していくことを期待したい。

註

（1）神田千里『織田信長』（筑摩書房〈ちくま新書〉、二〇一四年）、金子拓①『織田信長〈天下人〉の実像』（講談社〈現代新書〉、

二〇一四年）、同②『織田信長―不器用すぎた天下人―』（河出書房新社、二〇一七年）ほか。

（2）戦国史研究会編『織田権力の領域支配』（岩田書院、二〇一一年）、柴裕之編『論集 戦国大名と国衆20 織田氏一門』（岩田書院、二〇一六年）など。

（3）高柳光寿『明智光秀』（吉川弘文館〈人物叢書〉、一九五八年）、桑田忠親『明智光秀』（新人物往来社、一九七三年）、二木謙一編『明智光秀のすべて』（新人物往来社、一九九四年）、小和田哲男『明智光秀―つくられた謀反人―』（PHP研究所〈PHP新書〉、一九九八年）、谷口研語『明智光秀―浪人出身の外様大名の実像―』（洋泉社〈歴史新書y〉、二〇一四年）、『歴史読本』編集部編『ここまでわかった！明智光秀の謎』（KADOWAKA、二〇一六年）、洋泉社編集部編『本能寺の変と明智光秀』（洋泉社〈歴史新書y〉、二〇一六年）、小和田哲男監修『明智光秀の生涯と丹波福知山』（福知山市役所、二〇一七年）、柴裕之編著『図説 明智光秀』（戎光祥出版、二〇一八年）など。

（4）谷口克広『織田信長家臣人名辞典』第2版（吉川弘文館、二〇一〇年）、同『信長軍の司令官―部将たちの出世競争―』（中央公論新社〈中公新書〉、二〇〇五年）、早島大祐「明智光秀の居所と行動」（藤井讓治編『織豊期主要人物居所集成』、思文閣出版、二〇一一年）、鈴木将典「明智光秀の領国支配」（戦国史研究会編 註（2）著書所収）、藤田達生・福島克彦編『明智光秀―史料で読む戦国史③―』（八木書店、二〇一五年）、柴辻俊六「明智光秀文書と領域支配」（同著『織田政権の形成と地域支配』、戎光祥出版、二〇一六年）、和田裕弘『織田信長の家臣団―派閥と人間関係―』（中央公論新社〈中公新書〉、二〇一七年）ほか。このうち、藤田・福島編著には光秀の発給文書一七四点を所載、柴辻論文では光秀や家臣の関係史料二〇七点の目録を提示し、光秀研究の進展を促している。

（5）稲葉継陽「明智光秀論」（熊本県立美術館編『永青文庫展示解説10周年・RKK開局65周年記念 細川ガラシャ』、細川ガラシャ展実行委員会、二〇一八年）、拙編註（3）著書。

（6）『多聞院日記』と『蓮成院記録』は、『増補続史料大成 多聞院日記 附録 蓮成院記録』（臨川書店刊）による。

（7）二木謙一校注『明智軍記』（新人物往来社、一九九五年）。

（8）この点の詳細は、野口隆「『明智軍記』の光秀没年」（『大阪学院大学 人文自然論叢』七三・七四号、二〇一七年）がまとめているので、参照されたい。

（9）『武家聞伝記』該当部分の記載は、岡山県立記録資料館編『岡山のアーカイブス1―記録資料館活動成果資料集―』（二〇一二年）の翻刻を用いた。

（10）谷口克広『検証本能寺の変』（吉川弘文館〈歴史文化ライブラリー〉、二〇〇七年）。

（11）京都府歴史資料館編『叢書 京都の史料12　禁裏御倉職立入家文書』（二〇一二年）、六〇史料。

（12）三宅唯美「室町幕府奉公衆土岐明智氏の基礎的整理」（『愛知考古学談話会マージナル』九号、一九八八年。本書所収）。

（13）外様衆明智氏に関しては、木下聡「室町幕府外様衆の基礎的研究」（同著『室町幕府の外様衆と奉公衆』、同成社、二〇一八年所収。初出二〇一一年）を参照されたい。

（14）早島大祐「「戒和上昔今禄」と織田政権の寺社訴訟制度」（『史窓』七四号、二〇一七年）。以下、「戒和上昔今禄」の翻刻と早島氏の見解は、本論文による。

（15）熊本県立美術館編註（5）図録所載、11番史料。

（16）黒嶋敏「足利義昭の政権構想―「光源院殿御代当参衆并足軽以下衆覚」を読む―」（同著『中世の権力と列島』、高志書院、二〇一二年所収。初出二〇〇四年）。

（17）木下聡「明智光秀の源流―土岐氏とその一族―」（戎光祥ヒストリカルセミナー4「ここまでわかった！明智光秀の虚像と実像！」レジュメ、二〇一八年十二月十五日）。

（18）ルイス・フロイス『日本史』は、松田毅一・川崎桃太『完訳フロイス日本史3　安土城と本能寺の変』（中央公論新社〈中公文庫〉、二〇〇〇年）による。

（19）奥野高廣「明智光秀の初舞台」（『日本歴史』三五六号、一九七八年）。

（20）詳細は、拙稿「足利義昭の「天下再興」と織田信長―「天下布武」の実現過程―」（戦国史研究会編『戦国期政治史研究　西国編』、岩田書院、二〇一七年）を参照されたい。

（21）久野雅司編著『シリーズ・室町幕府の研究2　足利義昭』（戎光祥出版、二〇一五年）、同著『中世武士選書40　足利義昭と織田信長――傀儡政権の虚像』（戎光祥出版、二〇一七年）ほか。

(22) 戦国・織豊期の天下に関しては、神田千里①「織田政権の支配の論理」、②「中世末の「天下」について」（いずれも同著『戦国時代の自力と秩序』、吉川弘文館、二〇一三年所収。初出は①が二〇〇二年、②が二〇一〇年改稿）の成果による。

(23) 『信長公記』は、岡山大学池田文庫等刊行会編『信長記』（福武書店、一九七五年）と奥野高廣・岩澤愿彦校註『信長公記』（角川書店〈角川古典文庫〉、一九六九年）とをあわせて参照し、使用した。

(24) 織田家部将・吏僚家臣による京都での実務活動に関しては、久野雅司「織田政権の京都支配における奉行人についての基礎的考察」（『いわき明星大学人文学部研究紀要』二八号、二〇一五年）が詳細な検討をしていて、本稿もその成果に学んだ。

(25) 当該期の取次・指南の態様に関しては、丸島和洋『戦国大名の「外交」』（講談社〈選書メチエ〉、二〇一三年）を参照されたい。

(26) この条書の意義は、神田註（1）著書、金子註（1）①著書を参照されたい。

(27) 鈴木註（4）論文。

(28) 藤井讓治「坂本城の経営」（『新修大津市史』近世前期、大津市役所、一九八〇年、第一章第四節。本書所収）、長谷川弘道「明智光秀の近江・丹波経略」（二木編註（3）著書所収）、鈴木註（4）論文、柴辻註（4）論文。なお各氏の見解は、断らない限り本註論文による。

(29) 支城領主に関して詳細は、黒田基樹『戦国大名北条氏の領国支配』（岩田書院、一九九五年）の「あとがき」を参照されたい。

(30) 『明智』四九は『思文閣古書資料目録』二二三号を出典とするが、その後に「伊藤宗十郎家文書」として中京大学文学部に所蔵され、播磨良紀「伊藤宗十郎家文書」（『年報中世史研究』四一号、二〇一六年）で紹介されているので、同文書名に改めた。

(31) 早島大祐「織田信長の畿内支配―日本近世の黎明―」（『日本史研究』五六五号、二〇〇九年。本書収録）。

(32) 戦国期の室町幕府将軍ら天下人が、寺社本所領の保護責務をもっていたことは、神田註（22）①論文を参照されたい。なお、この結果将軍義昭は、光秀のもとで「買物」代として管理されていた旧山門領地子銭を差し押さえるに至るが、その行為が信長から批判を受けることになってしまう（『尋憲記』『信長文書』三四〇号文書）。

(33) 久野雅司「村井貞勝発給文書の基礎的考察」（『東洋大学文学部紀要　史学科篇』二七号、二〇〇一年）、早島註（31）論文ほか。

（34）染谷光廣「織田政権と足利義昭の奉公衆・奉行衆との関係について」（藤木久志編『戦国大名論集17　織田政権の研究』、吉川弘文館、一九八五年所収。初出一九八〇年）。
（35）早島註（31）論文。
（36）谷橋啓太「細川藤孝の動向について―足利・織田連合政権期を中心に―」（『大正大学大学院研究論集』四〇号、二〇一八年）。
（37）金子註（1）①著書。
（38）当該期の丹波情勢の詳細は、仁木宏「戦国の争乱と丹波の武士」（『新修亀岡市史』本文編第二巻　第一章第三節、二〇〇四年）などを参照されたい。
（39）『新修亀岡市史』資料編第一巻、『同』資料編第二巻からの史料引用は、『亀岡』1、『同』2＋資料番号で略記する。
（40）光秀の丹波侵攻と小畠氏に関しては、福島克彦「明智光秀と小畠永明―織田権力期における丹波の土豪」（藤田・福島編註（4）著書所収）がある。
（41）以下、光秀の丹波侵攻に関しては、大槻昌行「明智光秀の丹波平定」（『福知山市史』第二巻 近世編第一章第一節、一九八二年。本書所収）、仁木宏「明智光秀の丹波統一」（『新修亀岡市史』本文編二　第三章第一節、二〇〇四年。本書所収）、福島註（40）論文、拙編註（3）著書などを参照し追う。
（42）柴辻註（4）論文は、本徳政の対象地域を「志賀領内」（本稿のいう坂本領）とする。だが、同年十二月二十七日付の曽祢村（京都府京丹波町）六郎左衛門に宛てた、光秀の家臣掃部助書状（「『思文閣墨跡資料目録』六〇所載文書」『亀岡』２二一）から丹波国内を対象としたものであることが確認される。
（43）下村信博『戦国・織豊期の徳政』（吉川弘文館、一九九六年）、五七～六五頁。
（44）以下、丹波領国支配に関しては、大槻昌行「光秀の支配」（『福知山市史』第二巻 近世編第一章第二節、一九八二年。本書所収）、仁木註（41）論文、鈴木註（4）論文などの成果を受け、記していく。なお、各氏の見解は、断らない限り本註論文による。
（45）当該期の丹波国における諸城の状況は、福島克彦「織豊系城郭の地域的展開―明智光秀の丹波支配と城郭―」（村田修三編『中世城郭論集』、新人物往来社、一九九〇年。本書所収）を参照されたい。

(46) 詳細は、中井丈二「織豊時代の和知」(『和知町誌』第一巻第一章第一節、二〇〇五年)、黒田基樹「室町～戦国期の和知荘と片山氏」(藤木久志・小林一岳編『山間荘園の地頭と村落—丹波国和知荘を歩く—』、岩田書院、二〇〇七年)を参照されたい。
(47) 同文書に関しては、『新修亀岡市史』資料編二や藤田達生・福島克彦編『明智光秀—史料で読む戦国史③—』などは、天正九年に年次を比定する。しかし、黒田註(46)論文所載の「室町・戦国期片山氏関係文書目録」が示すように、天正九年以後は出野甚九郎康勝がみえ、同左衛門助はそれ以前の人物(黒田氏は康勝の父とする)と判断される。したがって、同文書の年次は天正九年ではなく、光秀の丹波領国化の状況と合わせると、黒田氏も比定する天正八年かと推察される。
(48) 桑原三郎「本能寺の変の一起因—信長と光秀の勢力軋轢について—」(『歴史地理』七三巻三号、一九三九年。本書所収)。
(49) この市場興隆の保護とは、天正八年七月に宮田市場における紛争や国質・所質などを禁じ、市開催日の保証をおこなったものである。桑原三郎「明智光秀の治政」(『社会経済史学』七巻一一号、一九三八年。本書所収)も、丹波治政において商業発達を期したとしてとりあげる。
(50) 早島註(31)論文、鈴木註(4)論文。
(51) 『信長文書』補遺二〇七。
(52) 柴辻註(4)論文。
(53) 脇田修『織田政権の基礎構造』および同著『近世封建制成立史論』(東京大学出版会、前著は一九七五年、後著は一九七七年)ほか。
(54) 丸島和洋「織田権力の北陸支配」、拙稿「羽柴秀吉の領国支配」(いずれも戦国史研究会編註(2)著書所収)、拙稿「織田権力の関東仕置と徳川家康」(柴裕之『戦国・織豊期大名徳川氏の領国支配』、岩田書院、二〇一四年改稿。初出二〇〇一年)ほか。
(55) 丸島和洋「織田権力の領域支配再論」(『年報三田中世史研究』二二、二〇一五年)は、この現状を整理したうえで、今後深めていくべき論点を提示している。
(56) 山本博文「第三講　明智光秀の史料学」(同著『続日曜日の歴史学』、東京堂出版、二〇一三年)、堀新「明智光秀「家中軍法」をめぐって」(山本博文編『法令・人事から見た近世政策決定システムの研究』、科学研究費補助金(基盤研究A)研究成果報告書、二〇一五年。本書所収）。
(57) 荒木村重に関しては、天野忠幸『シリーズ・実像に迫る010　荒木村重』（戎光祥出版、二〇一七年）、織田権力の摂津支配は、下川雅弘「織田権力の摂津支配」（戦国史研究会編註（2）著書所収）を参照されたい。
(58) 長岡藤孝の丹後支配における光秀の役割に関しては、稲葉継陽「細川家伝来の織田信長発給文書―細川藤孝と明智光秀―」（森正人・稲葉継陽編『細川家の歴史資料と書籍―永青文庫資料論―』、吉川弘文館、二〇一三年）、鈴木将典「織田・豊臣大名細川氏の丹後支配」（『織豊期研究』一六号、二〇一四年）が詳細にふれている。以下、長岡氏の丹後支配に関する各氏の見解は、断らない限り本註論文による。
(59) 金松誠『シリーズ・実像に迫る019　筒井順慶』（戎光祥出版、二〇一九年）。
(60) 織田権力による大和国の統治整備に関しては、松尾良隆「天正八年の大和指出と一国破城について」（藤木久志編『戦国大名論集17　織田政権の研究』、吉川弘文館、一九八五年所収。初出一九八三年）が詳細に検討しているので、参照されたい。
(61) 池上裕子『織田信長』（吉川弘文館〈人物叢書〉、二〇一二年）、稲葉註（5）論文。
(62) 群馬県立歴史博物館企画展図録『織田信長と上野国』（二〇一八年）所載。
(63) 染谷註（34）論文、谷口克広「光秀家臣団の構成や出自はどこまでわかっているのか」（洋泉社編集部編註（3）著書所収）、和田註（3）著書。
(64) 金子拓・遠藤珠紀「『兼見卿記』自元亀元年至四年紙背文書」（東京大学史料編纂所編『東京大学史料編纂所研究報告二〇一一―三　目録学の構築と古典学の再生―天皇家・公家文庫の実態復原と伝統的知識体系の解明―』、東京大学史料編纂所、二〇一二年）。
(65) 光秀と伊勢氏との関係は、木下昌規「織田権力の京都支配」（戦国史研究会編註（2）著書）が詳細に検討している。なお、以下の木下氏の見解は本論文による。
(66) 高柳註（3）著書。
(67) 正室妻木氏に関しては、永田恭教「光秀をめぐる知られざる女性たちとは？」（洋泉社編集部編註（3）著書所収）が詳細に検討し、本稿もその成果に学んだ。

（68）三宅家史料刊行会編『明智一族　三宅家の史料』（清文堂出版、二〇一五年）、一五二号資料。

（69）『宗及茶湯日記 他会記』、『同　自会記』は、『茶道古典全集』第七巻、『同』第八巻（いずれも淡海社、一九五六年）による。

（70）光秀をはじめ、子息が参加した連歌会に関しては、国文学研究資料館ホームページ「連歌・雅楽・演能データーベース」による。なお、光秀の連歌に関しては、桑田忠親「明智光秀の文学」（『歴史公論』五巻六号、一九三六年。本書所収）がある。

（71）嫡子のスペアに関しては、黒田基樹『北条氏康の妻瑞渓院―政略結婚からみる戦国大名―』（平凡社〈中世から近世へ〉、二〇一七年）に学んだ。

（72）松田毅一監訳『十六・七世紀イエズス会日本報告集』第Ⅲ期第6巻（同朋舎出版、一九九一年）所収。

（73）横山住雄『中世武士選書10　織田信長の尾張時代』（戎光祥出版、二〇一二年）、一二二頁。

（74）勝俣鎮夫「織田信長とその妻妾」（同著『中世社会の基層をさぐる』、山川出版社、二〇一一年所収。初出二〇〇三年）。

（75）横山住雄「土岐明智氏と妻木氏の系譜補正（下）」（『濃飛の文化財』三八号、一九九八年）。

（76）谷口註（63）論文、和田註（3）著書、中脇聖「明智光秀の「名字授与」と家格秩序に関する小論」（日本史史料研究会『日本史のまめまめしい知識』第三巻、岩田書院、二〇一八年）。なお、以下各氏の見解は、断らない限り本註論文による。

（77）石谷家文書は、浅利尚民・内池英樹編『石谷家文書―将軍側近のみた戦国乱世―』（吉川弘文館、二〇一五年）による。以下、史料引用は、『石谷家』＋文書番号で略記する。

（78）利宗の通称が、「平十郎」であったことは、（天正十五年）正月二十二日付けの長宗我部元親書状（「石谷家文書」『石谷家』二一）より確認される。

（79）福島註（40）論文。

（80）桑原註（48）論文。

（81）羽柴秀吉の中国出陣と荒木村重の離反に関しては、拙稿「織田政権と黒田官兵衛」（小和田哲男編『黒田官兵衛』、宮帯出版社、二〇一四年）でもふれている。

（82）丸島註（26）著書。

(83) 織田権力の四国外交と惟任光秀との関係に関しては、すでに拙稿「明智光秀は、なぜ本能寺の変を起こしたのか」（日本史史料研究会編『信長研究の最前線―ここまでわかった「革新者」の実像―』、洋泉社〈歴史選書y〉、二〇一四年）でも述べたが、ここではその後の知見を加えたうえ再述する。
(84) 平井上総「津田信張の岸和田入城と織田・長宗我部関係」（『戦国史研究』五九号、二〇一〇年）。
(85) ここでは、紙幅の関係より、藤田達生『証言本能寺の変―史料で読む戦国史―』（八木書店、二〇一〇年）、桐野作人『だれが信長を殺したのか』（ＰＨＰ研究所〈ＰＨＰ新書〉、二〇〇七年）をあげるに止める。
(86) 中平景介「天正前期の阿波をめぐる政治情勢―三好存保の動向を中心に―」（『戦国史研究』六六号、二〇一三年）。
(87) この国分に関しては、これまで『元親記』（『続群書類従』第二十三輯上）などにより長宗我部氏に土佐国と阿波国南半国の領有を認めるものとして考えられ、註（83）拙稿でも、そのように考えたが、後掲の天正十年五月二十一日付けの長宗我部元親書状（「石谷家文書」『石谷家』一九）に記載された内容から、本記述のようにとらえ直した。
(88) 真宗史料刊行会編『大系真宗史料 文書記録編14　東西分派』（法藏館、二〇一六年）所収。
(89) 桑原註（48）論文や藤田達生氏の註（85）著書ほか一連の研究なども、本能寺の変の背景に織田権力内部の政争を注目される。筆者も、その点は同じであるが、ただそれを後述のように革新勢力と保守勢力の対立という視点では考えていない。
(90) 本能寺の変後における光秀の動向を整理したものに、桑田忠親「本能寺の変後に於ける明智光秀」（『歴史公論』四巻二号、一九三六年。本書所収）、また動向を押さえたうえ朝廷との関係を検討した研究に堺有宏「明智光秀と朝廷―本能寺の変後の公武関係を通して―」（『七隈史学』一五号、二〇一三年）がある。
(91) 高柳註（3）著書。
(92) 立花京子「本能寺の変と朝廷」（同著『信長権力と朝廷』、岩田書院、二〇〇二年所収。初出一九九四年）。
(93) 鈴木眞哉・藤本正行『信長は謀略で殺されたのか―本能寺の変・謀略説を嗤う―』（洋泉社〈新書y〉、二〇〇六年）、谷口註（11）著書。
(94) 稲葉註（5）論文。

（95）拙著『シリーズ・実像に迫る017　清須会議──秀吉天下取りへの調略戦』（戎光祥出版、二〇一八年）。

（96）この文書に関しては、これまでは東京大学史料編纂所架蔵影写本の「森家文書」が用いられていたが、近年原本がみつかり、藤田達生「美濃加茂市民ミュージアム所蔵（天正十年）六月十二日明智光秀書状」（『織豊期研究』一九号、二〇一七年）が紹介・解説を行っている。

（97）桑原註（49）論文。

（98）その展開過程の詳細は、註（95）拙著を参照されたい。

第1部

光秀の源流と政治的位置

Ⅰ　室町幕府奉公衆土岐明智氏の基礎的整理

三宅唯美

はじめに

中世後期の美濃国の歴史は、これまで守護土岐氏や守護代富嶋・斎藤両氏の動向を中心に論ぜられてきた(1)。一方、当時の美濃国内には多くの室町幕府奉公衆が所領を有し、その国別の家数では三河国に次いで二番目に多かったことが明らかにされているが(2)、その動向や守護領国体制に及ぼした影響をめぐる研究はあまり多くない(3)。奉公衆は、守護大名を索制して中央への依存性を高めさせる機能を果たすとともに、地方における将軍権力の拠点でもあった(4)。だとすれば、これらの実態を明らかにすることなしには、この時期の美濃国の歴史を明らかにすることはできないといえよう。今後は、美濃国内に所領を持つ奉公衆、それも国人領主であるものの動向を一つずつ明らかにし、これを基礎とする美濃国における幕府・守護・国人（奉公衆）の関係の再構成が必要である。

本稿は、こうした作業の一つとして土岐明智氏を取り上げ、その動向の基礎的な整理を行うものである。

土岐明智氏は、土岐郡妻木郷（現在の土岐市南部）などを領有する国人領主で、四番衆に属する奉公衆であった。関係のまとまった史料としては、沼田藩主土岐家に伝世された「土岐文書」(5)が知られている。土岐明智氏に関するものは一九通に過ぎないが、この数は史料のほとんどが散逸している美濃国の奉公衆の中では非常にまとまった量である。しかし、土岐明智氏についての本格的な研究は、筆者の管見の範囲内ではこれまで皆無である。わずかに『土岐市史』第一巻(6)や『岐阜県史』通史編中世などで言及されているが、いずれも戦国末から近世初期にかけての妻木郷の領主で土岐明智氏の支流とされている妻木氏に関連して、『明智系図』(7)など近世の系譜類を基に、若干触れられているに過ぎない。

一、系譜の沿革

土岐明智氏についての史料は非常に少なく総数二十六点を数えるにすぎない。表1はこれらの史料から日付と氏名をまとめたものである。（以下、引用史料に付した番号は表1の番号と対応する）

初代頼重は、初代美濃国守護土岐頼貞の孫で、暦応二年（一三三九）二月十八日に「祖父土岐頼貞法名存孝今月十七日譲状」に任せて美濃国妻木郷、多芸荘内多芸嶋榛木地頭職を安堵されている（1）。頼貞はこの年の二月二十二日に没しており、これに先立ちその所領の一部を分割相続したものであろう。（2）（3）の彦九郎、（4）の某、（5）の伯耆守、（8）の民部少輔頼重は同一人物であろう。

（6）～（9）の下野守（入道浄皎）の実名は不明である。（8）で「兄民部少輔頼重文和四年（一三五五）十一月六日譲状」に任せて所領を安堵されており、このころ頼重の後を継いだものであろう。

以下、年代的にみて、（10）氏王丸・（11）十郎頼篤、（13）長寿丸・（14）十郎・（15）兵庫頭、（16）兵庫助・

番号	日　　付	西暦	氏　　名	史　料　名	出　　典
1	暦応2．2．18	1339	土岐彦九郎頼重	足利直義下文	「土岐文書」5＊1
2	（観応2）1．30	1351	あけちのひこ九郎	足利尊氏自筆書状	「土岐文書」34
3	観応2．2．7	1351	土岐彦九郎	足利尊氏袖判下文	「土岐文書」6
4	年不詳．8．16		土岐あけち	足利義詮書状	「土岐文書」35
5	文和2．7．22	1353	土岐明智伯耆守	僧良禅他二名運署請文	「醍醐寺文書」19＊1
6	延文6．12．23	1361	土岐下野守	足利義詮袖判御教書	「土岐文書」8
7	貞治2．4．21	1363	土岐下野入道	足利義詮御教書	「土岐文書」9
8	貞治5．．3	1366	土岐下野入道 民部少輔頼重	足利義詮御教書	「土岐文書」10
9	永徳3．7．25	1383	土岐下野守法師法名浄皎	足利義満袖判下文	「土岐文書」11
10	明徳元．12．14	1390	土岐明智氏王丸	足利義満袖判御教書	「土岐文書」12
11	応永6．11．24	1399	土岐明智十郎頼篤	足利義満袖判御教書	「土岐文書」13
12	応永34．2．21	1427	国篤 弟小法師丸	土岐国篤置文	「土岐文書」14
13	応永34．6．25	1427	土岐明智長寿丸	足利義持袖判御教書	「土岐文書」15
14	文安4．8．6	1447	土岐明智十郎	足利将軍家御教書	「土岐文書」16
15	長録3．末～寛正6．8	1459～65	土岐明知兵庫頭	四番衆交名	「久下文書」＊2
16	長享元．9	1487	土岐明智兵庫助 同左馬助政宣	常徳院殿様江州御動座当時在陣衆着到	『群書類従』雑部
17	延徳2．8．30	1490	土岐明智兵席順入道玄宣 同名上総介父子	『別本何事記録』同日条	『室町幕府引付史料集成』下
18	延徳3．5．15	1491	明智	『蔭凉軒日録』同日条	
19	延徳4．6．6	1492	明智入道	『蔭凉軒日録』同日条	
20	明応元．5～明応2．1	1492～93	土岐明智兵庫頭	東山殿時代大名外様附	＊2
21	明応4．3．28	1495	土岐明智兵部少輔頼定 同名兵庫頭入道玄宣	室町幕府奉行人連署奉書	「土岐文書」17
22	文亀2．4．13	1502	土岐明智上総介頼尚 彦九郎 兵部少輔頼典 弥十郎房頼	土岐頼尚所領譲状	「土岐文書」18
23	（永正5）5．7	1508	土岐明智	一色材延書状	「土岐文書」19
24	年不詳．8．7		土岐明智彦九郎	一色材延書状	「土岐文書」21
25	（永正12）7．14	1515	土岐明智彦九郎	一色尹泰書状	「土岐文書」20
26	（永正18）2．2	1521	明智兵部大輔	石川知直書状	「土岐文書」22

表1　土岐明智氏関係史料

※1『岐阜県史』史料編古代中世4所収　番号は県史の文書番号
※2今谷明「『東山殿時代大名外様附』について」（『史林』63－6　1980）所収

（17）兵庫頭入道玄宣・（20）兵庫頭は、それぞれ同一人物であろう。（12）国篤と頼篤との関係は不明であるが、あるいは同一人物かもしれない。（19）明智入道は玄宣のことと思われる。

以上を整理すると次のようになる。

①頼重［（1）～（5）、（8）］②浄皎［（6）～（9）］③頼篤［（10）、（11）］④国篤［（12）］⑤某［（13）～（15）］⑥玄宣［（16）、（17）、（19）、（21）］

これらの血縁関係は不明であるが、いずれも引用史料の性格からみて家督（物領職）を保持していたことは間違いなく、この順に継承したものであろう。

（17）の上総介父子、（21）の兵部少輔頼定及び（22）以下は、（17）に「土岐明智兵庫頭入道玄宣申（中略）同名上総介父子致種々狼籍之間」とあるように、玄宣とは直接結びつかない庶流である。（以下、玄宣までを本宗家、この庶流を上総介家と称する）上総介家は、明応年間以降本宗家に代わって家督（物領職）を継承するようになるが、これについては第四章で詳しく述べることとして、ここでは系譜の整理のみを行う。

（17）上総介・（22）上総介頼尚、（21）兵部少輔頼定・（22）兵部少輔頼典、（22）彦九郎・（23）～（26）はそれぞれ同一人物である。血縁関係は（22）に「右、実子彦九郎仁所譲与也、兵部少輔頼典雖為嫡子、連々不孝之儀、重畳之間、令義絶之処」とあることから、頼定（頼典）と彦九郎は兄弟で頼尚はその父であること、頼定は頼尚と対立しており、家督（物領職）は彦九郎へ受け継がれることがわかる。

以下を整理すると次のようになる。

①頼尚［（17）・（22）］②頼定（頼典）［（21）・（22）］③彦九郎［（22）～（26）］

なお、頼尚の出目をめぐり問題となるものに、(22)土岐頼尚譲状の「依之鹿苑院殿様御判并勝定院殿様御判頼尚童名長寿丸之時安堵之御判也、彼是肝要之御判物拾六通、相添譲状渡之訖」との一節がある。これをそのまま受け取れば、(13)の長寿丸は頼尚であることになる。しかしそれでは、文亀二年（一五〇二）には頼尚は八十歳前後と当時としては極端な高齢となってしまい、また奉公衆として惣領職を安堵されているはずの(15)以下の兵庫頭や玄宣などが庶流であることになってしまう。文安四年（一四四七）から明応四年（一四九五）までの約五十年の間「土岐文書」が空白となっており、頼尚の事跡を示す文書がないのも不自然である。おそらく、この割注は頼尚が本宗家から奪った地位の正当性を主張するために加えた虚構であり、「土岐文書」の空白もこの譲状に矛盾しない文書のみを伝えた結果ではなかろうか。

二、所領

（1）散在所領の変遷

土岐明智氏の所領は、頼重、浄皎の代に集積が進み、浄皎のときに最大となる。永徳三年（一三八三）浄皎が幕府から安堵された所領は、「尾張国海東庄除天龍寺領、美濃国妻岐郷内笠原半分・曽木村・細野村、同国多芸庄内春木郷・多芸嶋郷・高田内河合郷、武気庄内野所・安弘見・加藤郷、同国伊川郷伊川新兵衛尉跡、武蔵国大井郷不入読村頼重跡等地頭職」(8)と三か国六か所を数える。このうち武気荘内の地は、観応二年（一三五一）に土岐左近将監頼忠が勲功の賞として幕府から与えられたものであるが、(9)頼忠は系譜上の位置も不明であり、どのような経緯で浄皎の所領となったかは不明である。このほか浄皎は、延文六年（一三六一）、貞治二年（一三六三）の二回にわたり、幕府の政所方料所の「尾張国海東郡内庶子等跡除軍忠仁知行分」を預置かれている。[10] これは、翌貞治三年（一三六四）に足利義詮によって天龍寺造営料所とされており、海東荘の割注の「除天龍寺領」とはこれを指しているのであろう。[11]

これらの所領は、妻木郷を除き、大半が不知行となったようである。例えば、多芸荘内多芸嶋郷・春木郷は、（11）に、

（花押）
土岐明智十郎頼篤申・美濃□多芸庄内多芸嶋郷・同庄内□□（春木カ）郷等跡土岐下野入道事、早止嶋□□、可沙汰付頼篤之状
如件
応永六年十一月廿四日
土岐美濃入道殿

とあるように、他氏の違乱を受けている。応永十七年（一四一〇）には同じ荘内の土岐島田氏の所領が守護の違乱によって不知行となっており、[12] このころには同様に不知行となったのではないだろうか。

応永三十四年（一四二七）国篤は三条からなる置文を残している。[13] この第一条で「一当知行在所譲与者也、此外不知行在所、譲御判等證文上者、致忠節、可全知行」とあるが、長寿丸がこれに対応して得た（13）応永三十四年六月二十五日付足利義持袖判御教書には「美濃国妻木郷、武気庄内野所郷等事、任当知行旨、土岐明智長寿丸領掌不可有相違之状如件」とあり、妻木郷、武気荘内野所郷以外の所領が不知行となっていることがうかがえる。これ以後野所郷も史料上に現われず、土岐明智氏は、散在所領の維持を放棄しつつ、妻木郷に拠って領主制を展開していったと考

えられる。

（2）妻木郷

中世の妻木郷は、現在の土岐市妻木町・下石町・駄知町・曽木町・鶴里町、土岐郡笠原町（現・多治見市笠原町）とほぼ一致する地域とみてよかろう。このうち下石町は、史料上からは確認できないが妻木町と一つのまとまった盆地を形成しており、妻木郷の一部であった可能性が強い。

この地域の地形は、中央を北東から南西方向に横切る屏風山断層崖によって、大きく二つに分けられる。断層崖の北側は、断層崖から北流して土岐川に流入する肥田川、妻木川、笠原川によって形成された駄知、妻木下石、笠原の盆地が東西に並び、それぞれおよび土岐川流域の低地とは標高二五〇メートル前後の丘陵によって区画されている。一方、南側は、三河高原の一部をなす標高四〇〇メートルから五〇〇メートルの準平原で、耕地および集落は前述の河川の上流部に沿って形成されている。南側は大半が山地のため、北側に比べて耕地ははるかに少なく、生産性も低かったと思われる。また、この地域は美濃古窯跡群の一部をなすが、中世の古窯跡（山茶椀窯、古瀬戸系施釉陶器窯）は北側の兵陵にのみ分布し、南側では確認されていない。

土岐明智氏の妻木郷における領主制は、暦応二年（一三三九）に、頼重が土岐頼貞より「妻木郷地頭職」を与えられたのに始まる。[14]しかし南北朝期にはまだ、一円的な領主制が展開するには至らなかった。応永七年（一四〇〇）、土岐島田満貞は、「理裕禅尼重代相伝之私領」である妻木郷内公文名を大徳寺に寄進している。[15]満貞は、三代守護土岐頼康の弟頼雄の子で、頼貞からは曽孫に当たる。この公文名も頼貞より相伝されたものであろう。だとすれば、同様に、妻木郷に他の土岐一族の所領があったことは十分に考えられる。また面的にも、浄皎が貞治五年（一三六六）に頼重から受け継いだのは、妻木郷の南半分の「笠原半分、曽木村、細野村」の地頭職にすぎなかった[16]。他の部分の地頭職は、庶子に分割されたものであろうか。

時代は下るが、延徳二年（一四九〇）に玄宣が同族の上総介父子の狼籍を幕府に訴えた際に列挙した所領は、「美濃国妻木、笠原、駄地、細野、窪田、谷口」と妻木郷全域にわたっている[17]。南北朝期からここに至る間にどのようにして支配領域を拡大し、他の土岐一族の影響力を排除して一円的な領主制を展開したかを示す史料は残されていない。しかし、前述した応永三十四年（一四二七）の（12）土岐国篤置文、（13）足利義持袖判御教書はその一端をうかがわせる。置文は三条からなり、第一条は前述のように長寿丸へ「当知行在所」を譲ることを指示したものである。第二条では「弟小法師丸事者、以知行之内、可加扶持者也」、第三条では「子共母譲之事、一期間不可有相違者也」とあり、この時点で土岐明智氏の相続が単独相続となっていることを示している。

また、永徳三年（一三三八）の（9）足利義満袖判下文では安堵の対象が「妻岐郷内笠原半分、曽木村、細野村（中略）地頭職」と具体的に記されているのに対し、この御教書では「美濃国妻木郷、武気庄内野所郷等事」と記されており、安堵の対象が質的に変化していることをうかがわせる。また、前述の島田満貞による妻木郷内公文名の寄進も、有力寺院への寄進によって土岐明智氏に対抗し、所領の維持を図ったものであるかもしれない。

（18）『蔭凉軒日録』延徳三年（一四九一）五月十五日条には、「土岐一門太衆多、大者七員有之、池尻、今峯、鷲巣、明智、河津、佐良木、外山以上七員」とある。この「大者」とは、同じ時期の『蔭凉軒日録』に、「奉公衆分限者、莫過中条[18]」「遠山有三魁（中略）皆千貫許分限[19]」などとあることから、おそらく所領（＝貫高）の大きさを示しているものであろう。土岐明智氏が美濃国有数の国人領主となっていることを示すものである。

（３）古瀬戸系施釉陶器窯

室町期の妻木郷の状況を知る手掛かりとして、美濃古窯跡群の中の古瀬戸系施釉陶器窯がある。文献史料がまったく残されていない現状では、これを分析しその実態を明らかにすることが、窯業史に止まらず、土岐明智氏の在地支配の実態などこの地方の社会経済史を研究していく上で必要不可欠である。もとより、筆者にはこれを正面から論じる能力はないが、ここでは本稿と関わりのある点について若干触れてみたい。

古瀬戸系施釉陶器窯についてのこれまでの研究成果を整理すると、概ね次のようにまとめられる。

①現在、妻木窯下五号窯、妻木西山窯、下石西山窯、土岐津穴弘法窯、土岐津東山窯、駄知有古窯、泉日向窯の七窯跡が知られている。[20]

②これらはいずれも、藤澤良祐氏の古瀬戸編年の後期後半に比定される。[21]これは、藤澤氏の年代観では、十五世紀中葉から後葉に当たる。

③土岐明智氏の支流妻木氏が、その領主経済の一環として、瀬戸より工人を招いて築窯したものと推定される。[22]

④築窯に当たっては、既存の山茶椀窯と競合しないように、また、各窯が燃料などを巡って競合しないように配慮されている。[23]

⑤各窯は、物原・灰原の状況から推して、かなり長期間操業したと考えられる。[24]

以上のうち①、②、⑤については各窯跡およびその遺物の観察の結果によるものであり、問題はないであろう。

③の妻木氏は、筆者の管見の範囲では、古瀬戸系施釉陶器窯の操業していた室町中期には史料上に見られず、戦国期に入ってはじめて登場する。(25)第四章でみるように、少なくとも明応二年（一四九三）ごろまでは、妻木郷は「支流」などではなく本宗家が支配していたのであり、土岐明智氏と読み換えるべきであろう。また、瀬戸窯からの導入の契機として、隣接領主との婚姻関係などが推定されているが、(26)むしろ幕府との関係を考慮に入れる必要があろう。すなわち、同時期に古瀬戸系施釉陶器窯が築窯された藤岡町は、土岐明智氏と同じ直勤御家人（奉公衆）である中条氏、足助氏の所領であったこと、(27)瀬戸窯の一部をなす瀬戸市赤津地区は飽津保と呼ばれ、幕府と密接な関係にある醍醐寺三宝院領であったことから、(28)瀬戸窯からの導入に当たっては幕府が関与していた可能性が推定できるのである。

④については、妻木郷内では同時期の山茶椀窯の分布は明確になっておらず、(29)無理があるのではないだろうか。むしろ、各窯跡は室町期の山茶椀窯を併有しているとの桃井勝氏の指摘(30)の方が、工人集団を考える上で重要であろう。

古瀬戸系施釉陶器窯の研究はまだ緒についたばかりである。今後は、考古学的な手続きにより、各窯跡間の共通点や差異、美濃古窯跡群全体での位置付け、城館跡等周辺の中世遺跡との関連などを明らかにしていく必要があるだろう。本稿の課題に即していえば、こうした作業により、古瀬戸系施釉陶器窯が妻木郷内でいかなる位置付けをされていたのか、言い換えれば土岐明智氏及び在地の土豪がどのようにその支配下に組み込み統制していたかを明確にする必要があるだろう。今後の研究に待ちたいと思う。

三、幕府との関係

室町中期、土岐明智氏は幕府の直轄軍である奉公衆であった。（15）「久下文書」四番衆公名に土岐明智兵庫頭、（16）『長享元年九月十二日常徳院殿様江州御動座当時在陣衆着到』（以下『長享番帳』と略す）に土岐明智兵庫助、同左馬助政宣、（20）『東山殿時代大名外様附』（以下『明応番帳』と略す）に土岐明智兵庫頭がいずれも四番衆に見え、四番衆に組織されていた。このほかの奉公衆の全貌を示す史料である『文安年中御番帳』[31]（成立時期文安元年一四四四）五月～文安六年（一四四九）正月）、『永享以来御番帳』[32]（成立時期宝徳二年（一四五〇）正月～享徳四年（一四五五）正月）には載っていない。しかし、文安四年（一四四七）、土岐明智十郎は、中条左馬助と中条兵庫頭入道常秋の争いに際して、幕府から常秋への合力を命ぜられており[33]、この時期には直勤御家人であったことは間違いない。

このような将軍との直勤関係は初代の頼重まで遡る。頼重は、観応二年（一三五一）には足利尊氏から直接軍勢催促を受け[34]、また年不詳ではあるが足利義詮からは「国中事ハ刑部少輔（土岐頼康）とたんかう候て、忠をいたされ候へく候（後略）」との文面の書状を得ている[35]。次の浄皎は、前述したように、貞治二年（一三六三）に幕府の政所方料所である海東郡内庶子等跡を預置かれているが[36]、料所の預置＝代官となることは直勤御家人の特権の一つであった[37]。さらに、明徳元年（一三九〇）閏三月に土岐康行が幕府の追討を受けて没落したとき、多くの土岐一族が康行に従って所領を没収される中で[38]、土岐明智氏は同年十二月に氏王丸が本領安堵を受けており[39]、幕府側にいたことをうかがわせる。

南北朝期の土岐一族は、桔梗一揆と称されるように、守護の強い統制下にあった[40]。その中で、土岐明智氏は初代守護頼貞の直系でありながら、守護の統制下に入らず将軍と直接結びついていたわけである。この時期は守護土岐氏の最も強大な時期であり、幕府にとって、これを牽制・統制するために、土岐明智氏は重要な存在であったに違いない。

応永年間以降の土岐明智氏の直勤御家人（奉公衆）としての活動は、長享元年の足利義尚の近江出兵に至るまで、前述した文安四年の中条氏への合力以外は確認することはできない。しかし、正長元年（一四二八）北畠満雅の蜂起に際して伊勢守護土岐持頼への合力を命ぜられた「近習土岐名字外山以下者共」[41]、あるいは文明五年（一四七三）応仁の乱に際して西軍の斎藤妙椿を攻撃するため美濃国に公方御使として下向した「土岐遠山以下廿余人」[42]の中に、土岐明智氏が含まれることは十分に考えられる。いずれにしても、土岐明智氏は、守護土岐氏の庶流としても、有力国人領主としても、美濃国における将軍権力の拠点として重要な役割を果したであろう。

四、惣領職をめぐる抗争

延徳二年（一四九〇）ごろ、兵庫頭入道玄宣と一族の上総介頼尚・兵部少輔頼定父子との間に内部抗争が発生する。
(17)『別本伺事記録』延徳二年八月三十日条には
以葉室殿被仰付之
土岐明智兵庫頭入道玄宣申美濃国妻木・笠原・駄地・細野・窪田・谷口等事同名上総介父子致種々狼籍之間、任度々御成敗加退治、於所々者可沙汰居代官之旨、可成奉書之由、被仰下之
とあり、頼尚父子の「狼籍」が妻木郷全域に及んでいることがわかる。この「狼籍」とは、その広がりからみても、後述するように文亀二年（一五〇二）には頼尚が妻木郷の大部分を支配しかつその正当性を主張していることからみ

ても、単なる所領争いなどではなく、土岐明智氏の家督＝惣領職を巡る争いであったとみるべきであろう。

ここで注目されるのは、この時期の玄宣の行動である。長享元年（一四八七）九月、玄宣は足利義尚の近江出陣に従っている[43]。このときの幕府軍の主力は奉公衆であり[44]、その結束の強さからみて[45]、玄宣も延徳元年（一四八九）に帰京するまで在陣していた可能性が強い。次に延徳三年（一四九一）四月から明応元年（一四九二）十二月にかけての足利義材の近江出陣の際には、（19）『蔭凉軒日録』延徳四年（一四九二）六月六日条に、蔭凉軒主亀泉集証が義材の側近葉室光忠と対面した際に「明智入道」が光忠と同席していたことが記されている。この時期に明智を称する者には土岐明智氏と遠山明智氏があるが、後者はこの時期には「遠山加藤士（次）」を称しており[46]、この人物に該当するのは玄宣以外にいない。義材の近江出陣に際しても玄宣は在陣していたことになる。さらに、玄宣は（20）『明応番帳』にも記載されているが、この番帳は義材が明応二年（一四九三）二月からの河内出兵に際して行った奉公衆改編の結果を示す可能性が高いと考えられている[47]。とすればこの出兵にも参加していることが十分に考えられる。

このように、玄宣は、一族内部の抗争を抱えながら、ほとんど妻木郷に在地していなかったと思われる。国人領主たる奉公衆にとって、将軍と直接結び付くことの最大の利点の一つは、一族内部の抗争における将軍からの保証＝惣領職の宛行とその物理的な保証であったとされる[48]。玄宣のこの行動は、奉公衆としての実積（軍役）を上げることが領主制の維持に直接結びついていたこと、逆にいえば玄宣の領主制は将軍権力に大きく依存し、その裏付けなしには維持できない状態になっていたことを示すといえよう。

明応四年（一四九五）、玄宣は頼定と和睦を結ぶ。このことを記したのが次の史料（21）である。

土岐明智兵部少輔頼定与同名兵庫頭入道玄宣相論事、令和睦、於知行分者、可折中旨、被成御下知訖、宣被存知

之由、所被仰下也、仍執達如件
明應四年三月廿八日　下総守（花押）
前丹後守（花押）
土岐左京大夫殿

この文書で重要な点は、幕府が両者を対等に扱い、和睦の条件も両者の折中というものであったことである。ここでは玄宣の惣領としての地位はまったく無視されているのである。室町幕府の将軍権力は、明応二年（一四九三）四月に細川政元の政変により事実上崩壊する。(49)そのわずか二年後にこのような惣領職を否定する文書が発給されていることは、玄宣の領主制にとって将軍権力の存在がいかに大きかったかを示すものといえよう。「土岐一門太衆多、大者七員有之」(50)と称された玄宣の領主制は、将軍権力という後盾を失ったことにより急速に崩壊し、台頭する庶子家の前に屈伏せざるを得なかったのである。これ以後土岐明智氏本宗家は史料上に姿を現わさない。おそらく没落していったものであろう。

この和睦を機に、妻木郷では庶流である上総介家による新たな領主制が展開する。しかし、これも有余曲折があった。文亀二年（一五〇二）、頼尚は次のような譲状(51)を作成する。

譲渡　美濃国土岐郡内妻木村、笠原村、駄智村・細野村駄智・細野両所者各半名宛當知行等事
右実子彦九郎仁所譲与也、兵部少輔頼典雖為嫡子、連々不孝之儀、重畳之間、令義絶之処、剰頼典幷被官肥田蔵人已下令造意、去月五日、無謂弥十郎房頼生害之上、向頼尚致敵之条、前代未聞之次第也、然間、頼典同子孫等、至末代、永不可許容也、於頼尚遺跡者、悉彦九郎仁譲渡者也（以下略）

文亀二年壬戌四月十二日
上総介頼尚（花押）

これにより、今度は頼尚とその子で玄宣と和睦を結んだ頼定（頼典）とが対立・抗争していることがわかる。この抗争の結果は不明であるが、永正年間には頼尚から所領を譲られた彦九郎が、幕府に太刀を献上したり軍勢催促を受けたりするなど、直勤御家人として活動している。このことから、最終的には頼尚・彦九郎が勝利を収めたといえるだろう。(52)

おわりに

以上、室町幕府奉公衆土岐明智氏の動向についての整理を試みたが、表面的な記述に終始し、その実態を明らかにしたとは言い難い。

第一に、守護勢力との関係にまったく触れることができなかった。最大の奉公衆供給国の一つであった美濃国は、同時に、十五世紀後半に強大な勢力を誇示した斎藤妙椿・利国父子の根拠地でもあった。こうした一見矛盾した現象を解明していく必要があろう。

第二に、本宗家没落の背景に、在地情勢の変化があったことはいうまでもない。いわば上総介家の台頭は、こうした変化に対する土岐明智氏内部の対応の結果でもあった。この点についても本稿では論及していない。この点については、領主経済と密接な関わりのある窯業の問題も含めて解明していく必要があろう。

「はじめに」でも述べたように、中世後期の美濃国に関しては「土岐斎藤史観」ともいうべき理解が続いており、本稿で扱った国人領主の存在をはじめ当時の歴史情況が等閑視されている。極端にいえば、市町村史の叙述においても地域の史実を発掘せず、土岐氏の動向とその土地の在地領主がこれにどのように関わったかを記しているのみのものが少なくない。本稿はこうした状況に鑑み、極めて不十分ながらあえてまとめたものである。大方のご叱正をお願いしたい。

註

（1）『岐阜県史』通史編中世（岐阜県、一九六九）をはじめ数多いが、勝俣鎮夫「大名領国制の盛衰」（『岐阜市史』通史編原始・古代・中世、岐阜市、一九七五）は現在の到達点といえる。
（2）福田豊彦「室町幕府『奉公衆』の研究」（『紀要』三、北海道武蔵女子短期大学、一九七一、後に『論集日本歴史5・室町政権』有精堂所収）。
（3）註（1）論文は奉公衆全般について、谷口研語「美濃守護土岐氏とその一族」（『歴史手帖』六―一、一九七七）は土岐一族の奉公衆について、河合正治「東山文化と武士階層」（『日本中世史論集』吉川弘文館、一九七二）は東氏について記しているが、いずれも概観を述べるにとどまっている。
（4）佐藤進一「室町幕府論」（『岩波講座日本歴史』七中世三、岩波書店、一九六三）。
（5）『岐阜県史』史料編古代・中世四（岐阜県、一九七三、以下『県史』と略す）所収。
（6）土岐市、一九七〇。
（7）『続群書類従』系譜部所収。
（8）表1―9。

(9) 「土岐文書」観応二年九月二十日、足利義詮袖判下文(『県史』)。
(10) 表1―6・7。
(11) 『愛知県の地名』(平凡社、一九八一)。
(12) 「蜷川家文書」長禄三年十二月日、嶋田益忠庭中言上状案(『県史』)。
(13) 表1―12。
(14) 表1―1。
(15) 「大徳寺文書」応永七年二月日、土岐善弘所領寄進状(『県史』)。
(16) 表1―8。
(17) 表1―17。
(18) 長享二年六月八日条。
(19) 長享二年八月二十二日条。
(20) 今井静夫「古瀬戸系施釉陶器から御深井まで」(『美濃窯の1300年』土岐市美濃陶磁歴史館、一九八五)。
(21) 藤澤良祐「〝古瀬戸〟概説」(『美濃陶磁歴史館報』三、土岐市美濃陶磁歴史館、一九八四)。
(22) 楢崎彰一『日本陶磁全集九・瀬戸・美濃』(中央公論社、一九七六)。
(23) 註(20)論文。
(24) 註(20)論文。
(25) その初見は、天文十年八月一三日八幡社社殿葺替棟札(土岐市妻木町八幡神社蔵、『岐阜県史』史料編古代中世2)の「大檀那源廣美」であろう。
(26) 今井静夫「美濃大窯と桃山陶」(『美濃桃山陶展』土岐市美濃陶磁歴史館、一九八一)。
(27) 藤岡町は、足助荘、高橋荘に属していた(註(11)前掲書)。前者は足助氏、後者は中条氏の所領であった。
(28) 註(11)前掲書。

(29)林順一氏（土岐市美濃陶磁歴史館）のご教示による。
(30)桃井勝「土岐地区」（『美濃の古陶』光琳社出版、一九七六）。
(31)『群書類従』雑部。
(32)註（31）に同じ。
(33)表1―14。
(34)表1―2。
(35)表1―4。
(36)表1―7。
(37)註（4）論文。
(38)谷口研語「美濃守護土岐西池田氏と伊勢守護土岐世保氏」（『日本歴史』三五六、一九七七）。同註（3）論文。
(39)表1―10。
(40)註（38）に同じ。
(41)『満済准后日記』正長元年八月十一日条。
(42)『大乗院寺社雑事記』文明五年十月十一日条。
(43)表1―16。
(44)百瀬今朝雄「応仁・文明の乱」（『岩波講座日本歴史』七中世三、岩波書店、一九七六）。
(45)福田豊彦「室町幕府の『奉公衆』」（『日本歴史』二七四、一九七一）。
(46)『蔭凉軒日録』延徳三年六月二十一日条、同年七月八日条など。
(47)今谷明「『東山殿時代大名外様附』について」（『史林』六三―六、一九八〇、後に『室町幕府解体過程の研究』岩波書店所収）。
(48)註（2）論文、小林宏「南北朝室町期における安芸国吉川氏の動向について」（『北大史学』一三、一九七一）。
(49)註（44）論文、註（45）論文。

（50）表1―18。
（51）表1―22。
（52）表1―23〜26。

Ⅱ

織田信長の畿内支配——日本近世の黎明

早島大祐

はじめに——織田政権の存立基盤

朝尾直弘氏は一九七四年に完成を見た論文「「将軍権力」の創出」[1]で、幕藩制国家の超越的統一者であった「将軍権力」の理念的起点が、一向一揆との戦いを通じて、従来の権力構造から飛躍を成し遂げた織田政権にあると明快に論じていた。そこで展開された個々の論点に対しては、例えば朝廷政策の内容[2]や一向一揆に見られる御百姓意識[3]に関して、現在、修正や再考を行うべき点もあるが、研究が細分化する現在の状況を踏まえると、この議論の大枠はむしろ今日的意義を増しているといってよい。

このように述べるのも、最近の研究では中近世移行期における織田政権の位置付けが相対化されているからであるが、それが織田政権そのものの分析から導き出されたのではなく、戦国大名研究や豊臣政権研究の隆盛がもたらした結果に過ぎない点に注意したい。織田政権が、戦国大名では叶わなかった一向一揆との戦いなどの大規模戦争を遂行した事実を想起すれば、それを可能にした政権の土台を明らかにする作業は、中近世移行期研究を進展させるためにも不可欠であり、このような視点から織田政権の内実を検証する必要があるわけである。

ただし、実態面の考察に関しては、朝尾説では理念の問題を軸に「将軍権力」の創出を論じる手法がとられた結果、天正三年（一五七五）の「越前国掟」[4]の分析に止まり不十分さを残している。さらに戦争の規模という点からいえば、朝尾氏が重視した一向一揆との戦いが終結した天正八年以降も、毛利攻めなどのために軍事は拡大する傾向にあり、肥大化する軍事需要を織田政権はいかに支えたか、という観点から分析する必要がある。政権による兵粮支給が豊臣政権期以降であるという指摘も想起すれば[5]、軍事を自弁で支えなければならなかった織田政権の部将や与力の所領支配の実態も踏まえて、その分国支配に関する研究を深める必要があるだろう。

この点と密接に関わるのが、いわゆる「一職支配」をめぐる研究史である。「一職支配」とは織田家中の部将が国・郡規模の領地支配を行ったものであるが、脇田修氏はその立場が代官に過ぎないことや、支配の内容が前代の守護権を土台にし、以後、漸次拡大した点を指摘している[6]。その後、高木傭太郎氏により脇田説では分析されなかった「一職支配」下の知行支配の実態について考察が進められ、また、その内容についても守護権の継承というよりも軍事政権的性格が強いと批判されるに至っている[7]。本稿も軍事との関わりを強調した高木氏の視角を重視するが、高木説が近年、尾下成敏氏によって再評価された[8]ことに象徴されるように、これまで、その成果が十分に継承されてきたとは言い難い。織田分国の知行支配方針が当知行安堵にあったことを指摘した池上裕子氏の研究[9]を除けば、分国支配の基本的な研究は進展していないというのが研究の現状であり、流通・経済支配の「先進性」の指摘[10]や鉄砲の使用といった、織田政権をめぐる古典的論点の繰り返しから脱却するためにも、軍事と関連づけた上で分国支配の展開を再検討しなければならない。

その際に留意すべき問題は二つある。一つめは、織田分国の知行支配の分析が「一職支配」地のみに限定されてきた点である。織田政権の分国支配形態は「一職支配」だけではなく、複数の吏僚層を用いて信長が直接支配を行う地域も存在していた。信長が直接関与した支配としては、直轄地である蔵入地については言及があるもの(11)の、それも包摂した領域支配の分析は皆無といってよい。そこで以下では、信長が吏僚層を手足にして行った領域支配を直接支配と表現し、織田政権の分国支配における位置づけも視野に入れながら分析を進めていく。

一方の「一職支配」については高木氏や尾下氏により、その呼称の妥当性に疑義が唱えられ、代替案として「地域的支配」という呼称が提言されているが、これにしても指し示す内容が抽象的で適切ではない。そこで直接支配との対比から、部将を介して行った「一職支配」を間接支配と表現し、直接支配地と間接支配地の両方から織田分国の知行支配の実態を明らかにしたい。

二つめは織田政権の役負担体系と軍事の関わりである。織田分国の役賦課の形式であった国役に関しては、近世国家成立史研究における軍役の検討の重要性を述べた高木昭作氏の研究(12)や、国役編制が個々の領主―領民間の主従制を止揚したことを明らかにした朝尾直弘氏の研究(13)が現在の到達点である。しかし前者では織田政権の国役の分析が不足しており、また後者では軍事に代表される大規模普請との関連に考察の余地を残している。知行支配と双璧を成す織田政権の国役に関する分析を、軍事との関わりから深めることが本稿のもう一つの課題である。

本稿では以上の問題関心から、大規模戦争を可能にした信長の分国支配について明らかにしていく。この作業は同政権の制度的基盤についての基本的検討を経ずに進められている近年の中近世移行期研究を見直すことにもつながるだろう。具体的には石山合戦や毛利攻めを支えた畿内支配を中心に分析を進めるが、まずは足利義昭を京から追放し、畿内支配の転機となった天正元年（一五七三）から話をはじめることにしたい。

註

（1）朝尾直弘「「将軍権力」の創出」（『朝尾直弘著作集』三、岩波書店、二〇〇四年、初出は一九七〇～七四年）。

（2）朝廷関係については池享「織豊政権と天皇」（『戦国・織豊期の武家と天皇』校倉書房、二〇〇三年、初出は一九九三年）。また近年の研究動向については堀新「信長・秀吉の国家構想と天皇」（池享編『天下統一と朝鮮侵略』吉川弘文館、二〇〇三年）も参照。

（3）永井隆之「戦国時代の百姓思想」（『戦国時代の百姓思想』東北大学出版会、二〇〇七年、初出は二〇〇〇年）では、朝尾氏が「御百姓意識」の根拠とした『本福寺跡書』を読み直し、「主ヲ持タシ」という主張が武家への従属拒否を意味しないと指摘している。

（4）奥野高廣編『増訂織田信長文書の研究』五四九号。

（5）高木昭作『日本近世国家史の研究』（岩波書店、一九九〇年）、中野等『豊臣政権の対外侵略と太閤検地』（校倉書房、一九九六年）。

（6）脇田修「一職支配の成立」（『織田政権の基礎構造』東京大学出版会、一九七五年）。

（7）高木傭太郎「織田政権と地域的支配権」（『歴史の理論と教育』四二号、一九七七年）。

（8）尾下成敏「織田・豊臣政権下の地域支配」（中世後期研究会編『室町・戦国期研究を読みなおす』思文閣出版、二〇〇七年）。

（9）池上裕子「大名領国制と荘園」（『講座日本荘園史』四、吉川弘文館、一九九九年）。

（10）ただしこれは室町幕府についても同様のことがいえるので、あくまで相対的な指摘に過ぎない。室町幕府と経済との関わりに関しては、早島大祐『首都の経済と室町幕府』（吉川弘文館、二〇〇六年）を参照。日本の一五・一六世紀史研究は、政権と流通・経済との関わりを無前提に「先進的」と見る悪い癖をなおすことが必要ではないか。

（11）奥野高廣「織田政権の蔵入領」（『史林』六二―四号、一九七九年）など。

（12）高木昭作「幕藩初期の身分と国役」（高木前掲書、初出は一九七六年）。

（13）朝尾直弘「「公儀」と幕藩領主制」（朝尾前掲著作集、初出は一九八五年）。

第一章　足利義昭追放後の山城国西岡支配

以下では二章にわけて、義昭追放後の京都と山城国西岡の知行支配の実態について検討する。本章で明らかにするのは西岡地域の知行支配の実態である。

1、当知行地の管轄

天正元年七月、将軍側近だった細川藤孝は、織田軍に帰順した見返りに山城国の桂川以西の地、いわゆる西岡地域を「一職」に宛行われた。その支配の内容を巡っては現在、二つの見解が提出されている。

一つは「はじめに」でも触れた高木傭太郎氏の説である(1)。これは直接、西岡支配について論じたものではないが、織田政権による間接支配一般が西岡の事例も多用しつつ論じられ、間接支配地においても信長が在地領主や寺社に直接安堵した所領が存在し、支配を任された部将は、それら所領を侵すことはできなかったことや、闕所地については、部将が差配した可能性が高いことなどを指摘している。

もう一つは仁木宏氏の説で(2)、藤孝は同地全ての所領所職の領有権を有し、新知給与を通じて国人衆の被官化をはかったと述べている。高木氏と大きく異なる主張である。ただし、「はじめに」でも触れた通り、高木説が最近まで研究史に埋もれていたこともあって仁木説では高木説が参照されていないが、現在、同地の支配に関して両説が併置される以上、史料にたちかえって、それらを検証する必要がある。

そこでまず当知行地について見ると、藤孝が当知行安堵を行っていたことは次の史料からわかる。

【史料１】[3]「粟生光明寺略記」（内閣文庫所蔵、『長岡京史資料編二』）

当寺領并寄進地・田畠山林・被官人等事、近年如二有来一可レ被二申付一候、不レ可レ有二相違一候、恐々謹言、

天正弐
五月廿七日　　長岡兵部大輔
　　　　　　　藤孝（花押影）

光明寺
　納所

これは光明寺の寺領以下を従来通りに安堵した文書である。様式は直状であり、一見すると藤孝が独自に発給した安堵状に見える。しかし、高木氏は他の分国の事例も挙げつつ、文言には反映されてはいないが、これが信長の意向を受けたものであると判断している。既に「越前国掟」の分析を通じて、間接支配下における信長の主導性が明らかにされているから、[4]妥当な指摘である。ただし高木氏は安堵の対象については触れていないが、右史料や高木論文で言及された史料から、その内容が当知行安堵であったことがわかる。この点は後に池上氏によって明確に指摘されることになる。[5]

藤孝が信長から支配を委任されたことがよくわかるのは次の史料である

【史料２】『久我家文書』六九〇号

久我家領事、先年朱印之旨猶以改レ之、五ヶ村之外入組散在等、任二当知行一、悉可二申付一之状如レ件、

天正参
七月十二日　（信長朱印）

村井長門守殿

天正三年には既に藤孝が西岡支配を「一職」に委ねられていたが、ここに見えるように信長の朱印を受けた地は、その後も信長から直接安堵を受けていたことがわかる。ここではその経路が藤孝ではなく村井を通じてであった点にも注意したい。仁木氏は藤孝が西岡全ての領有権を有したと主張するが、そこではこのような信長の朱印状により安堵された土地の存在について十分に考慮されていない。朱印を受けた地は、このように藤孝以外の経路からも織田政権と関係を持っており、早く脇田氏が指摘した通り(6)、あくまで藤孝は信長の代官として同地を支配したに過ぎないのである。

以上の史料からは西岡では他の分国と同様、当知行安堵が原則であり、藤孝が代官として統治していたことが確認できた。天正二年には久我家からは久我庄の指出が出されているから(7)、指出を受けて当知行安堵を行うというのが基本的な流れだったといえる。なお、このようにして認められた当知行地へは部将が請負代官として入部することもあり、例えば、九条家領小塩庄は天正二年段階で藤孝に請け負われていた(8)。藤孝の文芸を通じた朝廷社会での活動は周知の通りであり(9)、このような事例はさらに広がっていた可能性があるだろう。

2、闕所地の管轄

次に敵方闕所地について検討する。この点について高木氏は支配を任された部将の自由裁量の可能性があったというに止めており、もう一歩踏み込んで分析を加える必要がある。

【史料3】「天龍寺文書」（八九三号）

天龍寺領物集女所々散在諸公事等之事、帯㆓証文㆒之上者、如㆓先規㆒為㆓直務㆒、一職従㆓当年㆒可㆑全㆓領知㆒、
并臨時課役所㆑令㆓免除㆒之状如㆑件、
天正八年庚辰八月日　　御朱印
当寺雑掌

これは藤孝が丹後へ国替となった天正八年の信長朱印状案であり、「天龍寺領物集女所々散在諸公事等」が今年より天龍寺の知行として安堵された旨が記されている。この史料でまず考察すべきは、同所が今年から天龍寺に安堵された点である。天正八年以前に同地を領知した可能性が最も高いのは藤孝であり、同年の丹後国替後、藤孝が領知していた所領を信長が一旦収公し、同寺に還付されたと考えられる。

次に検討の必要があるのは、天正八年以前に藤孝が「天龍寺領」であった「物集女所々散在諸公事等」を知行していた理由である。藤孝による天龍寺領知行という実態は織田政権の当知行安堵方針に矛盾しているように見えるが、実際はどうだったのだろうか。

この疑問を解く鍵は同所が「物集女」だった点にある。「物集女」は在地領主物集女氏の支配地であったが、天正三年に藤孝により征伐された。それは「物集女疎入を長岡兵部大輔殿御成敗之刻、同在所之内に御座候故、崇恩寺をも打破、本尊まて勝龍寺へ取て参候…」[10]という徹底したものだったといい、その後、物集女家の領地は藤孝の領有になったと推定できる。このように闕所地は本来の領主に優先して部将に収公されており、これは一五世紀中葉以来のあり方を踏襲したものであった[11]。元亀二年（一五七一）に信長によって処刑された竹内季治の闕所地も、その後、藤孝と被官松井に渡されたことが明らかにされており[12]、敵方闕所地は信長から支配を任された部将に収公され、一部が

その被官に給与されていたのである。

以上、西岡では当知行安堵と闕所地収公という方針の下で間接支配が行われていたことを確認してきたが、藤孝が新知宛行を通じて西岡国人衆の被官化をはかったとする仁木氏の指摘もあり、その検証もしておかねばならない。仁木氏が主な論拠として用いるのは次の史料である。

【史料4】「革嶋家文書」八号（『資料館紀要』五号）

今度限㆓桂川西地㆒、一職為㆓信長㆒被㆓仰付㆒条、千代原并上野、但除㆓東寺分㆒、進㆑之候、被㆑全㆓領知㆒弥可㆑被㆑抽㆓忠節㆒事肝要候、仍如㆑件、

天正元
九月十四日　　長岡兵部太《ママ》輔
　　　　　　　　藤孝（花押）

革嶋市介殿

仁木氏はこの史料を新知宛行の事例と見なし、藤孝が宛所の革嶋らを主従制下に組み込もうとしたと述べている。しかし、永正十六年（一五一九）の革嶋就宣知行分目録[13]には、「上野村之内弐町　本所東寺」との記載があり、革嶋家が一六世紀初頭の段階から既に上野に所領を有していたことがわかる。「本所東寺」の記載も右安堵状の「但除㆓東寺分㆒」の記述と符号するから、両者は同じ土地と見てよいだろう。この目録に千代原の記載はないが、上野村に革嶋の所領が元々あった以上、この文書の内容は新恩給与でなく、当知行安堵と見るべきである。従って新知宛行を通じて革嶋を被官化しようとしたという主張は成立せず、西岡の知行支配の内容全般については高木氏の理解が妥当であるといえる。革嶋の位置付けも従来通り与力でよく、その立場で藤孝に付属し、織田軍の末端を担ったのである。

以上、西岡を事例に織田政権下の間接支配について検討してきた。間接支配下の知行支配は、指出提出後に領主へ当知行安堵を行い、闕所地については支配を委ねられた部将が収公するというのが実態であり、西岡地域も他の間接支配地と同様の方針で支配が行われていた。本稿の主題である織田政権の軍事という観点からいえば、部将及びその被官は闕所地支配、与力は当知行地支配を基盤にして、織田政権の軍事に出仕していたのである。

註

(1) 前掲高木「織田政権と地域的支配権」。
(2) 仁木宏「戦国期京郊における地域社会と支配」（本多隆成編『戦国・織豊期の権力と社会』吉川弘文館、一九九九年）。
(3) 本稿での史料典拠の表記は次の通り。本文で引用した史料は史料名を記し、奥野高広篇『増訂織田信長文書の研究』所収のものについてはその番号も付した。註で引用した史料で同書所引のものは史料名を省略して番号のみを挙げている。
(4) 前掲朝尾「「将軍権力」の創出」。
(5) 前掲池上「大名領国制と荘園」。ただし池上論文でも高木説には触れられていない。
(6) 前掲脇田「一職支配の成立」。
(7) 深谷幸治「織田政権期の京近郊荘園領」（『地方史研究』二五二号、一九九四年）。
(8) 『九条家文書』三六六号。
(9) 土田将雄『続細川幽斎の研究』（笠間書院、一九九四年）など。
(10) 「崇恩寺看坊慶隆願状」（「天龍寺文書」、写真及び翻刻は、向日市文化資料館企画展図録『信長・秀吉と西岡』を参照）。
(11) 早島大祐「京都西郊地域における荘園制社会の解体」（早島前掲書、二〇〇六年）参照。
(12) 前掲深谷「織田政権期の京近郊荘園領」。

（13）「革嶋家文書」一三〇号。

第二章　足利義昭追放後の京都支配

本章では義昭追放後の京都支配について検討する。織田政権の京都支配についての理解は現在、錯綜しているといってよく、一節を設けて研究史の問題点を指摘する作業からはじめたい。

1、京都支配に関する研究史

信長・義昭の二重政権期には、京の執政は在京の義昭に任されていたが、義昭追放後の京都支配のあり方については、定説を見ていないのが実情である。一般には追放後直ぐに村井が「天下所司代」として単独で行政を管轄したと説明されているが(1)、そこでは村井の単独執政に先立ち、天正元年から三年七月ごろまで村井貞勝と明智光秀が「京都両代官」として共同で執政していた基本的事実が看過されている(2)。理由の一つは、従来の研究が、豊臣期の「天下所司代」前田玄以の前史としての村井の動向ばかりに注目してきたからであり、その結果「京都両代官」期の位置づけが等閑視されたのである。

しかし、そもそも村井を「天下所司代」と記すのは近世初頭に書かれた『信長公記』のみであり、同時代史料では彼は「代官」や「開闔」と呼ばれていた(3)。このように「天下所司代」呼称自体が史料的厳密さを欠いたものであり、当該期の京都支配研究は、「天下所司代」村井研究の次元を超えることからはじめなければならないだろう。

また、これまでの研究では村井の職能の分析が中心で、例えば地子銭など京都の知行に関わる問題は視野に入れられていない。実は地子銭知行の問題と光秀の京都代官就任は密接な関係にあり、以下では、これらに留意しつつ、この時期の京都支配について分析を試みる。

２、織田政権下における地子銭知行の推移

織田政権期の地子銭知行の推移に関しては脇田修氏の研究が唯一であり[4]、そこでは、本来の領主所有が当知行安堵を受けて存続し、闕所地は幕府が管領、義昭追放後は織田政権が収公したことが指摘されている。前者は基本的に正しいが、後者の闕所地の行方については検討を加える余地があり、以下では信長入京後の地子銭知行の推移を整理することにしたい。

信長入京後の地子銭知行の様子がわかるのは次の史料からである。

【史料５】「光源院文書」

相国寺光源院領地子銭事、御霊口両季三貫文、樹下壱貫文、任二当知行請文之旨一可レ被二去渡一候也、恐々謹言、

正月十九日　　晴門（花押）

貞遙（花押）

頼隆（花押）

明院

村井

好斎　　下代中

染谷光広氏の年代比定の通り、この文書は永禄十二年（一五六九）のものである(5)。ここでは相国寺光源院領地子銭の還付が、明院良政、村井貞勝、坂井好斎といった信長吏僚へ命じられており、信長入京時に織田方が地子銭を押領していたことがわかる。この文書は入京直後の混乱の中で行われた地子銭押領を停止し、当知行安堵を命じたものなのである。

このように入京後は押領を排し、当知行安堵の方針で支配が行われたことがわかるのだが、次の史料からはその一部を光秀が領有していたことが判明する。

【史料6】「細川家文書」三二五号

下京壺底分地子銭、両季ニ弐拾壱貫弐百文為二合力一進レ之候、
公儀御取成以下頼入ニ付而如レ此候、別而御馳走肝要候、恐々謹言、
元亀弐　　　　明智十兵衛尉
十二月廿日　　　　光秀（花押影）
曽我兵庫頭殿
御宿所

これは元亀二年に将軍義昭の勘気を蒙った光秀が義昭の側近曽我助乗に取りなしを依頼した書状である。仲介の見返りとして「下京壺底分」の地子銭を与える旨が記されていることから、明智が同所の地子銭を知行していたのは明らかである。ではなぜ光秀は地子銭の一部を領有していたのだろうか。これについて脇田氏は明智が将軍恩給分を拝領したためと説明するが、その論拠は示されてはいない。おそらく闕所地は幕府が収公したという理解からの推論か

と見られるが、ここではそこで想定されていなかったもう一つの有力な可能性を指摘したい。それはこの時期に、洛中洛外の山門闕所地を光秀が領有していた事実である。

光秀が織田家中で台頭する契機となったのが、元亀二年九月の叡山焼き討ちであり、その恩賞として信長から志賀郡を与えられたことが『信長公記』に記されている。これは旧山門領を給与されたものであるが、山門領は比叡山の西麓にあたる洛中洛外にも展開しており、実は光秀はこの洛中洛外の山門闕所地も積極的に自領としていた。

その様子を具体的に見ると、同年十月に盧山寺領を「山もんのまつ寺とかうし、あけちいらん候」という訴訟が出されたのを皮切りに[6]、十二月にも青蓮院・曼殊院・妙法院三門跡領を「山りやうとかうし」て光秀が押領する旨が訴えられている[7]。そのほかにも光秀は青蓮院脇門跡の岡崎門跡領や洛北の高野蓮養坊領も占拠しており[8]、京に散在する門跡や山門末寺領が光秀により押領されていた事実が判明する。これら山門末寺領の具体的な所在地は明らかではないが、例えば延暦寺は下京の五条町高辻間東西八町に所領を有していたから[9]、山門末寺領も洛中洛外所々に展開していたと見てよいだろう。光秀はこれら洛中洛外の門跡、山門末寺領を山門領と号して収公しており、このような実態を踏まえると、「下京壺底分」も山門の洛中所領であったと見るほうが妥当である。

次に問題となるのは、光秀がこれらの旧山門領を知行していた理由である。この点を考える上で参考になるのが元亀三年九月の義昭宛意見書の十三条目であり、そこには「一、明智地子銭を納置候て買物之かハりニ渡遣候ヲ、山門領之由被二仰懸ケ一、置候者之かたへ御押候事」と記されている[10]。つまり、ここでは信長が「買物」代金として光秀に渡した地子銭を、義昭が山門領と主張して強奪したことが非難されているのである。ここからは旧山門領を巡る信長と義昭の対立がうかがえるとともに、茶道具などの名物狩りの名目で、光秀は信長から京都の旧山門領地子銭を

「渡遣」されていたことも判明し、このことを根拠に光秀は地子銭を知行していたと見られるのである。

その後、元亀四年には下京地子銭の全てが織田政権に収公されたことが次の史料からわかる。

【史料7】「饅頭屋町文書」（補一三二号）

従㆓最前㆒理申候条、陣取并不㆑可㆑有㆓新儀諸役㆒、非分等於㆑有㆓違背之族㆒者、可㆑加㆓成敗㆒、地子銭之事、
如㆓前々㆒万此方奉行人収納、可㆑令㆓馳走㆒状如㆑件、

元亀四
七月朔日　　御朱印

下京
町人中

ここでは、下京地子銭の全てを「如㆓前々㆒」信長の奉行人に納めるように指示されている。この「前々」がどの時点を指すのか判然としないが、義昭が七月に都落ちした後の同年十一月には公家に対する地子銭の当知行安堵が行われているから[11]、今回の全地子銭の収公が一時的なものであったことは確かである。とすると、今回の収公が義昭との対立を背景に行われた可能性は高く、「前々」もせいぜい、信長と義昭の関係が悪化した元亀四年前半の夏地子あたりを指すと見るべきではないだろうか。光秀知行分についても岡崎門跡分が天正二年に「只今明知（ママ）令㆓押領㆒者也」とされているから[12]、他と同じく還付されたと見られる。

天正三年十一月には地子銭知行のあり方が大きく変化する。この時、信長は妹御いぬに「しもきやう月ちし百弐拾四くわんよ」を与えており[13]、脇田氏の試算によれば、その規模は下京の相当部分に及ぶものであったという[14]。妹へ地子銭が宛行われた直接の契機としてひとまず挙げられるのは同年十一月、光秀が丹波国替・侵攻を命じられたことで

ある。[15] 藤孝の丹後国替の際、知行分の「物集女」が信長の手で天龍寺に宛行われたことを踏まえると、光秀が領有していた旧山門分地子銭も、同様の手続きで妹に与えられたと考えられる。

ここで地子銭知行の推移をまとめると次の通りになる。永禄十二年の入京直後に信長家臣が接収、その後当知行安堵として還付、元亀二年には信長買物代名目で山門闕所地分を明智が知行したが、元亀四年に信長と義昭の対立が深刻化する中、地子銭全てが織田政権に収公される。天正元年の義昭追放後、再び当知行安堵が行われ、山門闕所分も光秀に還付されたと見られるが、同年末までには光秀は京都代官を離任し、旧山門領を含む下京地子銭の大部分が信長妹へ宛行われたというのが概略である。

以上の分析を通じて京都の地子銭も、天正三年までは他の織田分国同様、当知行安堵と闕所地収公という方針で支配されていたことがわかるが、ここからはまた、光秀が京都代官に任命された理由も浮かび上がってくる。それは信長から洛中洛外の旧山門領の知行を託されていたからなのである。これまで京都行政への習熟や政所伊勢貞興を中心とした旧幕府政所奉行人層の吸収がその理由として挙げられてきたが、[16] これらの点に加えて、以前から光秀が織田政権の地子銭支配と密接に関わっていたことも代官就任の背景にあったわけである。

光秀の代官就任の背景がこのようであったならば、その離任の意味についても丹波国替・侵攻といった軍勢配置の問題以外の側面からも分析する必要が出てくる。

ここでもう一方の代官であった村井について見ると、村井には光秀のような知行所有は確認できないから、知行の有無から明智は領主的代官、村井は吏僚的代官と位置づけられる。両者の性格をこのように区分すると、同年七月以降の光秀の離任に伴う京都支配の変化の本質は、単に村井の単独執政の開始だけではなく、領主的代官と吏僚的代官が併存する状況から、吏僚的代官に一元化した点にあったといえる。そして、同年十一月に山門闕所地に由来する光秀知行分の地子銭が信長妹へ給与されたことも想起すると、天正三年後半に、信長は京都支配を吏僚的代官村井に一任し、自身は旧闕所地を含む地子銭を獲得して妹へ給与していたことが確認できるのである。

この変化は重要である。なぜなら、闕所地は信長が差配して支配は吏僚に任せるかたちは、後述する織田分国の直接支配という支配形態に合致するからである。つまり、今回の京都支配の変化は、軍勢配置の問題だけに止まらず、直接支配の開始という点に大きな意義を見いだせるのである。

領主的代官と吏僚的代官が併存していた京都両代官期の京都支配は、前章で見た間接支配地における部将と知行地の関係と比較すれば、過渡期的な色合いが強いといえる。とすると、今回の直接支配の開始は、その曖昧さの払拭を目的としたものであったと捉えることができるだろう。それではなぜこの時期にこのような改変が行われたのだろうか。京都支配を再考する過程で新たに生まれたこの問題については、次に直接支配そのものを論じる中で解き明かすことにしたい。

註

（1）古くは『京都の歴史』四（学芸書林、一九六九年）、最近では池享「天下統一と朝鮮侵略」（同編『天下統一と朝鮮侵略』吉川弘文館、二〇〇三年）。またこの時期の京都支配に関しては松下浩「「天下所司代」村井貞勝の京都支配」（『研究紀要（滋賀県安土城郭調査研究所）』二、一九九四年）、久野雅司「織田政権の京都支配」（『白山史学』三三、一九九七年）なども参照した。ただし、両者とも村井貞勝を「天下所司代」と位置づけている。

（2）今谷明氏は村井と明智の京都両代官期の存在を正確に指摘しているが（『言継卿記』そしえて、一九八〇年）、村井単独の執政を所司代としての活動としており、不十分さを残す。なお、そこでは「天正三年」の貼紙がつけられた極月二九日付村井・明智連署安堵状（六一九号）をもとに、両代官期が同年末まで継続していたと理解されているが、天正三年七月に明智は惟任に改姓しているから、貼紙の年代比定は誤りである。従って両代官期は連署状の終見である天正三年二月（四九七号）から、村井と明智が変則的に同一地の安堵を別々に出した七月（補一五五・一五六号）までのあいだに終了したとみるべきだろう。

（3）「代官」呼称は三七五号参考、「開闔」呼称は「織田氏代物定書案」（『中世法制史料集』第五巻、七〇二号）、『多聞院日記』天正一〇年三月一五日条などに見られる。

（4）脇田修「統一権力の都市・商業政策」（『近世封建制成立史論』東京大学出版会、一九七七年）。

（5）染谷光廣「織田政権と足利義昭の奉公衆・奉行衆との関係について」（『国史学』一一〇・一一一合併号、一九八〇年）。

（6）「廬山寺文書」（『大日本史料』一〇―七）。

（7）『言継卿記』元亀二年十二月十日条。

（8）『九条家文書』三六号、『言継卿記』元亀三年九月十七日条、十月二十四日条。

（9）『八坂神社文書』二〇六五～六七号。この点については下坂守「応仁の乱と京都」（『学叢』二四号、二〇〇二年）を参照。

（10）三四〇号。

（11）四二五号。

（12）『九条家文書』三六号。

（13）六〇三号。

（14）前掲脇田「統一権力の都市・商業政策」。

（15）五二〇号

（16）前掲染谷「織田政権と足利義昭の奉公衆・奉行衆との関係について」。

第三章　織田政権の直接支配

本章では織田政権の直接支配を分析し、それをもとに分国支配の展開について明らかにしたい。

1、直接支配下の当知行地と闕所地

まずは直接支配下での知行支配の実態から検討する。天正四年五月に南山城と大和の支配を任されていた原田直政が石山合戦で戦死した後、山城については信長の直接支配に移行したが、この時期の知行のあり方をうかがえるのが次の史料である。

【史料8】「小林文書」（三七六号参考）

狛当知行

小百姓給分共ニ
狛家来

百七拾五石八斗六升五合

（五筆中略）

以上　合三百十壱石五升五合

狛郷内同名与力御蔵入

五十石　なかむら

四十石　たかのはやし
五十石　ひかし
七十八石　ちんとうし
以上　合弐百十八石
右惣都合五百廿九石五升五合

右此四人こんと致二別心を一彼者共公方へ罷出、（異筆）「上野秀次中務大輔」上野へ与力仕候間、せいはいいたし候、すなわち先年成被レ下候御朱印ニも致二頂戴一候処ニ、ひッちうニ山しろおほせつけられ候其きさミ、りふしんニ彼等とおとしとられ候、只今者御くら入候、此刻　御朱印之以二筋目一、御ことわり申上、うけの地ニ被二仰付一候やうニ御取合奉二頼存一候、彼四人さし出候おもむき書付ことくにて御座候、

（朱筆）「天正元年」七月五日

こまさまのしん

まず本文書の年次比定から行う。この文書には朱筆で天正元年と記されているが、本文には天正四年五月三日に石山攻めで戦死した「ひッちう」＝原田備中守直政のことが触れられているので誤りである。同じ「小林文書」中に天正五年七月十日付で三一一石余を安堵した信長朱印状が残されており[1]、これは狛氏から指出を受けて出されたものと判断できるから、本文書の年次も天正五年と確定できる。

次に内容を見ると、天正五年に安堵を受けるまでの経緯から、在地領主狛氏の当知行分三一一石余が安堵された一

方、所領の約四割にあたる闕所地二一八石についてはそのまま蔵入地として収公されたことがわかる。蔵入地化した闕所地の変遷を右史料から追うと、天正元年に将軍方与同の罪で闕所され、その後に織田信長から同地の安堵を受けたが、南山城を宛行われた原田直政が同所を収公、天正四年の直政戦死後には蔵入地化したというのがその経緯である。原田が将軍方与同地を収公したのは同所が敵方闕所地だったからだろう。さておき、本文書からは直接支配地でも間接支配地と同様、当知行安堵と闕所地収公という方針が採られていたことが確認できるのである。なお後者の闕所地については、蔵入地化するほかに、旧幕府闕所地が天正三年以降、寺社本所へ新知として宛行なわれたことが今谷明・下村信博両氏により指摘されているから(2)、蔵入地化するか、新知給与として寺社本所に与えるというのが直接支配下での闕所地の推移であると確認できる。

闕所地についてもう少し掘り下げたい。その一部が寺社本所に新知として給与されたことは右で見た通りだが、それは具体的には次のようなかたちで行われていた。

【史料9】「烏丸家文書」(六七五号)

城州深草郡内五拾石事但舛之延也、宛二行之一訖、全可レ有二進止一之状如レ件、

天正四年十一月十九日　　　(信長朱印)

烏丸殿

この史料で注意したいのは、「舛之延」分が公家への新知給与に宛てられた点である。舛延分とは収納枡と下行枡の容量の差益分であり、その舛とはおそらくは宝月圭吾氏が指摘した京枡＝判舛だったと判断される(3)。直接支配下で収公された闕所地では、知行高が枡でしっかりと計られ、延分まで把握されていたのである。

このように闕所地の知行把握が厳密に行われていたことがわかるのだが、それでは新知給与に回されずに蔵入地化した所領は織田政権の財政上、どのように位置づけるべきだろうか。

今谷・下村両氏による新知宛行に関する研究では、宛行われた旧幕府御料所の規模が膨大であったことが指摘されている。今回の新知給与にまわされた闕所地の範囲は、北は岩倉から南は富森までの京の近郊地で、規模は判明するだけでも約二一八六石にのぼる(4)。残りの蔵入地化した南山城の闕所地の規模は明らかではないが、先にみた狛家領の約四割もの土地が蔵入地化されていた事実、そして狛に隣接する木津や将軍側近真木島氏の所領だった槙島などの同地の主要荘園が蔵入地となっていたことも勘案すると(5)、その規模が今回の新知給与地に匹敵するものだったのは間違いない。将軍追放後に織田政権が獲得した幕府闕所地の規模は、新知給与分と蔵入分を併せて相当の規模であったと見積もれるのである。

これまで織田政権の財源としては、堺からの税収に関心が集まっていたが、金額も含めた財政上の位置付けは思いの外に不明瞭で、織田政権の経済基盤については全く明らかにされていない。ここでとりあげた蔵入地についても、奥野高広氏の専論があるものの、その財政的位置付けについてはやはり検討が不十分であった(6)。とすれば、南山城の蔵入地を織田政権の財政上に位置づける必要があるわけだが、これについては節をあらため、織田政権の分国支配の展開を論じる中で触れることにしたい。

２、分国支配の展開

本節で最初に検討するのは、第一章で保留した天正三年に京都で直接支配が開始された理由である。既述の通り、義昭追放以降の京都支配は、領主的代官と吏僚的代官が混在する過渡期的性格の強いものであったが、そこからの転換がなぜこの時期に行われたのだろうか。ここで注目したいのはこの時期の信長の分国統治状況である。義昭追放直後は、いわゆる「信長包囲網」により信長は苦境に陥ったが、天正元年八月には朝倉・浅井、天正二年九月には伊勢長島一揆を攻め滅ぼすなど、岐阜から京へ移動する障碍は大幅に減じていた。東海から畿内にまたがり広大に展開していた織田分国の全体を俯瞰する条件はここに整ったといってよい。

この見通しを裏付けてくれるのが、天正二年末以降に分国内で進められた路次普請である。概略は既に今井林太郎氏により指摘されており[7]、広範囲の大部隊の移動と商品流通を目的として、天正二年末に尾張国内での指示を皮切りに[8]翌年二月に分国中全ての路次を幅三間二尺という統一規格で普請することが決定[9]、三月には京―美濃間を結ぶ路次の工事が完成したことが明らかにされている。普請の結果、両地の距離は約三里も縮まり、約一時間の旅程の短縮がもたらされたといい[10]、ここに東西に広がった分国を有機的に活用しうる素地が整えられたのである。

このように統一規格で路次そのものを改変し、軍隊を移動させる発想は、在地秩序に依存する伝馬制を採用した戦国大名の交通政策に見られない特徴である[11]。天正八年八月に出された佐久間信盛・定栄宛覚書写の第七条には三河から紀伊に至る織田分国七ヶ国の与力を動員することが述べられるが[12]、ここでは分国全体を見渡した軍勢配置が示されている点に注意したい。その好例といえるのが天正三年五月の長篠合戦での動員である。この時に大和国からも鉄砲衆五〇名余りが派兵されたことが知られるが、これは『多聞院日記』の記主英俊も、「遠国陣立浅猿」と驚きを隠せない出来事であった[13]。軍勢の速やかな移動を目的とした織田政権の交通政策は、当時、分国最南端であった大和国で久しくなかった遠国出兵を可能にする条件を整えたと考えられる。路次普請は分国全体の与力動員の前提であり、以後、信長は全体を俯瞰した上で戦略を構想できたのである。

この点はそれ以前の信長の畿内支配のあり方から比較すると一層明瞭になる。周知の通り、入京直後から信長は京ではなく岐阜に居ることが多かったが、所領安堵を求めて岐阜までやってきた一公家に対して、京都のことはよくわからないので上洛してから申しつけると返答していた[14]。ここからうかがえるように信長は畿内情勢を十分に知悉しているとはいえなかった。義昭追放後も信長は以前と同様に、ほとんどを岐阜か戦場で過ごしていたから、今回の京―美濃間の路次整備は、織田分国の西端だった京に対する信長の関心の高まりを示すといえるのである。

以上を踏まえると、路次整備完了後に行われた京都の直接支配化が、光秀の丹波派遣という軍勢配置の結果に止まらない意義を有したのは明らかだろう。つまり、それは義昭追放後の過渡期的な京都支配のあり方を払拭する、分国整備策の一環であったと考えられるのである。

路次普請や京都の直接支配化が、新しい畿内支配の開始を意味していたとするならば、同時期に行われた朝廷政策についても同様に考えることができるのではないか。天正三年三月に寺社本所の救済を目的とした徳政令を発令、さらに六月には「武家伝奏」を設置、七月には公家衆邸宅の造営、そして十一月には右大将任官と新知給与を行うなど朝廷再建策を矢継ぎ早に行ったことがこれまでの研究で明らかにされている[15]。そこでは再建策の内容が、それ以前の朝廷社会の混乱の収束を目的とした必要最低限のものであったと指摘されているから、これら一連の政策も分国整備の一環として位置づけられる[16]。

これらの朝廷政策を遂行する過程で織田政権が闕所地に注目した点も重要である。寺社本所領の回復を目的とした天正三年三月の徳政令の効力が不十分であったことは下村氏の指摘の通りであり、その後に新知給与が行われた経緯から、この間、織田政権は寺社本所へ代わりに給与すべき土地を用意しなければならなかったことがわかる。ここからあらためて闕所地を管理・整理する必要が生まれたと推測されるわけだが、光秀が知行していた洛中洛外の旧山門領もその過程で検討課題として浮上したのではないだろうか。

義昭追放直後は各方面への軍事に忙殺されたこともあって、「京都両代官」のあり方に象徴されるように、信長の畿内支配には不明瞭さも見られた。しかし、天正二年末以降に行われた路次普請を皮切りに畿内支配の整備が進展し、その一環として京都が直接支配化された。また、その過程では幕府や山門の闕所地も整理され、混乱した朝廷社会の立て直しや信長妹へ賄料として配分されており、織田政権はここにはじめて畿内の闕所地を自身の政策目的で活用していたことが確認できる。とすれば、前節で保留した、織田政権が残りの闕所地を蔵入地化し、政権の財政基盤としていたこととの意味も過小評価できないだろう。

従来の研究では織田政権の畿内支配の画期として天正四年の安土築城の開始を重視してきた。この指摘そのものに誤りはないのだが、それを強調するあまり、その前提について考察が深められなかったのも確かである。天正二年末から進められた路次普請は分国内の移動を迅速にし、また、幕府・山門闕所地の整理・吸収は、織田政権に朝廷政策を含む諸政策の遂行を可能にすると同時に、闕所地の蔵入地化は政権の財政基盤の強化につながっていた。その延長線上に安土築城に象徴される分国支配の再編・整備が存在していたのであり、織田信長は以上のような階梯を経て本格的な畿内支配を開始したのである。

註

（1）七二三号。
（2）前掲今谷『言継卿記』、下村信博「天正三年新地給与と闕所地」（『戦国・織豊期の徳政』吉川弘文館、一九九六年）。以下、下村論文はこれによる。
（3）宝月圭吾『中世量制史の研究』（吉川弘文館、一九六一年）。なお、宝月氏は元亀年間に従来、京都を中心に使用されていた十合枡が判枡として公定化し、天正五年までには「京舛」として一般の売買にも用いられていたと指摘している。宝月氏はその契機について言及していないが、判枡の初見が元亀二年であることも踏まえると、同年九月に行われた公武用途段米賦課がその導入の契機だったのではないだろうか（三〇〇号）。そしてその際には信長がわざわざ政所奉行人松田秀雄の参加をうながしていたから（三〇六号）、判が松田のものだった可能性がある。
（4）この数値については、前掲下村「天正三年新地給与と闕所地」掲載の表をもとに早島が算出した。
（5）前掲奥野「織田政権の蔵入領」。
（6）前掲奥野「織田政権の蔵入領」。
（7）今井林太郎「信長の出現と中世的権威の否定」（『岩波講座日本歴史』9、岩波書店、一九六三年）。
（8）四八六号。
（9）『兼見卿記』天正三年二月十五日条。
（10）「東大寺金堂日記」天正三年三月条「松雲公採集遺編類纂」所収、翻刻は『増訂織田信長文書の研究』上、七九六頁、及び奥野氏解説を参照）
（11）阿部浩一「伝馬と水運」（有光友学編『戦国の地域国家』吉川弘文館、二〇〇三年）。
（12）八九四号。前掲朝尾「「将軍権力」の創出」。
（13）『多聞院日記』天正三年五月十七日条。
（14）『言継卿記』永禄十二年十一月十四日条。

（15）　徳政令と新知宛行については前掲下村『戦国・織豊期の徳政』。「武家伝奏」については伊藤真昭「所司代と「武家伝奏」」（『京都の寺社と豊臣政権』法蔵館、二〇〇三年）。

（16）　池氏は新たな国制や天皇の位置付けについて信長自身が明確な構想を有さなかったとするが（前掲池「織豊政権と天皇」）、朝尾氏は信長の神格化を取り上げ、それが新しい政権構想と密接に関係することを指摘している。とすれば、信長は明確な構想を有さなかったというよりも、天皇・朝廷を国家的に位置づけなかったと見るほうが相応しいのではないか。ちなみに室町幕府では、四代将軍足利義持期にようやく朝廷が国家的に位置づけられた（早島大祐「公武統一政権論」早島前掲書、二〇〇六年）。

第四章　織田政権の国役

ここまで見た通り、織田政権は城や路次などの普請を相次いで遂行していたわけだが、このような大規模普請はどのような体制の下で支えられていたのだろうか。本章では分国支配のもう一つの柱であった役賦課の問題について分析を加える。

信長が初期に出した役賦課に関わる命令に次のようなものがある。

【史料10】「米田家所蔵文書」（三〇二号）

勝竜寺要害之儀付而桂川より西在々所々、門並人夫参ヶ日之間被二申付一、可レ有二普請一事簡要候、仍如レ件、

元亀弐
十月十四日　　信長朱印

細川兵部太（ママ）輔殿

これは藤孝が西岡を任される以前に出されたものであり、有事にあって城の防御が最重要項目であったことが確認できる史料である。このような役賦課のあり方は三好政権下でも確認でき、一六世紀中葉にはやはり勝龍寺城の普請が「火急普請」だとして荘公を問わず賦課されていた(1)。今回の人夫役賦課の背景には、同年八月の高槻城陥落以降の三好三人衆らとの摂津方面戦の苦戦があり、その意味で今回の賦課も前代同様の火急の臨時的な性格を有するものであったといえるのだが、その後の織田分国内で役負担のあり方はどのように変化したのだろうか。この問題を考える上で参考になるのは近江国で出された次の史料である。

【史料11】「河路左満太氏所蔵文書」（六七二号）

条々

一、杣大鋸引之儀、当年於二所役輩一者、可レ為二杣大鋸引事相勤一〔事脱カ〕、

一、鍛冶事、

一、鍛冶炭、国中諸畑江可二相懸一事、

一、桶結事、

一、屋葺事、付畳指事、

右輩、近江国中諸郡甲賀上下棟別・臨時段銭・人夫・礼銭・礼米・地下並以下、一切令二免許一訖、然者為二国役一作事可二申付一候也、

天正四年十一月十一日　　御朱印

木村次郎左衛門尉とのへ

文意が取りにくい史料であるが、杣以下の近江国の大工職人に諸役を免除した代償として、国役としての作事が命じられている。木村治郎左衛門は安土城の造営奉行であったから、（2）この作事は同城の普請に関わるものと見られる。

この史料に関して朝尾直弘氏は、本法令が有事を強調せずに発令された点や「人夫・礼銭・礼米」に代表される個別の主従制的な役賦課の体系を否定した点に注目し、役の出仕を国役というかたちで織田政権に一元化させた点に戦国大名との相違を見いだしている。（3）「近江国中諸郡」の諸役を免除するという記載からも、この国役が近江一国の職人に対して平均に賦課されたことは確かであり、また安土築城が信長の政権構想の下で、天正四年正月から同九年十月まで続けられたことを踏まえると、この役賦課が従来の火急の軍事状況下における非常時的で臨時的な賦課とは一線を画す内容であったことは間違いないだろう。

ただし、織田政権下の国役賦課体系全般を考える場合、少なくともあと二点に関して検討を加える余地が残されている。一つは近江国の国役が基本的に職人を対象としたもので、そのほかの人々への賦課について明らかではない点である。そしてもう一つは城普請を目的に設定された国役が、普請完了後、どのように推移したかという点である。これらの点を考察するために、次に丹波国の国役に関する史料を検討することにしたい。

【史料12】「吉田鍈太郎氏所蔵文書」（補遺二〇七号）

来初秋西国可レ為二御陣一旨被二仰出一候之条、当春国役、為二十五日普請一面々知行へ入立、開作之儀可二申付一候、侍者関（開）レ井堀レ溝、召遣下人・下部共者百姓並ニ十五日之間田畠可二打開一候、若知行内荒地等於レ有レ之者、何迄成共令二在庄一、悉可二相開一候、尚以二毎年定置普請一差二替開作一候上者、聊不レ可レ有二由断一候、然而百姓早明レ隙、西国御陣速可二相動一可レ有二覚悟一事肝要候、恐々謹言、

正月十三日　　　　日向守
　　　　　　　　　　光秀（花押影）

三上大蔵大夫殿
古市修理進殿
赤塚勘兵衛殿
寺本橘大夫殿
中路新兵□殿
蜷川弥□□殿

これは丹波支配を任された惟任光秀の書状写であり、西国攻めの言及から天正八年〔補註〕のものとわかる。前半では今年の春の国役として、宛所の三上大蔵大夫以下の知行地の開拓が光秀から命じられており、その具体的内容は侍は井堀溝の開削、その下人たちは「百姓並」の田畠開墾を行うというものだった。残る百姓についても、「百姓並」に下人らに開発をさせるとの記述や、「百姓早明レ隙」との記載から、やはり田畠開墾に従事していたことがわかる。

宛所の面々に関して、奥野高廣氏は『増訂織田信長文書の研究』での当該史料解説で彼らを現地の土豪としている。しかし、そこに含まれる赤塚、寺本は、光秀がまだ義昭麾下にあった元亀二年正月に光秀使者として見えるから、(4) 彼らは現地の在地領主ではなく、古参の光秀家臣と見るべきだろう。第一章の細川藤孝と西岡の事例で見たように、三上以下の光秀家臣の面々も丹波国の敵方闕所地を宛行われており、今回はその知行地の百姓に国役を課すように命令されているのである。光秀知行地では部将―給人―百姓というかたちで国役賦課の体系が構築され、百姓までも動員していたことが読み取れる。直接支配下の闕所地で見た厳密な知行把握も想起すると、織田分国の闕所地が徹底した支配の下に置かれていた様子がうかがえるのである。

それでは右史料に見える国役とはどのようなものだったのだろうか。史料前半では国役が開墾である旨が記されているが、後半では実はこの開墾が「毎年定置普請」を差し替えたものであると述べられ、ここから本来の国役は「毎年定置普請」であり、毛利攻めを契機に開発へと転用されたことがわかる。

とすると、天正八年以前に課された「毎年定置普請」の内容が問題になるが、これについては次の徴証が分析の手がかりを与えてくれる。前年の丹波宇津攻めで、同国の在地領主で光秀の与力だった小畠氏が「土民・侍男」を問わず、杣までも動員して城攻め普請を行うように命じられていた(5)。また丹波平定後、光秀が同国経営のために亀山城、福知山城、周山城、「加伊原新城」、宇都城などの普請にいそしんだことは福島克彦氏の研究に詳しく(6)、以上の点からそれが城普請を中心とした軍事的普請であったのは間違いない。ここから丹波国の国役が、近江国の国役と同様の性格を有していたことが確認できる。そしてその賦課日数は「当春国役、為十五日普請…」との記載から一季＝三ヶ月に一五日間であったことがわかり、各季に賦課されたとして、最大、年六〇日にも及ぶものであったことも明らかになるのである。

右史料は、また織田政権の国役の行方を考える上でも示唆的である。本来は城普請として設定された国役が、軍事的普請が一段落した後に完了するのではなく、開発に転用されていた。「はじめに」でも触れた通り、この時期の軍事は兵粮自弁が原則だったから、西国出兵をにらんで兵粮の確保を目的に開発が進められたのだろう。軍事を契機に設定された国役が、その後も織田政権下での役負担体系として制度的に定着する方向へ進んでいたことが確認できるのである。

以上、光秀知行地となった旧闕所地での役負担体系について見たが、もう一方の当知行地についてはどうだったのだろうか。この点を同じく大規模普請であった路次普請からも見ておきたい。先述した美濃—京間の路次普請には二万余と大規模な人夫が動員されていたが、(7)『兼見卿記』天正三年二月条によると、十五日に信長の命を受けて近江と京を結ぶ山中路六百間分を吉田郷、そのほかを白川郷、麓から京までを上京が負担したことが記されている。作業はその翌日から開始されて二十七日にまで及び、都合十二日間にわたる人夫役が負担されており、路次普請役の賦課は、吉田社の当知行安堵地であった吉田郷にも例外なく及んでいたことがわかる。

先に在地領主小畠氏の当知行安堵地の普請動員の実態を見たが、荘園領主の当知行安堵地に対しても必要に応じて役が賦課されており、織田分国の大規模動員を可能にしたのである。与力の当知行安堵地はもとより、かつては守護不入を根拠に役負担を拒否してきた荘園領主の当知行地においても例外なく役が課されていたのである。不入権は室町時代にも維持されたことは別稿で指摘した通りであり、(8)また戦国大名研究でも不入権が最終的に維持されたことが、例えば今川領国の事例などで明らかにされているから、(9)荘園制解体過程において不入権を認めない方針であった点に織田政権の国役の意義が認められる。まとめると、当初は火急の城普請のみに行われた一国・一郡平均の役賦課が、城普請が軍事目的から領国統治目的へと変化するに従って変質し、国役と称されて城普請完了後には制度化する方向を見せていたのである。

前代とは一線を画した織田政権の国役の特質を浮き彫りにするために、戦国大名の役賦課のあり方とも比較しておきたい。戦国大名の場合、右で触れた通り、最終的に不入権は否定されなかったから、例外を設けずに国役を課した点に、戦国大名政策との相違を見いだせる。(10)一般に、検地を本格的に実施しなかった織田政権の土地支配は、検地を行った戦国大名より後退したものと見られることが多い。しかしその一方で織田政権では戦国大名では果たせなかった不入権否定の方針を徹底し、一国平均に直接、労働の役を賦課した事実は重要である。検地を実施したが、不入は肯定した戦国大名の領国支配と、検地は不十分だったが、不入は完全に否定した織田政権の畿内支配。両者を直接比較することは困難だが、織田政権が大規模戦争を遂行した結果から見れば、分国の人材を動員する方法として後者が勝っていたのは確かである。

織田信長が推進した国役賦課や、先に見た交通政策などは、人を徴用し戦争に投入する方式として、戦国大名や三好政権のあり方とは質的に異なっていた。織田信長が強力に推進した軍事最優先の分国支配下では、役の賦課が徹底され、その結果、役という公事的な体系から新しい秩序が形成されていたのである。

註

（1）「東寺百合文書」い函九九号。
（2）小島道裕「「安土城奉行」木村次郎左衛門尉」（『城と城下』新人物往来社、一九九七年、初出は一九八九年）。
（3）前掲朝尾「「公儀」と幕藩領主制」。
（4）『兼見卿記』元亀二年正月六日条。
（5）「大東急記念文庫蔵小畠文書」（『新修亀岡市史資料編第二巻』六五号）。
（6）福島克彦「織豊系城郭の地域的展開」（村田修三編『中世城郭研究論集』新人物往来社、一九九〇年）。
（7）「東大寺金堂日記」天正三年三月条（「松雲公採集遺編類纂」『増補改訂織田信長文書の研究』上、七九六頁所引）。

（８）早島大祐「応仁の乱への道」（『中世都市研究』一四号、二〇〇八年）。
（９）有光友學「戦国大名と不入権」（『歴史学研究』二五五号、一九八二年）、同「地域国家のしくみ」（前掲有光編『戦国の地域国家』）。
（10）池上裕子氏は近世と同様の役体系が後北条領国において成立していたことを指摘する（「北条領国における身分編成と役の体系」『戦国時代社会構造の研究』校倉書房、一九九九年、初出は一九八四年）。ただし一方で同領国での不入権の残存を指摘しているから（「北条領の公事について」池上前掲書、初出は一九八三年）、本文で述べたように不入権を認めない織田政権の役負担体系とは質的な差違があると見るべきだろう。

おわりに――卓越した軍事政権

以上、本稿では織田信長の畿内支配の実態について検討した結果、分国支配の内容として、知行支配は当知行安堵と闕所地収公を柱としたものであり、役負担は守護不入も認めない、一国平均の国役賦課というのが基本方針であったことを明らかにした。これを軍事的側面からまとめると、織田政権で軍事の前線を担った部将と与力は、それぞれ闕所地と当知行安堵地の知行を政権から保証されて軍事に出仕し、路次普請や築城などの軍事を支える大規模な造作は、国役によって支えられていたということになる。与力の当知行支配地の内容については史料の残存状況から不明な点が多いが、闕所地で知行と役の両方の側面で厳密な把握が行われていた点は重要である。

また、織田信長の分国支配全般に関しては、これまで天正四年の安土築城の開始が画期として注目されてきたが、天正二年末以降に進められた路次普請が、広範囲に拡大した織田分国全体の円滑な支配の前提となる交通政策として位置づけられることや、天正三年以降、京都・南山城が直接支配化される過程で設定された蔵入地が政権の財政基盤を強化した点などを指摘し、織田政権の畿内支配の展開過程は、天正二年末を起点に把握することで、朝廷政策も含めた包括的な把握が可能になることを明らかにしてきた。

右のような織田政権の支配方針は、部将が当知行安堵地の代官請を行っていたことを見ても、室町時代の守護領国かと見まがうほどであり、年貢的秩序から国制の展開をはかる伝統的手法から、その中世的側面が強調されたのも確かに止むを得ない事柄だった。しかし、それは支配のもう一つの柱である役負担体系を視野に入れずに展開された一方向からの議論に過ぎず、大規模な軍事を展開した織田政権を評価する尺度としては不十分である。

「はじめに」で述べた通り、まずおさえておくべきは、織田政権が石山合戦などの従来にない規模の軍事を展開した事実であり、そのために不入権を認めない役負担体系を構築するなど、公事的秩序を抜本的に改変し、その独特の交通政策ともあわせて、人・物を大規模、かつ迅速に動員することに成功した点にこの政権の特質があった。室町時代には守護が負担する役銭の一種だった国役を[1]、直接的労働の賦課として位置づけ直したことからも、織田政権の本質がうかがえ、それはこの卓越した軍事政権を象徴している。その結果、中世社会の枠組みである荘園制は、不入権の否定という歴史段階まで解体の駒が進められたのである。

さて、ここまでとりあげた事例は天正八年の石山退城以前のものが中心であるが、その後には、毛利攻めというさらに大規模な軍勢派遣が日程にあがっており、知行支配のあり方もそれに応じた変化を見せ始めていた。

前掲史料12では、天正八年の毛利攻めの軍資捻出のために、例年は普請にあてられていた国役が開墾へ振り分けられたことが記されていた。これはあくまでも光秀管轄の旧闕所地に限定しての指令だが、天正二年に羽柴秀吉が江北に出した定書では、「一、あれふの田地、当年ひらき候百姓、末代可二相抱一事」と開墾を奨励するに過ぎなかったことを踏まえると、[2]軍拡を受け、役だけでなく分国内の土地との関わりにも影響力が増してきたといえるだろう。

この点に関連して次の史料を見ておきたい。

【史料13】「紀伊続風土記編纂史料・藩中古文書」（国立史料館所蔵）

岸和田城廻有レ之本地分五百五拾弐石余之為レ替、以二明所内一右者数程宛二行之一訖、其外本地分事、聊不レ可レ有二相違一候也、

天正九
六月廿八日　朱印

真鍋次郎とのへ

天正九年三月に和泉国指出が実施され、その後、ここに見られるように替地も行われたことが指摘されている。[3]これまでの織田政権の分国支配のあり方からすれば大きな変化を示す史料である。ただしここで注意すべきは真鍋の所領全てに替地が行われたのではなく、岸和田城廻分のみに替え地が行われた点だろう。今回の替地が和泉国一般に行われたものではなく、岸和田城拡張に伴うものであったことがうかがえる。

このように毛利攻めが本格化した天正八年以降には役負担体系だけでなく、城普請を中心とした軍事の遂行のために土地所有のあり方にも改変が加えられつつあった。それは軍事目的に限定されたものであったが、織田政権の分国支配は公事的秩序から年貢的秩序への改変へと舵を取り始めていたのである。当知行地安堵と闕所地収公を軸とした統一的な分国支配から不入権の否定を経て、軍事目的に限定した替地の実施までが織田政権が進めた荘園制の解体、

すなわち中世社会の幕引きであった(4)。

このように織田政権の畿内支配が、大規模な軍事の展開を背景に、理念だけでなく実態面においても前代から質的に相違していたことが明らかになるのだが、しかし一方で、このような分国支配の拡大は、次に見るように大きな矛盾も抱えていた。

【史料14】「南行雑録」（八六八号附録）

連面事、先年多聞以来終不二罷出一、無沙汰無二是非一題目也、因レ茲可レ令二追放一之旨雖二相究一、種々致二懇望一之條、令二赦免一、然上者、面々相抱知行分、無二異儀一申付訖、但当荘定請米千弐百石幷於二夫役一者、聊茂不レ可二難渋一、仍自今以後至レ令二無沙汰一者、跡職等悉以可二改易一之状如レ件、

天正八
　卯月六日　　　光秀判

柏木左九右衛門とのへ
河原村三郎次郎とのへ
鳥居与十郎とのへ
菟並重大夫とのへ
高田善七とのへ
城喜七郎とのへ
満田新三とのへ

西六郎四郎とのへ

右蔵二在山城国賀茂荘西氏家一

天正四年以降、南山城が吏僚を通じた直接支配へ移行していたことは先に述べた通りだが、それが賀茂庄のような政権に従順でない勢力を放置したままであったことがうかがえる。そのために天正八年に部将光秀を投入せざるを得なかったのである。

また周知の通り、同年には大和国で一国破城と指出が行われ、郡山城に筒井順慶を据えて大和国支配が企図されたが、[5]実は大和を筒井に任せること自体は、原田直政が戦死した天正四年五月段階で予定されており、[6]その実現には天正八年を待たねばならなかった。しかもそれは光秀と丹羽長秀両名の手でお膳立てしなければならない有様であり、織田分国が飛躍的に拡大した反面、直接支配を支えるべき吏僚層の経験は浅く、[7]一方の部将層も、原田直政の戦死、荒木村重の反乱、佐久間信盛の追放などにより手薄になっていた。そのために光秀などの軍事指令官でもあった一部の練達の部将に代替・補助させざるを得なかったというのがこの時期の政権の実情だったのである。

分国の拡大とそれを支えるべき吏僚層の未成熟。このような不均衡は光秀ら一部の部将に権限を大幅に与えざるを得ず、[8]織田政権が一層の膨張を見せ始めたまさにその最中に、本能寺の変への道も準備されていたのである。

註

（1）今岡典和「幕府—守護体制の変質過程」（『史林』六八—四、一九八五年）。

（2）「雨森文書」（『東浅井郡志　巻四』三九四頁）

（3）藤田達生「渡り歩く武士」（『日本近世国家成立史の研究』校倉書房、二〇〇一年、初出は二〇〇〇年）、山中吾朗「戦国期和泉の地域権力と岸和田城」（大沢研一・仁木宏編『岸和田古城から城下町へ』和泉書院、二〇〇八年）。

（4）本稿は織田政権に限定した議論であるが、中近世移行期研究を進めるにあたっては、各時期の段階差をきちんと押さえた丁寧な作業が今後、一層求められるだろう。なお、織田政権を中近世移行期に定位する作業として、別稿を予定している。

（5）松尾良隆「天正八年の大和指出と一国破城について」（『ヒストリア』九九号、一九八三年）。

（6）『多聞院日記』天正四年五月十日条。

（7）織田政権の吏僚層については、谷口克広『信長の親衛隊』（中公新書、一九九八年）を参照。

（8）高柳光寿『明智光秀』（吉川弘文館、一九五八年）。

〔補註〕史料12の年次比定については、近年相次いだ史料の紹介や研究動向も踏まえて、また機会をあらためて考えてみたい。

第2部

領国支配と丹波平定

Ⅰ　坂本城の経営

藤井譲治

一、坂本の光秀

山門焼き打ち後の坂本

　元亀二年（一五七一）九月の山門焼き打ちのあと、織田信長は、山門攻略の前戦基地であった宇佐山城（大津市錦織町）の守将明智光秀に滋賀郡の支配を命じ、坂本に拠らせた。光秀は、坂本の地に城を築き、以後、本能寺の変までの十余年間、坂本城は光秀の本拠地となる。

　しかし、この時期の滋賀郡はけっして平穏ではなかった。前節でも述べられたように（『新修大津市史』近世前期三巻第一章第三節参照）、将軍足利義昭の反信長工作によって、北に朝倉・浅井《あざい》、東に武田、南に本願寺・松永らが、信長包囲網をしきつつあった。近江においては、姉川の戦い、山門焼き打ちで信長は勝利を得たものの、江北の浅井、越前（福井県）の朝倉の脅威は依然として強く、ことに浅井は湖西高島郡にも勢力を及ぼしていたから、これに南接する滋賀郡は、浅井・朝倉の勢力と信長の勢力が激しくぶつかり合う地帯となっていた。

　この緊迫した情勢下で、坂本城を基地とした明智光秀は、信長の意をうけて滋賀郡を中心に近江の平定に奔走する。

元亀三年三月には、浅井勢を木戸（滋賀郡志賀町）・田中（高島郡安曇川町）の両城に攻め、翌四年七月にも再度出陣して両城を攻略、両城を信長から与えられている『信長公記』。また、元亀三年七月には、堅田の土豪猪飼・居初らを率いて、囲船（防御の装備をした船）で湖上から海津（高島郡マキノ町）・塩津（伊香郡西浅井町）・竹生島（東浅井郡びわ町）などの敵地を焼き払い、江北の浅井勢に打撃を与えた『同前』。さらに、元亀四年二月には、足利義昭にくみして光浄院暹慶（山岡景友）・礒谷新右衛門（久次）らが石山・今堅田《いまかたた》に兵を挙げたので、まず瀬田川を下って石山城を落とし、次いで今堅田をも囲舟で湖上から攻め落とした。その結果光秀は、「志賀郡過半」の掌握に成功したのであった『同前』。このように、元亀二年の山門焼き打ちから、同四年七月に槇島《まきしま》（京都府宇治市）で義昭を破り、天正元年（元亀四年七月二十八日改元）八月に浅井・朝倉を滅ぼすまでの間、光秀の守る坂本城は信長にとって、山門の監視ばかりでなく、近江の反信長勢力、とくに浅井・朝倉軍に対する橋頭堡であったといえよう。

一方、湖東犬上郡の佐和山城（彦根市）には、光秀が坂本に入るよりわずか前、元亀二年二月浅井方の守将磯野員昌が信長に降ったあと、信長の重臣の一人である丹羽長秀が守将として入っている。そして天正四年の安土築城までの間、滋賀郡の坂本城と、犬上郡の佐和山城は、信長の領国美濃（岐阜県）と京都との往還を確保する重要拠点となったのである。佐和山・坂本の両城に、丹羽長秀と明智光秀が信長によって入れ置かれたことは、この両者がいかに信長から信頼されていたかを示しているといえよう。それは、天正三年（一五七五）七月、長秀が惟住の、光秀が惟任の姓を信長より同時に与えられたことにも、よくあらわれている。

天正四年、信長は安土に築城し、ここを天下統一の府とした。この時期から本能寺の変までの約六年間、近江の地はしばし戦火からまぬがれる。その結果、坂本城もまた、比叡山に対する監視の役割は保ちつつも、かつてもっていたような直接的な戦略上の拠点として、また信長の領国美濃と京都を結ぶルート確保の拠点としての性格を弱めた。そして信長の天下統一のための居城安土城の南の固めとしての性格を、北の固めとなった佐和山城とともにもたされることになった。以上のように、光秀の坂本城と丹羽長秀の佐和山城は、時期ごとに性格を変貌させつつも、非常に似かよった性格をもっていたのである。

坂本築城

元亀三年（一五七二）閏正月六日、京都吉田社（京都市左京区）の神官吉田兼見は、坂本の光秀を訪ねた。その日のことを兼見は「明十（明智光秀）坂本に於いて普請なり。見廻の為に下向し了んぬ。」と記しており『兼見卿記』、坂本城普請がすすめられていたことが知られる。ちなみに、『年代記抄節』は、その前年元亀二年十二月に「明智坂本ニ城ヲカマヘ、山領ヲ知行ス、山上ノ木マデキリ取」としており、この記事に従えば山門焼き打ちの三ヵ月後には早くも城普請が始まっていたことになる。それはともかく、元亀三年十二月二十二日、光秀を坂本に見舞った兼見は、「城中・天主《てんしゅ》（守）の作事」を見物し、それに目を驚かせている『兼見卿記』。兼見が初めて普請を見物してからほぼ一年、坂本城の完成が、間近にせまったことがうかがえよう。そして、翌元亀四年六月二十八日に兼見が坂本の光秀を訪れたときには、「天主の下に立つ小座敷」で光秀に会っているから、このときには坂本城は大略完成していたものと思われる。なお坂本城は、この後、天正八年閏三月にも増築されている『兼見卿記』。

ところで、この坂本城の規模や構造について、詳細は不明だが二、三の興味深い事実が知られる。

その一つは、高層の天主を中心にすえた、かなりの豪壮な城郭であったと考えられることである。そしてその天主は、『兼見卿記』天正十年一月二十日条に「小天主に於いて茶湯有り」という記事があることでわかるように、のちの姫路城などにみるような大天主と小天主で構成される建物だったようである。

また、イエズス会宣教師として当時来日していたルイス・フロイスは、その著書『日本史』のなかで、次のように記している。

明智は、都から四レーグア（四里）ほど離れ、比叡山《ヒエノヤマ》に近く、近江国の二十五レーグアもあるかの大湖（琵琶湖）のほとりにある坂本と呼ばれる地に邸宅と城砦を築いたが、それは日本人にとって豪壮華麗なもので、信長が安土山に建てたものにつぎ、この明智の城ほど有名なものは天下にないほどであった。

このように、坂本城は、信長の安土城に次ぐ第二の名城として天下に鳴りひびいていたものだったのである。しかも、その安土城は天正四年の着工だから、坂本城の方が四年ほど早い。つまり坂本城は、安土城に始まるとされる豪壮華麗な近世城郭建築の、さらに先駆的な城といえるのではなかろうか。フロイスが同書で、光秀を「築城のことに造詣が深く、優れた建築手腕の持主」と書いていることも、この想定を裏付けるように思われる。

二つめに興味深いのは、城が坂本の琵琶湖岸、つまり現在の下阪本付近に築かれたことである。堺の会合衆（堺の町自治を指導した特権豪商）の一人で、光秀の茶の湯の師匠であった津田宗及（天王寺屋）は、天正六年（一五七八）正月十一日、招かれて坂本城内で茶会を催し、その後、船で安土に向かった。そのときのようすを宗及は次のように記している（『天王寺屋会記』）。

会（茶会）過テ、御座船ヲ城ノ内ヨリ乗リ候テ、安土へ参リ申シ候。

この記事は、坂本城が琵琶湖に面し、城内に湖水を引き入れた水城であったことを、何よりもよく物語ってくれるだろう。天正九年正月十一日の光秀の茶会が「浜ノ方の御座敷」で開かれていることも、それを裏付けている。

そして、この坂本における水城形式は、のちの大津城・膳所城における築城方式に受け継がれていったのであった。

光秀の滋賀郡支配

さて、次に少し視点をかえて、光秀の在地における民政についてみてみよう。光秀の滋賀郡支配のようすを示す史料はきわめて少ないが、吉田社の神官吉田兼見の小姓遂電事件の顚末からその一端をうかがってみたい（『兼見卿記』）。

天正七年（一五七九）二月二十二日、兼見が譜代（代々主人に仕えること）契約をして小姓とした与次という者が兼見のもとから遂電するということがあった。たまたま、その小姓の出身地が、光秀の支配する滋賀郡雄琴であったため、兼見は、翌日、与次の譜代の契約状を持って、在京中の光秀に訴え出た。以前より懇意であった兼見よりの願い出を受けた光秀は、ただちに訴えを取りあげ、在所へその旨を命じることを約束したという。翌二十四日には、さっそく光秀の家臣礒谷新介が兼見を訪れ、小姓遂電の件を処置するために雄琴へ下向するにあたり兼見の従者の同行を求めたので、兼見は大角与一なる者を遣わしている。それでもこの件はなかなか片付かなかったようだ。二十八日になると、兼見は、坂本に下向し、ちょうど丹波亀山（京都府亀岡市）へ出陣しようとしていた光秀に坂本城外で会った。そして、遂電した小姓の件について、再度雄琴の代官である大中寺に処置をさせるという約束をとりつけている。翌二十九日、亀山の光秀から遂電した小姓の取り扱いを雄琴代官大中寺と川野藤介に命じた光秀の書状が兼見のもとに届いたので、兼見は、翌三月一日に雄琴代官大中寺・川野藤介に宛ててその書状を坂本へ送付している。

それから十日余りたった三月十五日、大中寺・川野藤介の両代官と光秀の家臣礒谷新介が、遂電した小姓与次をともなって兼見を訪れ、赦免をとりなした。そこで兼見はその小姓を許し、小姓探索にあたってくれた大中寺・川野・礒谷に夕食をすすめて労を謝している。そして、翌十六日に兼見は丹波多紀郡（兵庫県）に出陣していた光秀に、小姓遂電について骨を折ってくれたことを感謝する使を出したのである。

この事件は、光秀と兼見の親交の深さをよく示しているが、同時に、光秀の在地支配が、ごくわずかの期間に遂電したものを探索しえるほどまでに完備していたこと、および詳細は不明ながら、その支配組織として代官がおかれていたことなどを示してくれる。

文化人光秀

ところで、坂本城主として滋賀郡を支配していた明智光秀とは、どのような人物だったのであろうか。まず、その出自からみていくことにしよう。明智氏の系譜については、不明な点が多いが、比較的信頼できるとされる『細川家記』は次のように伝えている。明智氏は、美濃の名族土岐氏の一流で、代々美濃国に住し、恵那《えな》郡明智城主であったが、光秀の父が同城で戦死したため、光秀はそこを逃れて、越前の朝倉義景に仕えた。そして、のちに室町幕府最後の将軍となる足利義昭が朝倉氏に身を寄せたとき、義昭の近臣の細川藤孝とともに、足利義昭を越前から織田信長の領国美濃へ移す工作をしたというものである。

光秀が歴史の舞台に登場するのは、このとき、永禄十一年（一五六八）七月からである。それ以降、光秀は足利義昭と織田信長の二人に同時に仕えることになり、義昭と信長の間にあって、両者の交渉の任にあたった。この義昭と信長の二人の主君に仕えるという関係は、元亀二年（一五七一）まで続くが、義昭と信長の対立の深まるなかで、同年十二月、光秀は義昭から譴責されたことを機に致仕（官職を辞すこと）し、信長を唯一の主君としたようである『神田孝平氏所蔵文書』。信長から坂本城主を命じられたのは、ちょうどこの頃のことであった。

坂本築城前後、光秀が山門攻めや浅井・朝倉攻めと、信長軍の近江における前線基地の守将として活躍したことは、先に述べたとおりである。浅井・朝倉の滅亡で近江が安定したのちは各地へ転戦したが、なかでも天正三年（一五七五）から同八年にかけては丹波（京都府・兵庫県の一部）の平定にあたり、これに成功して信長から丹波を与えられている『信長公記』。ちなみに、ルイス・フロイスは、光秀を評して「戦争においては謀略を得意とし、忍耐力に富み、計略と策謀の達人であった。（中略）選り抜かれた戦いに熟練の士を使いこなしていた。」と述べている『日本史』。光秀の戦国武将としての実力のほどがしのばれよう。

とはいえ、光秀は武骨一辺倒の人物ではなかった。文化的教養も深く、戦いの間には、当代一流の文化人たちを坂本城に招いて交わり、いわば坂本城内に一つの文化サロンを形成していたのである。

光秀の好んだものの一つに茶の湯があった。彼の茶の湯の師匠は、堺の豪商で茶人としても著名な津田宗及である。光秀は、天正六年以降同十年まで、毎年正月には坂本城内に宗及を招いて茶会を催していた『天王寺屋会記』。この毎年正月坂本城内で催された茶会には、津田宗及のほかにも、今井宗久や山上宗二など当代一級の茶人たちが参会しており『天王寺屋会記』・『今井宗久茶湯日記抜書』、光秀がかなり茶の湯に造詣が深かったことが知られる。

『天王寺屋会記（宗及他会記）』によれば、たとえば、天正六年正月十一日に坂本城内で催された茶会は、次のようなものであった。「茶堂（茶会の亭主）」は津田宗及がつとめた。茶道具では、まず釜は信長拝領の「八角釜」が用いられた。実は、この八角釜は元日に拝領したばかりで、その釜開きの茶会だったのである。床には、同じく信長拝領の牧渓（南宋の画僧）筆の椿絵が飾られ、茶入は「式部少輔肩衝（肩衝とは、茶入の一形式で肩の張った形のもの）、茶碗は季節にふさわしく「霜夜ノ天目」、といったぐあいであった。茶会の最後の薄茶は、同じく堺の茶人若狭屋宗啓が唐茶碗でたてている。

また、宗及の『天王寺屋会記』などをみると、光秀の所持していた茶道具の大略を知ることができる。なかでも、先にあげた式部少輔肩衝は、河内（大阪府）の武将畠山式部少輔維広《つなひろ》が遺愛の品で、山上宗二が『茶器名物集』（一五八八年成立）のなかで名物（古来いわれのあるすぐれた茶道具）の一つに数えているものである。なお、同書によれば、この肩衝は、惜しくも坂本落城の際に焼失したという。このほか、大灯（大徳寺の開山、宗峰妙超）の墨跡や藤原定家《ていか》の色紙などもあった。また『川角太閤記』にも、坂本落城にあたり守将明智秀満が焼失を惜しんで寄せ手の堀直政にたくした名品のなかに、虚堂（南宋の臨済僧、虚堂智愚）の墨跡がみえている。

茶の湯とならんで光秀が好んだものに連歌がある。光秀が、本能寺の変を前に愛宕山で天下取りの決意を連歌によみ、その連歌の第三句を当代随一の連歌師里村紹巴が付けたというエピソードはよく知られているが、このことでもわかるように、光秀は紹巴とかなりの親交があったようである。光秀と紹巴との関係がいつ始まったかよくはわからないが、天正九年（一五八一）四月十二日に細川忠興邸で開かれた茶会に、「光秀父子三人」（光秀と子息十五郎および娘婿秀満か）とともに紹巴も招かれ同席している（『天王寺屋会記』）。

光秀はこれより先、元亀四年（一五七三）六月二十八日、坂本において連歌師里村昌叱と吉田兼見とで連歌会を催したほか、天正五年九月十九日には京都で、同六年九月七日には坂本で兼見と、同九年正月六日には細川藤孝を加えて坂本で連歌を楽しんでいる。これらはすべて『兼見卿記』の記すところであり、この他にも数多くの連歌会が光秀によって催されたことは想像にかたくない。

このほか、光秀は和歌にも親しんだようだ。そのことは、なが年の友人細川幽斎（藤孝）が歌学に通じ、和歌の秘伝である古今伝授を伝える人物であったことからも、容易に想像されよう。史料として良質のものではないが、江戸中期に編まれた軍談書『常山紀談』には、光秀が唐崎の松を植えかえて、そのときに「われならで誰かはうゑむひとつ松こころしてふけ志賀の浦かぜ」の一首をよんだという話が伝わっている。坂本をめぐる光秀のエピソードの一つとして付記しておきたい。

二、本能寺の変

ときは今

天正十年（一五八二）三月、信長は甲斐（山梨県）攻めで武田氏を滅ぼし東国を平定し、四月安土に凱旋した。五月十五日、先の武田攻めで活躍した徳川家康が安土を訪れたため、信長はその馳走（もてなし）の役を光秀に命じた。「京都・堺にて珍物を調へ、生便敷結構にて」、十七日までの三日間供応がなされたのである『信長公記』。ちょうどその頃、備中（岡山県）高松城を攻めていた羽柴秀吉から、毛利輝元・吉川元春・小早川隆景ら毛利側が攻勢に出るとの報が安土の信長のところへもたらされた。そこで信長は、供応中であったにもかかわらず十七日、光秀に、細川藤孝・池田恒興・塩川吉太夫・高山重友・中川清秀らとともに、中国攻めの先陣を命じたので、光秀は出陣準備のため急ぎ坂本城に帰った。なお信長は、供応役の光秀の坂本下向後も、十九日には安土山摠見寺において幸若八郎大夫に舞をまわせ、翌二十日もまた丹波猿楽でもてなしており、家康がようやく京・大坂・奈良・堺の見物のために安土をたったのは、二十一日のことであった。

五月二十六日、戦陣の準備をすっかりととのえた光秀は、この日坂本をたって、もう一つの居城、丹波亀山城（京都府亀岡市）に入った。この城は、天正三年の丹波攻め以来、光秀がその居城としていたもので、丹波平定後の天正八年八月、信長から丹波一国を宛行なわれて、それ以降も丹波支配の拠点となっていたのである。

さて、翌二十七日、光秀は、丹波と山城との境にそびえる愛宕山（京都市右京区）へ登った。山頂には火伏の神として知られた愛宕権現があり、その神宮寺（神社に付属した寺）である白雲寺には、本地仏の勝軍地蔵がまつられていた。光秀は、その日、愛宕権現に参籠し、神前で二度三度とくじを引いて占い、翌二十八日宿坊の一つ西坊において、里村紹巴を招いて百韻連歌（発句から挙句まで一〇〇句でまとめる連歌）を催した。光秀は、そのときの発句に次のように詠んだという『信長公記』。

ときは今あめが下知る五月哉

それに続けて、西坊そして紹巴が句を付けた。

水上まさる庭の松山　　西坊
花落つる流れの末を関とめて　　紹巴

光秀が、いつ主君信長を亡きものにし、みずからが天下人となることを考えたのか、また何が原因かという点については幾つかの推測がなされている。しかし、いまその穿鑿はやめておこう。ともかく、この愛宕山参籠によって光秀の意は決したといってよいだろう。発句に折り込まれた「とき」は、明智氏が美濃の名族土岐氏の一流であったことにかけたもので、光秀が天下を取ることを暗に宣言したものである。光秀は、その連歌を神前に奉納し、同日亀山城に帰った。

一方、信長は五月二十九日、小姓衆わずかに二、三〇騎で上洛し、当時、京都の四条西洞院にあった本能寺を宿所とした。中国出陣の準備のためであった。

六月一日、光秀は出陣の準備をととのえ、一万三千の兵を率いて亀山城を出たが、中国路へと続く三草越でなく、京へ入る老の坂（京都市西京区大枝）へ向かい、諸将には、山崎から摂津国（大阪府）へ向かうよう命じた。同夜、老の坂に至った光秀は、山崎天神馬場（長岡京市の長岡天神付近）から摂津へとつながる右手の道をとらず、京都へ下る左手の道へ軍馬を進めた。桂川を渡る頃、光秀は全軍に「今日よりして、天下様に御成りなされ候間、下々草履取以下に至るまで、勇み悦び候へ」と触れた『川角太閤記』。信長を敵としたのである。

翌二日の夜明け、光秀は信長の陣する本能寺を取り巻き、一気に攻め入った。森蘭丸以下わずかの手勢のみではさすがの信長もいかんともしがたく、またたくまに、明智勢によって家来たちは切り伏せられてしまった。信長もみずから奮戦したが及ばず、火のかかった本能寺で切腹自害して果てた。ときに信長四九歳であった。

次いで光秀は、妙覚寺から二条御所に移っていた信長の嫡男信忠を攻め、自害させた。そして、光秀は京都の戦後処理を終えて安土へと向かったのである。

山岡一族

山岡氏は、甲賀郡大原荘毛牧村（甲賀町）に住した甲賀武士である。戦国期には、勢多氏にかわって瀬田（勢多）

城主となり、六角氏の有力家臣となって領国支配の一翼をになった。永禄十一年（一五六八）、山岡景隆は、観音寺城落城をまえに信長軍の軍門にくだり（『言継卿記』同年、九月十四日条）、以後は信長に仕えて瀬田城を守った。

景隆は、元亀四年（一五七三）、信長が槇島（宇治市）に足利義昭を攻めた際には（『新修大津市史』近世前期第三巻第一章第三節参照）、長男景宗、弟景猶とともに出陣しており、その後も、越前朝倉攻め、紀州根来攻めなど、たびたび信長の戦陣に従っている。また、天正三年七月には、東海・東山両道の要所瀬田川に、信長の命によって、木村次郎左衛門とともに架橋の任にあたった（『信長公記』）。景隆については、このほかにもかなりのことを知ることができるが、景隆を有名にしたのは、天正十年六月、本能寺の変後、明智光秀の勧誘を一蹴した事件であろう。そのいきさつを『甫庵太閤記』は次のように記している。

去程に日向守（光秀）は京都の仕置有増沙汰し置、同四日安土へ参じ城を請取なんずとて発向しける処に、山岡美作守（景隆）計にて勢田の橋を焼落し、上下の往還なし。故に其日は善逝（膳所）に逗留し、即ち山岡かたへ使者を立て、早く某に属せよ、本地の事は申すに及ばず、忠義に依て加増の地を行なわしむべしと云やりし処に、山岡返答に、吾は義を以て主とす、逆臣の者に豈仕べんやとて返章に及ばず使者を追返しけり。惟任（光秀）は松本辺の者に課して橋を補続し、五日未明に立ちて安土山に下着し城を請取。

京都の戦後処理を終えた光秀は、安土城を請け取るために近江に入るが、山岡景隆は瀬田橋を焼き落し、安土への往還をふさいだ。光秀は、それに対し、景隆が味方に付けば、もとの領地はもちろん加増をも行なうと誘いをかけたが、景隆は逆臣には仕えられないと拒絶し、瀬田から一時退いたというのである。

天正十年七月二日、山崎の合戦で光秀が敗れた直後、京都吉田社の神官吉田兼見は、瀬田の山岡氏に対して、信長の三男信孝の上洛の日程を尋ねる書状を送っている『兼見卿記』。この事実は、山岡氏が山崎の合戦前後より織田（神戸）信孝に属し行動していたことを暗示させると同時に、七月には瀬田城を回復していたことを示している。

だが、景隆の瀬田在城は長く続かなかった。翌天正十一年閏正月には、織田信雄（信長の次男）・羽柴秀吉に属して北伊勢攻めに参陣していたが、同年四月の賤ヶ岳の合戦に際して高槻城主高山重友とともに柴田勝家に内通していたことが発覚し、瀬田城を追われた。奈良興福寺の多聞院英俊は、そのときのことを、五月十六日の日記に次のように記している『多聞院日記』。

摂州高ツキノ城高山厨書（重友）、筑前（羽柴秀吉）ヨリ人数取リ寄セコレヲ責ムト云々。今度柴田（勝家）ハ一所ノ衆故ナリ。瀬田ノ山岡モ逃散ルト云云。当国衆モ少々同心ノ衆コレ在リ。佐久間玄番（盛政）白状ト云々。

景隆は、瀬田を逃れたのちは、本貫の地である甲賀郡毛牧村に隠れ住み、天正十三年（一五八五）正月、六十一歳の生涯をとじた『寛政重修諸家譜』。一方、瀬田城は、賤ヶ岳の合戦処理の一環として、天正十一年八月、秀吉の武将浅野長吉（長政）に与えられている。

景隆の弟には、石山城に拠った景猶、膳所城に拠った景祐などがおり、また前節でも触れた光浄院暹慶がいる『山岡系図』。暹慶は、還俗して景友と名乗るが、のち剃髪して法名を道阿弥と称し、秀吉に仕えた。しかし関ヶ原の合戦にあたっては徳川家康に属し、戦後九千石を近江の地において給され、江戸幕府の忍者の一翼をになった甲賀組の棟梁となった。

山崎の合戦

さて、山岡氏誘引に失敗した光秀は、いったん坂本城に入り、松本（大津市松本）あたりの者に瀬田橋を修補させ、天正十年六月五日安土へと向かった。

信長憤死の報は、早くも事件当日の六月二日安土へもたらされていた。安土城下はにわかに浮足立ち、家臣のなかには、美濃・尾張の本国をめざして安土を逃れ出るものが多くあった。そうしたなかで、信長から安土城の留守を命じられていた蒲生賢秀は、三日、安土城を捨てる決意を固めた。退城にあたって、天主にある金銀財宝の運び出しと、城の放火を主張するものもあったが、蒲生賢秀は、「天下無双の御屋形」安土城を焼き払うことを惜しみ、また金銀名物を搬出することが「都鄙の嘲哢」のまととなることを恐れて、その主張を退けた。そして城を木村次郎左衛門に渡し、信長の側室・子息をともなって、居城の日野城（蒲生郡日野町）へ難を避けた。その結果、五日、光秀は難なく安土城に入り、さらにその日のうちに佐和山・長浜の両城をも手中に収めることになった。

一方、信長謀殺の報に接した羽柴秀吉は、備中高松城（岡山市北区）を開城させ、毛利側と和議を結んだあと、六日には姫路城に入り軍備をととのえ、九日に姫路を出発。十二日には大坂にいた織田信孝・丹羽長秀、伊丹城主であった池田恒興らと参会し、軍議を行なった。

光秀は、安土城を娘婿の明智秀満に預けて、九日上洛し、年来光秀の組下で光秀と姻戚関係があった細川藤孝・忠興（妻は光秀の娘）父子に自軍への参加を求めた。しかし、細川氏は動かなかった。また、大和（奈良県）の筒井順慶を誘ったが、これも応じず秀吉側に走った。

十三日、山城国山崎において合戦の火ぶたが切って落とされた。光秀軍は天王山（京都府乙訓郡大山崎町）に陣した秀吉の左翼を固めていた中川清秀に攻撃をしかけた。しかし、中川勢は羽柴秀長・黒田孝高らの援護を得て反撃に転じたために、かえって秀吉軍の総攻撃を受ける結果となった。光秀軍は崩れ、光秀は勝竜寺城（京都府長岡京市）に逃れた。敗戦が決定的となった同夜、光秀は、わずかの従者を引き連れ、秀吉勢二万の取り囲む勝竜寺城を脱出、伏見・山科を経て坂本へ向かおうとした。しかし、伏見に至ったときには、わずかに家来五、六騎がつき従うばかりとなっており、小栗栖（京都市伏見区）の藪の中で、物取りの百姓らに行く手をはばまれ、あえない最期をとげたのであった（『太閤記』）。

『兼見卿記』の天正十年（一五八二）六月十五日条には、「向州（明智光秀）醍醐の辺に於いて一揆に討ち取らる、其の頸を村井清三、三七郎殿（織田信孝）へ持参せしむと云々」とあり、光秀の首が村井清三というものによって織田信孝の陣所へ差し出されたことが知られる。そして、翌十六日、光秀の首はその胴体とともに、信長が憤死した京都本能寺にさらされたのであった。

三、まぼろしの坂本城

坂本落城

安土城を守っていた明智秀満は、六月十三日の真夜中、光秀の山崎での敗報に接し、翌十四日未明、安土城を捨てて坂本城へと向かった。『甫庵太閤記』『秀吉事記』は、このとき、秀満が安土城に火を放ち退城したと記している。しかし、『兼見卿記』は、「安土に放火すと云々。山下より類火すと云々」と（『同記』天正十年、六月十五日条）、城下町である「安土山下町」からの類焼で安土城が焼け落ちたとし、また『耶蘇会士日本通信』は織田信雄のしわざだとしている。どちらにしても、安土城焼亡は十五日のことであり、秀満の安土退去後のことである。

秀満は坂本へ向かう途中、瀬田の山岡氏に行く手を妨げられ、大津に駒を進めていた秀吉の先鋒堀秀政の軍を避けて、ようやくのことで坂本城に入った。「明智左馬助湖水渡り」といわれるのはこのときのことである。

『川角太閤記』によれば、秀満が大津の町にさしかかると、待ちかまえていた堀秀政の軍と戦闘になり、多くの手勢を失ってしまった。そこで、秀満は大胆にも湖水に馬を乗り入れ、唐崎をめざして泳ぎ渡ったという。

弥平次（秀満）、東より入り口の町はづれへ、馬の頭を引き向け、海へさつと馬を乗りこみ、うきぬ沈みにおよがせける。久太郎殿（秀政）方には、いまや沈む〳〵と、面白げに見物してありけるところに、弥平次、馬の鞍坪をはなれ、さんず（馬の尻の方）へ乗りさがり、鞍の後輪に手縄を取り付け、志賀の唐崎の一ツ松をめて（右手）へなし、弓手（左手）へ近く馬の頭を引むけ……

と、『川角太閤記』は、この秀満の勇姿を記している。

もっとも、この湖水渡りについては異説も多く、『秀吉事紀』では、馬でなく小船によって坂本城へ入ったとしているなど、真偽のほどは定かではない。なお、この主人公である明智（前姓、三宅）弥平次秀満を、流布本などではしばしば左馬助光春と記すが、これは後年誤って流布したものである。

秀満が坂本城に入った十四日には、羽柴秀吉は園城寺に陣している。翌十五日、堀秀政の軍は、坂本城攻略にかかった。これを最期と見てとった秀満は、天主に入り、国行（鎌倉末期の名刀工）の刀、吉光（同前）の脇指・虚堂の墨跡など天下の名物を夜具に包み、目録を添えて、寄せ手の者へ「堀監物（直政）殿え是を渡されよ、此道具は私ならぬ事、天下の道具なれば、是にてめつ（滅）し候事は、弥平次ばうじやくぶじん（傍若無人）と思し召すべく候間、相渡し申し候」と声をかけ天主より下へ落とした。これらの名物を受け取った堀直政は、光秀秘蔵の「くりからの吉広江（郷義弘、鎌倉末期の名刀工）の御脇指」はどうなされたかと、秀満に問うてやった。これに対し、秀満は「光秀命もろともと内々秘蔵仕られ候間、我等（秀満）腰に指し、日向守（明智光秀）にしで（死出）の山にて相渡」すつもりであると、答えたという。

このあと、天主に立てこもった秀満は、光秀の妻女、みずからの妻らを刺殺し、腹を十文字に切りさき天主に運び込まれた火薬に火を付けて、天主もろともにふっとんだ。これが『川角太閤記』の伝える坂本落城の様子である。

ちなみに、『兼見卿記』は、「坂本の城の天主に放火すと云々、高山次右衛門火を付け、切腹すと云々」と、坂本落城を記している（天正十年六月十五日条）。

城跡を求めて

天正十年（一五八二）六月、羽柴秀吉の先鋒堀秀政軍の包囲のなかで、坂本城は猛火につつまれて落城した。フロイスが、安土に次ぐ天下第二の名城と記した坂本城も、明智光秀の没落とともに灰燼に帰したのである。坂本城は、その後丹羽長秀によって再建されるが、天正十四年、城主浅野長吉のとき、棄城のうきめをみ、城跡は田畑と変わり果ててしまい、現在ではその位置すら不明となってしまった。

幸い、地元の下阪本在住の津田幸種氏が坂本城跡の研究を遺されているので、それら先学の研究を参考にしながら、城の位置について改めて考察してみることにしよう。

城跡の位置についての最も古い文献は、京都の医師で儒学者の黒川道祐が、延宝六年（一六七八）八月、三井寺（園城寺）に旅したときの紀行文『近畿歴覧記（三井行程）』で、

七本柳ノ二町程北ノ湖辺ニ、明智日向守光秀が城跡アリ。

とみえている。「七本柳」とは、八柳浜《やつやなぎはま》とも称し、日吉祭のとき神輿が唐崎へ船渡御に出る浜として知られ、東南寺川口の少し南、旧柳町（下阪本一丁目）の湖岸にあたる（図1参照）。この記事を信頼するならば、そこから二町（約二一八メートル）程北というのだから、現在の東南寺付近に城跡はあったことになる。

また、時代は少し下がるが、『近江輿地志略』（一七三四年成立）にも、次のような記事がみえる。

織田信長山門を攻めて坂本浜に城を築き、明智日向守光秀をしてこれを守らしむ。（中略）其の後、城を払ひて大津の浜に移す。其の跡に一寺を建つ。今の今津堂なり。古城地の時の石垣、今に存す。

ここにいう今津堂は、現在下阪本三丁目にある東南寺のことで、いまその門前の旧西近江路（北国海道）の街道の脇に「坂本城跡」と刻まれた石碑が建っている。東南寺は、最澄の開基で、中世にも存続したが（『新修大津市史』第二巻第四章第五節参照）、山門焼き打ちの際に罹災したためか荒廃し、慶長七年（一六〇二）に再興されたと伝える。『近江輿地志略』の記載は、新たに建立されたかのように読めるが、おそらくはこの再興を指すと思われる。それはともかく同書は、東南寺（今津堂）は「大道町にあり」とし、大道町は「東南寺川を隔て北」としているから、「古城地の時の石垣」が残っていたという場所は、現在の寺の位置とあまり変わらなかったと思われ、黒川道祐の見聞に一致する。

さらに、明治十四年（一八八一）十一月付「滋賀郡下阪本村字箇所絵図」によって、付近の旧小字名を調べてみる

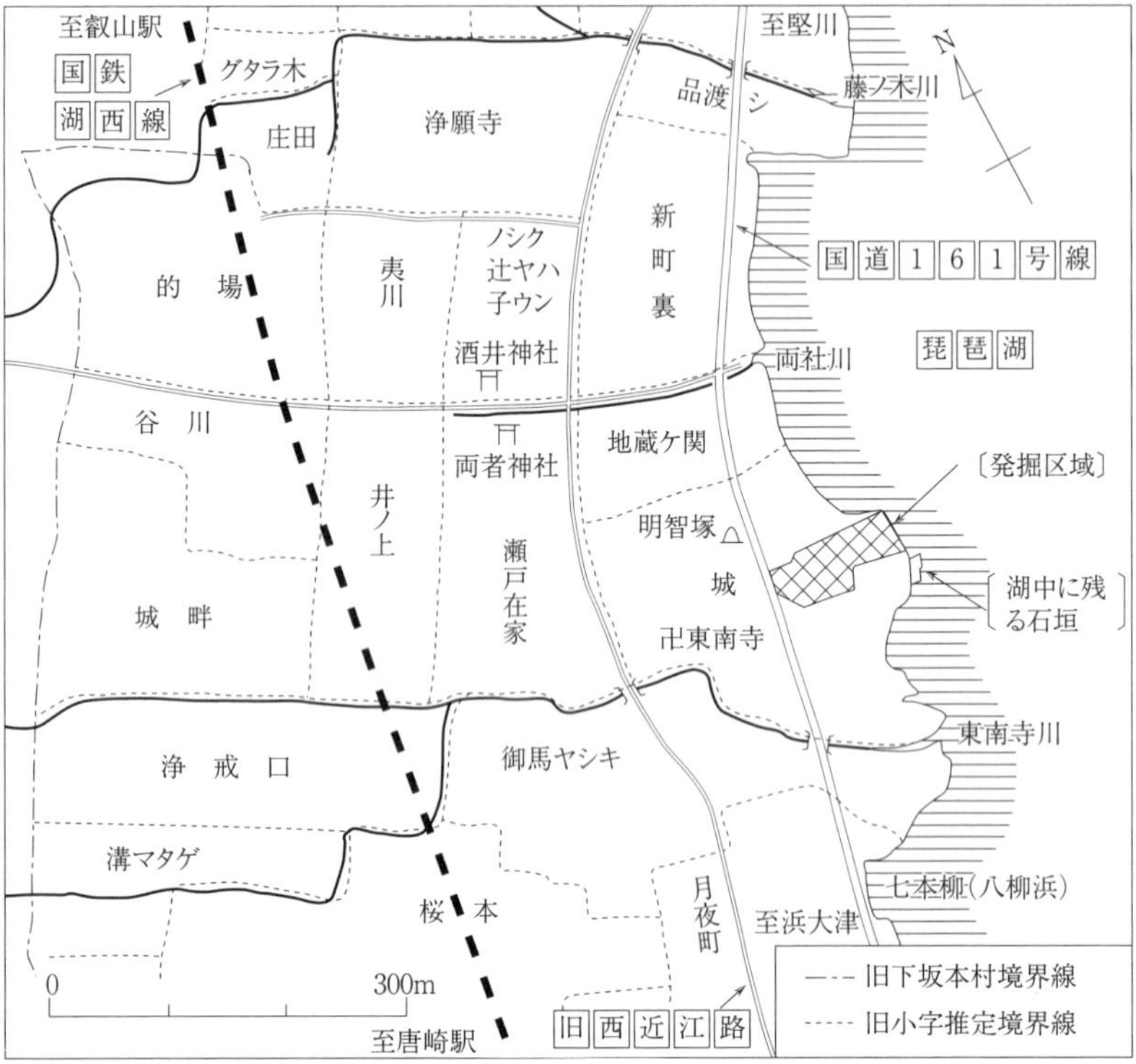

図１　下阪本の旧小字名（鉄道名などは初出論文に準拠）　明治14年（1881）11月付け「滋賀郡下阪本村字箇所絵図」より、坂本城に関係すると思われる旧小字名を中心に図示した。城の中枢部は、湖に面した小字名「城」付近と推定され、旧西近江路（北国海道）が「城」の西で不自然なカーブを描くのも、中枢部の敷地に影響されたためであろう

と、東南寺川をはさんで、北側に「城」・「城畔」、南側に「御馬ヤシキ」・「浄戒口（城界口カ）」、両社川の北側には「的場」というような城に関連した地名がみえ、この付近一帯に城のあった痕跡を残すものではないかと考えられるのである。ちなみに、東南寺付近の旧小字名は「城」であった。

坂本城の遺構

昭和五十四年（一九七九）十月、この「城」の地（下阪本三丁目）が宅地造成されることとなり、これに先立って、大津市教育委員会の手によって、発掘調査が実施された。その結果、表土下約三〇センチメート

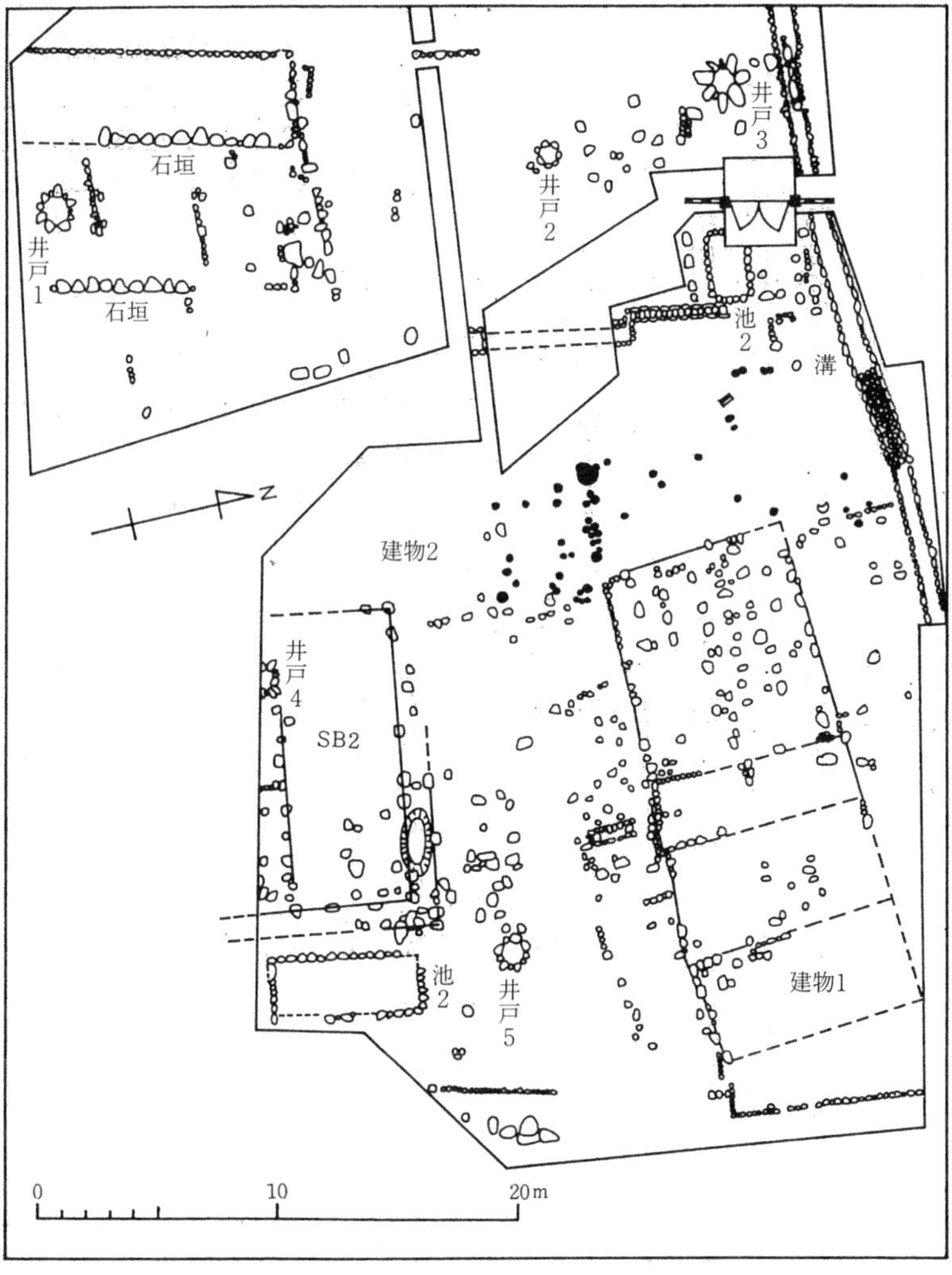

図２　坂本城跡平面図　4,161 平方メートルにも及ぶ調査地域のうち、遺構・遺物をほとんど確認できなかった西部地域を除き、図示した。調査地の西南部では、南北に２列に並行して走る石垣の基礎石が検出されたが、東側の石垣では 60〜100 センチメートルの石材を、また西側の石垣でも 20〜100 センチメートルの石材を使用している。なお、建物２・３は柱穴が確認されている。建物の規模は本文参照

ルに、厚さが一〇～三〇センチメートルにも及ぶ焼土層が検出され、そればかりか焼土中からは、安土・桃山時代のものと推定される瓦・土師器・陶磁器などの断片が数多く発見されたのである。教育委員会では、これらを坂本城の遺物と判断し、十一月に入るや、本調査に着手した。この本調査によって、この「城」の地に坂本城の主要部がかつて存在したらしいことが明らかになったが、その調査結果を、発掘された遺構・遺物を中心にみていくこととしよう。

まず遺構としては、四棟の建物の礎石、石組の井戸・池・溝、また石垣の基礎石などが確認できた。建物の礎石は、調査地の東半に南北に二ヵ所検出されたが北側の建物1は、三〇～五〇センチメートル程度の石材を使用し、東西約二〇メートル、南北約八メートルの規模をもった長屋状の建物と想定されている。また南側の建物2はこれよりやや小さく、東西約一四メートル、南北七メートル以上の規模で周囲に縁をもった主殿風の建物であったと考えられる。

石組の井戸は、石垣の基礎石の付近で三基（井戸1・2・3）、建物跡の付近で二基（井戸4・5）の合計五基がみつかった。井戸枠の石材はすべて花崗岩を用いており、井戸1が径一・一メートルとやや大きいほかは、すべて径は八〇センチメートル前後の規模のものとなっている。なお井戸1は内部に破損した丸瓦・平瓦・焼けた木材・焼土が充満した状態で発掘された。

池は調査地の中央部やや北寄り（池1）と、SB2の建物の東側（池2）の二地点でみつかった。二つの池はともに石組で周囲を固めており、池1は一・六メートル×二・二メートルの規模をもち、深さ一・二メートル、東壁に暗渠排水溝を接続させ、池2は二・一メートル×五・八メートルの規模で、深さは〇・五メートルとなっている。

さて次に、発掘された遺物のほうに移ると、最も多く出土したのは瓦類で、その数は断片を含めると数百点にも及ぶ。これらを大きく分類すると、軒丸瓦としては、巴文のものが三種に、宝珠をもつ文様瓦が一種。軒平瓦は、唐草文様のものが三種に、宝珠をもつものがやはり一種の計四種。このほか宝珠をもつ軒丸瓦および波状文様の軒平瓦とセットになる鬼瓦（中央に宝珠、下位に波状文）が二点、出土、確認された。

瓦に次いで多く出土したのは土器類の断片で、土師器の小皿（径五～一〇センチメートル）のほか、陶器類としては、壺・甕・椀・鉢・擂鉢・天目茶碗・皿・硯等が出土した。陶器の産地は、信楽（甲賀郡）が最も多く全体の約五〇～六〇パーセントを占め、つづいて常滑・美濃・瀬戸となっている。磁器も多数出土しており、中国の明代の景徳鎮窯・竜泉窯系の青磁・青白磁・白磁の碗・皿の断片が確認された。なお明代の染付碗も出土しており、贅を尽くした城中の有様の一端がここからもうかがえる。

今回の発掘調査により、旧小字「城」の地に坂本城の主要部があったことは、ほぼあやまりないことが確認できた。しかし坂本城が天正十年（一五八二）六月に炎上してのち、すぐさま秀吉によって再建されていることを考えあわせれば、今回発掘された遺構・遺物の大半は、天正十年以降、天正十四、五年頃に城が大津に移されるまでの期間のものと推定され、光秀の坂本城とは、一応区別して考えなければならないこととなる。むろん溝など、その一部は光秀時代のものを後にまで使用していた痕跡はあるが、いずれにしても天正十年六月を境とする遺跡・遺物の整理・分類が、今後の大きな課題といえる。

Ⅱ　明智光秀の丹波平定

大槻昌行

はじめに

小山脈によって区画され、小土豪が割拠する丹波には、有力な戦国大名が育たなかった。それに引きかえ濃尾平野は、織田信長に十分その才を発揮させ、その地の利はいちはやく京都を制圧する有利な条件をもっていた。

天正三年（一五七五）六月明智光秀は丹波・丹後の平定を命ぜられ、四年四ヶ月後の天正七年（一五七九）十月二十四日に安土へ伺候して、丹波・丹後平定を信長に復命している。その間光秀は近江の坂本を本拠地としていたが、丹波攻略だけに従事していたわけではない。ある時は越前の一向一揆を、ある時は大坂の石山本願寺を、さらに進んで紀州雑賀を、あるいは信貴山に松永弾正久秀を攻め、また、羽柴（豊臣）秀吉の播州攻めの応援に駆けつけ、荒木村重帰順説得につとめる等、多方面に活動している。

天正八年（一五八〇）八月二日、丹波を所領として与えられ、その後天正十年（一五八二）六月二日本能寺に信長をたおし、六月十三日山崎の戦いに敗れて殺されるまで（これが世にいう「光秀の三日天下」である）、丹波を所領としていたのはまる二年たらずである。しかも自身は坂本に居住し、福知山のことは代官に任せていたと思われる。その上短期間のことであるから、戦後処理として旧体制の破壊と民心の安定を主とし、築城・治水・町づくりに手をつけたばかりではなかったろうか。このころの福知山について、史料がほとんどないのが残念である。

一、光秀の出自

御霊神社に配祀され、「福知山出て長田野越えて、駒を早めて亀山へ」という盆踊りの文句によって、古くから親しまれている明智光秀は、「本能寺の変」に先だって天正十年（一五八二）五月二十八日洛北愛宕山の西坊で、連歌師里村紹巴らとともに、百韻連歌の会を催している。その際光秀の詠んだ、「ときはいまあめが下しる五月哉」の句は、光秀の信長に対する反意を表わしたものであるとされ、「とき」は「時」でもあるが、「土岐」をも意味し、明智氏の祖が土岐氏であるから、光秀自身を表わすことにもなる。

土岐氏は清和源氏源頼光の子孫で、美濃の守護であった。明智氏は土岐氏の支族であり、光秀の父光綱は早世し、叔父の光安が明智城に拠った。宗家の土岐氏は没落し、油売りから身を興した斎藤道三が美濃を支配すると、光安もこれに従ったが、道三の長男義竜が父道三を討ち取って後、光安は義竜に従わなかったので攻め亡ぼされた。光秀は光安の子で従弟に当たる弥平次光春（秀満）といま一人の叔父光久の子光忠をともなって城を落ち、諸国遍歴の末朝倉義景に仕えた。これは元禄年間に書かれた『明智軍記』の記載であるが、関三蔵翁がまとめて御霊神社に奉納した「御霊神系略」に、光秀の父光綱は伊賀ならびに伊勢五郡の領主北畠氏の郷士とある。

さらに製作年代の古い「土岐系図」や「明智系図」（『続群書類従』第五輯下）では、光秀の父をそれぞれ明智監物

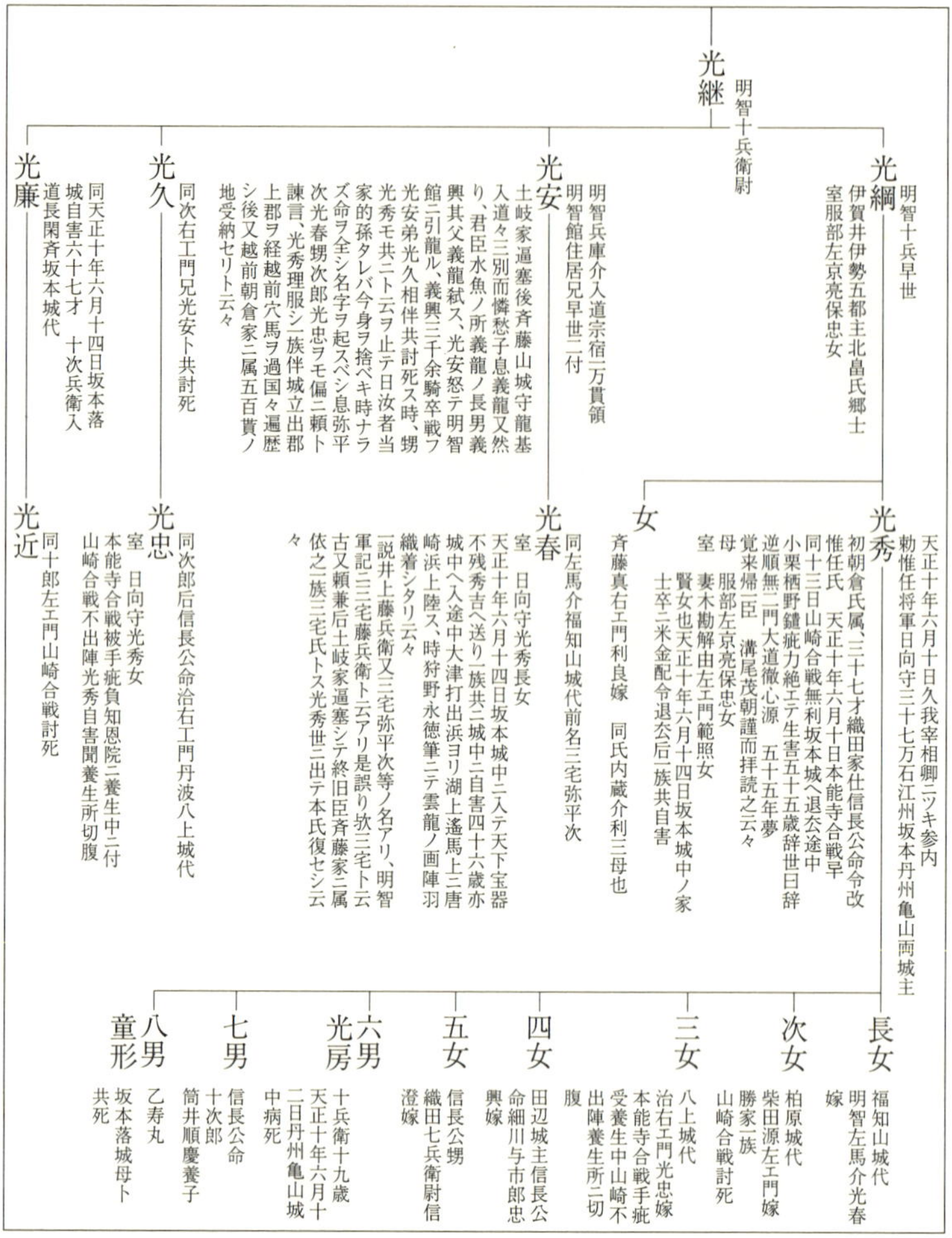

系図1　御霊神系略（関三蔵著）

助光国、明智玄番頭光隆としているが、いずれもその人物の実在性は確実な文献史料では立証されていない。したがって異説も多く、進士信周の次男であるともいい、また、若狭小浜の鍛治冬広の次男で、近江の佐々木に仕えていたとも、丹波の国桑田郡宇津郷明石村の明石十兵衛が後明智と改めたともいう。また、三河中窪の牧野右近大夫に仕えたと記したものもある。『耶蘇会の日本年報』（村上直次郎訳注）においてルイス・フロイスは光秀をいやしい生まれの人と報じ、『籾井家日記』には族姓も知らぬ者とあり、御霊神社所蔵光秀自筆の「明智光秀家中軍法」（『福知山市史　史料編一』）にも謙遜の辞とはいえ、「瓦礫沈淪之輩を召し出だされ」とある。

また、「明智軍記」や「明智系図」等で、光春とともに光秀の従弟といわれ女婿となった明智治右衛門光忠について、『名将言行録』は、天正七年光秀が高見・黒井・穂坪に蟠踞する赤井一族を亡ぼしたことを述べた後、次のように記している。「光秀四十万石の大名なれば（中略）焼香一番は光秀、二番は弥平次光春、三番は治右衛門光忠、光忠遙かに此方屏風の陰にて脇差をぬき、おづおづと這い出焼香せり、人みなこれを笑う、時に光秀は『およそ世にあらん者　治右衛門のごとき心忘るべからず　彼は父の代に明智近辺の百姓なりしを召し抱え　足軽にしたり　我が代になりて段々とりたてて　今家老の一人となし　明智の苗字を与えたり』とて殊の外賞美せり」とある。また、『細川両家記』には、光春の父三宅出雲はもと光秀の従者であったと記している。

さて前述連歌の「ときはいま」の「時」を、明智氏の本姓「土岐」を暗示させたと解釈するのも、後世何びとかのこじつけではなかろうか。この時光秀はちまきを笹のままで食した程心が動揺していたというが、紹巴や社僧達に、本能寺夜襲の大事を感づかれるようなまずいことをする光秀ではなかろう。実はこのこじつけのために光秀が土岐家の支族明智氏の子孫であるということが評判になり、後世つくられた「土岐系図」（『続群書類従』）・「明智系図」（『鈴木叢書』）などにそう書いたのである。これは桑田忠親氏の説である。高柳光寿氏はこの歌は従来いわれているごとく、やはり光秀が天下制覇の決意を示すものとしておられる。

高柳光寿氏は、「明智氏の系図は全部信用できない。土岐の庶流ではあったろうが、父の名さえ不明で、光秀の立身によって明智の名が世に知れた程度の家である」と言っている。諸説紛々いずれを信じてよいかわからない。いくら身分が低くても、実力さえあれば立身出世できた戦国末期ではあるが、伝統的権威も案外根強く残り、領主としての威信を高めるためには、すじのよい系図が必要であった。

さて、光秀は信長に仕える前、越前の朝倉義景に属し、鉄砲隊を率いて一向一揆と戦い功績があったという。そのころ京都では、将軍義輝が三好長慶・松永弾正らに殺されたので、将軍の弟義秋（奈良の一乗院に入り覚慶といっていたが、後さらに義昭と改める）は一乗院を脱出して甲賀の和田・江南の六角らに擁立せられ、若狭を経て越前一条谷の朝倉館へたどりついた。義秋擁立を謀ったのは故将軍義輝の近臣で、長岡（長岡京市）の勝竜寺の城主細川藤孝であった。光秀は義秋に従って越前に逗留中、藤孝の組下として義秋の臣となり、その後朝倉家を去り、義秋を奉じて藤孝とともに信長の下に身を寄せた。

二、義昭・信長と光秀

光秀は最初客将として信長に迎えられたが、年令はすでに四十歳前後、信長より六歳、秀吉より九歳年長であった。義昭や藤孝との関係及びその才能を認められて、美濃の国安八郡四千八百貫を給せられた。信長の妻濃《のう》姫は斎藤道三の娘、濃姫の母は光秀の叔母に当たるので、その縁を頼って仕官したという説もある。

永禄十一年（一五六八）信長が義昭を奉じて京都に上り、彼を将軍の座につけ五畿内を平定し、朝廷に金万匹を献上した。宇津右近大夫によって押領されていた御料地丹波山国荘に関し、違乱停止を命じた。翌十二年四月十六日の文書には、木下藤吉郎秀吉・丹羽五郎左衛門長秀・中川八郎右衛門重政についで明智十兵衛光秀が署名している（『言継卿記』・『立入文書』）。光秀はこの破格の知遇に感ずる一方、前途有望な信長と将来性に乏しい義昭とを比較して、将軍家の家臣を辞したいと申し出た。

元亀二年（一五七一）八月ごろ、松永久秀と三好義継は大和で筒井順慶と戦って大敗し、筒井城を奪いかえされた。この時光秀は両者の講和をとりもち、順慶をも信長に帰順させる。以来光秀と順慶は親密になる。後の山崎の戦いに協力を求めたが、順慶は山城と河内の境洞が峠で思案のあげく、光秀の劣勢を観望して大和へ引き揚げた。これは「洞が峠をきめこむ」ということばができる程有名な話である。

天正元年（元亀四年〈一五七三〉）九月、光秀は義昭の奉公衆一色藤長・同昭秀・上野秀政らと摂津に出陣している。その後義昭が失脚してからは、義昭の奉公衆の多くは光秀の部下となるのである。

天正元年二月、義昭は本願寺光佐・浅井長政・朝倉義景・武田信玄らとはかって、再び信長を討とうとする。光浄院暹慶《せんけい》は光佐の内命をうけて、西近江の一向宗徒を集め、石山と今堅田に拠った。二十八日佐久間信盛・羽柴秀吉・明智光秀らは、兵五千を率いて義昭のとりまき連中を処罰しようとする。義昭は一時丹波へ逃げ、二十九日今堅田は光秀に攻め落とされる。

まもなく義昭は二条城へ帰ったので、信長は講和をはかったが義昭は応ぜず、今堅田や石山を回復させたので、光秀は柴田勝家や蜂屋頼隆らとともにこれをおとし入れる。この時義昭は自分の奉公人でもあるはずの光秀にそむかれ、朝倉への手紙の中で、「明智はまるで正体がない」と嘆いている。このように信長と義昭の仲は、どうしようもないところまで来ていた。しかし信長は義昭を攻め滅ぼすことはせず、かえって人質をさし出そうとしていたくらいである。

ところが三月八日義昭は公然と信長と断交した。信長は島田秀満を遣わして和解に当たらせたが不調となる。信長は岐阜をたって二十九日入京、四月一日吉田兼見を招き、「叡山や南都の寺々を滅ぼしたら王城のたたりになるか」とか、「義昭の所行を禁裏その他はどう思っているか」等と尋ねている。そうして四月四日には二条城に義昭を囲んでいる。柴田・細川・明智の軍は下賀茂その他所々を焼き立てた。この時光秀は公然と義昭にそむいたのである。

四月七日正親町天皇から、関白二条晴良らを使として両者へ和解のお諭しがあって、信長は岐阜へ帰る。七月になって義昭は宇治の槙島（宇治市）に拠って反信長の態度を明らかにしたので、信長はかねて佐和山の丹羽長秀に用意させていた十数艘の船を駆って急に上洛し、幕府衆三渕藤英を二条城に囲み、七月十八日槙島に義昭を囲んだ。義昭はついに屈し、三好義継の河内若江城へ退き、普賢寺に護送されて入道した。

そのころ村井貞勝が京都のことを奉行していたが、光秀も永禄十一年（一五六八）信長上洛以来引きつづき天正三年（一五七五）ごろまで、同様の仕事をしていたようである。

義昭・信長・光秀三者の関係を見る時、義昭は光秀にとってその才能を発揮させる役をなし、義昭との関係において信長は光秀の力量を発見し、これを賞したように思われる。光秀は義昭や信長をふみ台にして終には天下を取ろうという野望を早くからもっていたように言う人もあるが、桑田忠親氏は、そのようなことはなく、光秀や藤孝は当初は足利幕府再興を願っていたものであることを強調している。

藤孝と心をあわせ、義昭を将軍にすることができた光秀は、義昭・信長の二重政治に介在し、ある場合は信長の京都奉行として織田の家臣や寺社奉行朝山日乗《にちじょう》などと連署し、また、ある時は将軍義昭の近臣として幕府の奉行人と連署するといった微妙な立場にあった。

ところが永禄十三年（一五七〇）正月二十三日、信長は五ヶ条の誓書を義昭に承認させた。

一諸国の大名へ御内書を通達される場合はいちいち信長に報告の上、信長の書状を添えるようにしたい。

一天下の政治は何事につけても信長に一任されている以上、信長としてもたれたれと限らず、将軍の上意を待たず、信長の分別次第で成敗を加える。

（以下略）

これら五ヶ条中の二ヶ条は将軍の実権を完全に奪いとって、信長の武断政治を今までよりももっと強くおし進めようとするものである。この書状の宛名が、日乗上人と明智十兵衛尉（光秀）で、義昭の袖印、日付の下に「天下布武」と信長の朱印がおしてあるということは、この協約が二人を仲介として結ばれたということである。信長の光秀に対する信頼はあつく、同年二月三十日岐阜から上京した時は、光秀の邸を宿所としている。

これより先信長は堺・大津・草津に代官をおいて、水陸交通の要点を押えていたが、翌元亀二年（一五七一）九月十二日信長は叡山を焼き払わせ、光秀に坂本城を築かせて与え、叡山の遺領滋賀郡五万石をその領地とした。将軍義昭と内通し、信長にそむいた浅井・朝倉らとの戦い、すなわち姉川の合戦および志賀の戦いにおける戦功と、京都奉行としての才幹を賞してのことであった。

槙島に足利将軍を滅ぼして、帰途信長は近江の木戸・田中両城を降し光秀に与える。義昭に一味した越前の朝倉義景を天正元年（一五七三）八月二十日滅ぼし、北庄（福井市の旧称）に津田元秀・木下祐久・明智光秀を奉行としておく。光秀は戦闘には直接参加していないようであるが、戦後の行政を担当したのである。九月五日付で光秀は滝川一益と連署で、北庄三ヶ村の軽物座の支配を橘屋三郎右衛門尉に命じている。そのころ両名の連署で越前各地の寺社や地侍の所領を安堵しているが、光秀・秀吉が連署しているものもある。

八月二十九日、信長が近江小谷城に妹むこ浅井長政をほろぼし、その旧領を秀吉に与え、長浜に城を築かせたのは、光秀が坂本城主になってから一ヶ年半の後である。義昭に加担していた松永久秀は、十二月二十六日大和多聞山城を出て信長に降ったので、天正二年（一五七四）正月十一日光秀が入城した。しかし二月には藤孝が代って在番し、三月にはさらに柴田勝家に代る。

一方前々年の元亀三年（一五七二）十二月遠江三方原の戦いで徳川家康を敗った武田信玄は、その勢いで上洛するのではないかと義昭を喜ばしたが、翌天正元年（元亀四年）四月信玄は死亡した。しばらく喪を秘していたが、天正二年嗣子勝頼が東美濃へ侵入したので、二月一日信長は城を出て対陣したが、作戦進まず多聞山城から光秀を呼びよせている。出発に当たって筒井順慶が多聞山城を訪れているが、このころから彼は光秀の組下になったのかも知れない。光秀は七月摂津中島（大阪西成区）の一向一揆を攻めるのに荒木村重を応援し、八月には佐久間信盛と河内の三好氏の兵とで一向一揆を攻めている。九月二十九日信長は伊勢長島の一向一揆の老若男女二万人を焼き殺した。十月信盛と光秀で、河内高屋城に石山本願寺に呼応した畠山の家老遊佐信教を攻め、塙直政・羽柴秀吉・丹羽長秀・柴田勝家・長岡藤孝・佐久間信盛と連署で根来寺の衆徒に来援を求めている。

翌天正三年（一五七五）二月、信長は一向一揆の本拠大坂石山本願寺を攻めるため、細川藤孝に丹波の兵を集めさせている。信長が槙島に義昭を攻めて以来、帰順した荒木村重は、信長の信頼を得て旧主池田勝政を凌ぎ、摂津に威を振っていたが、三月伊丹城を出て、十三渡で門徒衆を敗り、大和田天満の砦を抜く。同年四月再度三好康長を河内高屋城に攻めるため、四日光秀は三千余の兵を率いて出陣、信長も大坂の本願寺を攻める目的も兼ね、六日一万余で出陣した。四日光秀は柴田勝家・佐久間信盛・滝川一益と連署で、交野城主片岡弥太郎に「貴国衆はこの節馳走肝要」と来援を求めている。信長は十四日大坂を攻め、十九日まで戦って一向宗徒に相当の損害を与えて二十一日帰京した。ところがまたもや四月下旬には武田勝頼が三河長篠城を囲む。家康の求援によって、信長は二十八日京都を出発し、坂本から光秀の舟で佐和山に渡り岐阜へ帰り、五月二十日長篠で勝頼を敗る。これは甲斐侍の騎馬軍団と美濃足軽の鉄砲隊の戦いで、戦術の変化を決定し、鉄砲の威力・足軽隊の戦力を誇示したものである。光秀も鉄砲隊による戦術を重視していたが、この戦いには参加していない。信長は二十五日岐阜に凱旋した。その翌月本式に丹波攻略にのり出すのである。

七月三日宮中で蹴鞠の宴があり、信長に官位昇進の沙汰があったが、光秀も丹羽・松井・塙、その他の武将とともに恩賞にあずかり、九州の旧族「惟任」の姓と日向守の官名を許された。秀吉については五月十八日まだ羽柴藤吉郎とあり、八月七日に筑前守秀吉となっているので、多分光秀と同じころ筑前守になったものと思う。

三、丹波攻略

信長が丹波・丹後の平定を光秀に命じたのは、天正三年（一五七五）六月である。今まで行政的な仕事に従事することの多かった光秀は、この時からは軍事を主とし丹波攻略の主任となる。信長は早速丹波の土豪川勝大膳亮継氏に手紙を出して、「内藤氏と宇津氏の二人はさきに京都の乱（義昭と信長との戦い）のとき逆心を企て、以来出仕しないので近く光秀を遣わして討つ。その際は忠勤を励むように」と命じている。また、丹波の土豪小畠左馬助及びその一族同助大夫に対しても再三書を与え、忠勤を励むなら新しい領地を与えるといっている。七月四日光秀は西蔵坊・小畠左馬進（左馬助の一族）・中沢又五郎に河原尻保津川端まで用材運搬を依頼している。このように丹波攻めにあたって土豪と連絡を密にして、着々と準備を進めた。

しかし八月になって、信長は柴田勝家らを率いて、越前の一向一揆を攻めたので、光秀もこれに従軍した。平定を終えると信長は九月二十日北庄に帰り、越前を勝家に与え光秀を坂本へ帰した。

光秀は丹波の土豪達に対し、帰順工作を進めていたところ、かねて黒井の荻野直正と対立していた但馬の守護山名韶凞《あきひら》（祐豊）とその子氏政は、出石および竹田城を提供して降伏する。しかし但馬竹田の城は荻野（赤井）直正の甥太田垣朝延が守って明け渡さないので、光秀はこれを攻め、さらに太田垣を後援した直正を追って、その本城黒井を攻める。十月一日に片岡藤五郎に対し書面を与え忠節を求めており、この時丹波土豪の大半は光秀に同心したかに見えた。

しかし翌四年正月十五日黒井城攻囲に参加していた八上城主波多野秀治が、かねてから荻野氏としめしあわせていたものか、急に光秀の営を襲ったので光秀は敗れて坂本へ逃げ帰る。十年前の永禄八年（一五六五）に内藤備前守をほろぼし、このたびさらに光秀を敗った直正の名声は大いにあがる。直正はさきに足利義昭や武田勝頼と連絡をとり反信長を策したが、今回は安国寺恵瓊に書を送り毛利氏の東上を促し顕如光佐（浄土真宗の法主）の執事下間頼廉を通じて、石山本願寺と連携する。

ここで荻野直正について述べておきたいのであるが、元亀元年（一五七〇）信長が将軍を奉じて上洛すると、三月二十八日彼は兄の子赤井五郎忠家を上洛させ、一族の代表として将軍および信長に服従の意を表した。赤井家は荻野家と同家で清和源氏芦田家から分かれたという系図を持ち、芦田とも称したが、この時信長から丹波奥三郡を所領として安堵されたと系図に付記している。荻野直正は赤井忠家の後見的人物で智勇のほまれ高く、山中鹿之助も主家尼子氏の復興について、彼の力を借りようとしたらしい。

次にかかげるのは、天田郡夜久野町高内の豪族と思われる夜久長左衛門尉にあてた直正の書状の意訳であるが、その中に亀鹿とあるのは亀井鹿之助つまり山中鹿之助幸盛のことである。

「亀鹿から使の僧が、御領内を通過し当方へ参りましたが、その時道々御懇切な配慮をいただきまして、ありがとうございました。只今その僧帰路につきましたので、往路の場合同様よろしくお願いします。いずれお出会いしていろいろ申し述べますので、今はこれで失礼します。恐々謹言。荻悪直正」（伊賀上野市赤井直通氏所蔵文書）とあり、日付は八月六日とあるが、『丹波戦国史』は元亀元年ごろのものと推定している。

天正元年（一五七三）四月武田信玄が病没し、前述したごとく七月には足利幕府がほろぶが、翌二年三月京都を追われた義昭は、上杉謙信・武田勝頼・北条氏政らに書を与え、三たび信長を討とうとする。しかし勝頼はそれ以前にすでに東美濃へ侵入したので、信長は二月一日岐阜城を出てこれと対陣している。勝頼は二月六日付荻野悪右衛門宛の手紙を出しているが、これは天正二年のことであろう。

十月十七日のお手紙が十二月二十一日到着致し、早速拝読しました。なかんずく使者の口述くわしく承り、お考えの程よくわかりました。そもそも信長に対し怨敵の態度を表明され、すでに戦争をはじめておられる由、まことに武勇といい、戦功といい、ほかに比類なき次第であります。こちらにおきましても、ようやく信濃・美濃の国ざかいの雪も消えますので、やがて尾張・美濃・三河へ乱入します。どうか御安心ください。くわしくは使の釣閑斎跡部大炊助から申し上げますので、これで失礼致します。恐々謹言（『丹波戦国史』所載　伊賀上野市赤井直通氏所蔵文書）

右の書状の中、信長に対し戦争をはじめたというのは、信長の勢力をうしろだてにしていた但馬の山名韶凞を有子城に攻めたことを指すのであろうか。信長はこの山名と赤井の不和を利用して、天正三年から本格的に丹波侵入をはじめることになる。ちなみに韶凞は丹波平定後一年たった天正八年（一五八〇）秀吉に攻められ、五月二十一日に死んでいる。

この手紙に対して、やはり時期は同じころと思われる、本願寺の顕如光佐から朝倉左衛門督すなわち義景にあてた正月二十七日付の手紙（「顕如上人御書札案留」『大日本史料』）がある。それは丹波勢に対して勝頼とはまったく反対の評価をしている。

お手紙の趣拝見いたしました。荻野悪右衛門尉京都出兵のこと承りました。しかし丹波勢の働きは従来から大したことなく、ことに丹波の国侍は奥丹・口丹ともにまとまりのない国ですので、役にたちにくいように思われ信用できません。したがって兵糧のことなども依頼致しませんでした。（中略）使の下間頼充法眼がくわしく申し上げます。

この時丹波勢はあまり頼りにされていない。ところが、天正四年正月直正・秀治が協力して光秀の軍を敗ってから八ヶ月余り後の同年のものと思われる九月二十六日付下間頼廉の書状は、本願寺がそうとう直正を頼りにしていたことがわかる。頼廉は顕如の側近である。『丹波戦国史』所載の訳文をそのまま掲げておく。

内々に申しあげたいことですが、貴殿のお手持の太刀一振と馬一頭を進呈されるとの意向を、顕如法主様にお伝えしましたところ、たいへん喜んでおられました。長年の籠城を余儀なくさせられたわれら一同の苦衷をお察し願いたく存じます。中国（毛利輝元）との約束につきましては、手落ちなく十分配慮をさせますから御安心ください。先に牧雲斎への念のとどいた書状には感謝している次第です。加賀の国へは侍従の下間法橋（頼廉の弟）が二日に無事到着したと伝えてきましたので御安心してください。能登の様子につきましては、そのうちに報告するはずですので好都合かと存じます。上杉謙信殿が加賀へ攻め入られましたので、一向宗徒も加勢しましたが、注進によりますと十一日の戦いには、敵勢を八百人ほど討ち捕《と》ったようです。それにつきましては貴殿にも詳しく伝える筈です。紀州に一城を守っていた小倉監物を、去る二十四日に高野山へ退去させ結着をつけさせました。障害のあるところについては他の者にまかせて、私はこれから紀伊の根来寺との談合のため泉州へ行きます。安芸の国の警護衆（足利義昭の軍）が渡海次第に、味方の軍勢は一挙に決起する手筈になっていますので、将軍家の御入洛も間もないことでしょう。それについて貴国（丹波）・丹後・出雲・伯耆へは、吉川元春殿が行かれる由ですので、万事好都合かと存じます。この上は貴殿におかれましてはよくよく熟慮されまして、万全の策を立ててください。くれぐれもお心を寄せられ、御返書が頂戴できますればまことに幸甚のいたりです。近日中に申し入れの吉報を期待しています。

当時義昭は毛利氏を頼り中国にあったが、毛利輝元の叔父吉川元春を丹波に派遣し、丹波における反信長派の結束をうながそうとしていた。

吉川元春推戴のことは、天正三年十月光秀の丹波攻略開始の頃からすでにあったと見え、天正四年（一五七六）正月二十六日直正の弟幸家から吉川駿河守（元春）にあてた書状に、太刀一腰と馬一疋進献のことをのべ、「丹波御出張のことは、去年仰せを蒙りました時分はこちらとして火急との要望をもっておりましたので、実現を希望していました。その時はずいぶん忠節を致すつもりです。その後の御様子を承りたく、安国寺恵瓊（毛利の外交僧）までくわしく申し送りました云々」と述べている。

直正も二日後正月二十八日付書状によると、元春の家臣市川雅楽丞あて青銅百疋を与え、家臣の広田左馬助を遣わし、元春の出張を催促している。

また、赤井氏と同盟関係にあった石川弥七郎繁も次の書状を吉川駿河守あてに書いている。

将軍様のおともとして火急に御出馬になるということを伝え承っております。我等はかさねがさね信長に対し恨みばかりをもっているこのごろですので、荻野悪右衛門尉（直正）や赤井刑部少輔（幸家）と相談して随分忠節をつくすつもりです。当国の他の面々も異儀はありません。おいでくださり次第お尽しするつもりです。私は毎度荻悪（荻野悪右衛門）と連絡をとり、内情も聞いておりますので、つまらぬ手紙をさし上げます。したがって太刀一腰と馬一疋をさし上げます。どうぞ将来よろしくお願いします。恐々謹言。五月十九日　吉川駿河守殿　人々御中

元春の丹波出張のうわさをきいて、他の豪族達もおそらく同様の書状を出したことであろう。黒井に近い福知山も赤井氏の配下であったと思われるが、『陰徳太平記』は、元春を鬼ヶ城に迎える計画であったと記している。

次に雀部荘をめぐり、赤井氏と信長の対立を示す信長被官秀吉の書状で、やはりこの時期のものではないかと思われるものを紹介したい。

「わざわざ文書で申します。すなわち西岡松尾社領雀部荘のこと、近年あなたが横領されている由であるが、その

社領は将軍の御朱印を頂戴しています。われらとくに大切に思っていることです。おはからいによって、もとのごとく年貢を神社へ納入されるようたのみます。なおくわしくは使の蜂須賀小六に申し入れさせますので、これで失礼します。八月五日　羽柴築前守（秀吉）花押　赤井五郎殿　まいる　御宿所」（『松尾大社東文書』）とある。

忠家押領の雀部荘とは、前田一円五十五六戸・林村分一円三十四五戸・いのむかい一円三十四五戸・たかうのぶん一円四十戸ばかり・今中のぶん一円百三十戸ばかり・上村のぶん一円三十戸ばかり・とだのぶん一円三十四五戸・いさ村のぶん一円六十四五戸・土村ぶん一円五十戸ばかりではなかったかと思う。これは天正六年、伊勢神宮御師といって、伊勢から巡回してきた御祈祷師の『丹波御祓之日記』（神宮文庫蔵）によるが、赤井氏の勢力範囲のみを巡回しているように思われる。現在市内字前田の中に、はやしのまえ・いのむかい・ひがしむらという小字があるし、たかう《多光》・今中・上村は川北のうちである。それぞれの村に数名ないし十数名の地侍・名主の名と、それらが寄付した米や金の量を記しているが、苗字が出ているのは赤井氏とつながりをもつと思われる芦田が二十軒、他は上村に松山が六軒と玉上《カ》が二軒、戸田に内田が四軒、土村に田中が一軒だけである。それは田中源五郎であるが、『丹波志』の「姓氏部上」に出ている田中宮内のことではなかろうか。まだ完全に分析されていないが、参考になると思われるので『丹波御祓之日記』の天田郡の部分を抜粋すると次の通りである。

さゝい《雀部》遍の分

前田　一円

一斗五升　権守殿　帯　のし　あふき　ふのり

一斗五升　講中

廿五文め　弥左衛門殿　帯 のし あふき ふのり
卅目　五郎大夫殿　帯同
一斗五升　講中
一斗五升　蘆田新尉殿　帯同
五十五六

林村分一円
一斗五升　蘆田遠江殿　帯 のし あふき ふのり
一斗五升　同　鋤尉殿　帯同
一斗五升　同　監物殿　帯同
一斗五升　同　欽兵衛殿　帯同
廿目　同　源尉殿　帯同
一斗五升　同　清衛門殿　帯同
一斗五升　講中
三十四五

いのむかい一円

一斗五升　鍛治甚衛門殿　帯のし　あふき　ふのり
一斗五升　越後殿　帯のし　ふのり
一斗五升　彦左衛門殿　帯のし　あふき　ふのり
一斗　講中
ひかし村　一円
わた廿四文め　八郎大夫殿　帯のし　あふき　ふのり
四升　講中
三十四五
たかうのふん一円
廿二文目　二郎衛門殿　帯のし　ふのり
一斗三升　講中
米百文　蘆田源左衛門殿　帯のし　ふのり
一斗五升　同　大郎四郎殿　帯同
米百文　同　源二郎殿　帯同
廿目　同　市ノ助殿　帯同

さけノうを　同　源太郎殿　帯同
一斗同　石見殿　帯同
一斗五升　同　久兵衛殿　帯同
一斗五升　孫兵衛殿　帯同
一斗六升　東善寺　帯同
一斗五升　孫七郎殿　帯 のし ふのり
四十斗
今中のふん一円
□はら
五郎兵衛殿　帯 のし ふのり
五升　四郎兵衛殿　帯 のし あふき ふのり
九升　講中
一斗五升　蘆田兵殿尉殿　帯 のし ふのり
六升　講中
三升　五郎次郎殿　帯 ふのり のし
一斗　八郎衛門殿　帯同 のし あふき ふのり
五升　講中

五升　次郎衛門殿　ふのり　あふき　のし

一斗　二郎大夫殿　帯　のし　ふのり

一斗二升　上之坊　帯　ふのり　とつさり

三斗三升　蘆田源兵衛殿　帯　のし　あふき　ふのり

わた廿四文め　同　伯耆殿　帯　のし　ふのり

一斗　同　西殿　帯同

廿五文め　中大夫殿　帯同

七升五合　蘆田源助殿　帯同

七升五合　同　三助殿　帯同

一斗　同　久衛門殿　帯同

わた廿目　井の本殿　帯同

百三十斗

上村のふん一円

わた十六文め　大郎兵衛殿　帯　のし　あふき　ふのり

六升　講中

一斗四升　於松山丹後殿　帯　のし　ふのり

二斗三升　同　左近殿　同帯（のし ふのり）
□殿
わた廿四文め　同　甚五郎殿　同帯
一斗四升於　同　欽兵衛殿　同帯
三升廿四文ひた　講中
一斗四升於　同　甚次郎殿　帯同
□於　同　十郎左衛門殿帯同
わた於十八文め　玉上（カ）豊後殿　帯同
ひた二百文　同　清左衛門殿　帯同
三十斗
と田のふん一円
八升　九郎兵衛殿　帯（のし あふき ふのり）
七升　講中
わた廿目　内田源兵衛殿　帯（｜｜ ふのり）
一斗五升　同　右京殿　同帯
一斗五升　同　十衛門殿　同帯

廿目　同　善忠殿　同帯
米百文　（カ）かね山 石屋殿　同帯
三十四五
いさ村ふん一円
十六文め　権守殿　帯 のし あふき ふのり
わた廿目　講中
一斗五升　十郎兵衛殿　帯 のし ふのり
わた廿目　田ばた　同帯
八升　三郎兵衛殿　同帯
わた すこし四文め　三郎衛門殿　あふぎ のし ふのり
二升　二郎四郎殿　同
わた廿五文め　御蔵主　帯 とつさり ふのり
廿目　七郎兵衛殿　帯 のし あふき ふのり
一斗五升　講中
わた廿目　四郎次郎殿　帯 のし ふのり

廿目　二郎兵衛殿　同帯

わた十五文め　六郎兵衛殿　帯　のし　あふき　ふのり

一斗　講中

六十四五

つち村ふん一円

布一たん　田中源五郎殿　帯　のし　あふき　ふのり

一斗五升　講中

わたすこし四文め小五郎殿　あふき　ふのり

廿八文め　三郎兵衛殿　帯　のし　あふき　ふのり

一斗五升　講中

こん屋殿　此外家五十

一石四斗三升　□つ米　つち村　田中源五郎殿

五斗四升　権守殿

三十斗

帯

十八貫文　十け

廿貫文　　　　　十け
廿三貫斗　　　　十け
十貫文　　　　　五け
　めふき
二百本　　　　　七百文
百本　　　　　　四百文
三百本　　　　　一貫五十文

天正五年（一五七七）九月二十日、赤井忠家から夜久野の豪商酒屋和泉にあてた諸事臨時課役並びに徳政免除の文書が、天田郡夜久野町額田の妙竜寺に残っている。光秀との決戦を近くにひかえ、軍資金を得るために領内の金持に手厚くしたのであろう。

さて信長は、近江の安土城がほぼでき上がったので、天正四年二月二十三日これへ移った。その後毛利輝元の意を受けて、瀬戸内の水軍が大坂湾から石山本願寺へ食糧を搬入するとの情報を得た信長は、天正三年十月二十一日の講和を無視し、石山本願寺へ先制攻撃をかける。光秀は四月十四日原田直政・細川藤孝・荒木村重・筒井順慶らとともにこの作戦に従う。五月原田直政は戦死し、その他多数の死傷者があった。信長自身も五月五日京都を発し、天王寺に陣を張ったが、六月はじめ一段落ついて六日に京都へ帰る。光秀はこの時過労のためか病を得て二十三日京都へ帰り、二十六日信長は人を遣わして見舞っている。十一月こんどは光秀の妻が病み、二日吉田兼見が見舞い光秀とも会っている。

信長にとって当面の頑強な敵は本願寺、つまり一向宗徒であったが、紀州根来寺の衆徒や雑賀の豪族達が、多数の鉄砲を用意して本願寺へ馳せ参ずるので、この禍根を断とうと天正五年（一五七七）二月十五日信長は京都を出た。佐久間信盛・羽柴秀吉・荒木村重らが信長に従って雑賀に向かったが、光秀は別働隊として、滝川一益らとともに淡輪口から海上へ出、中野城を包囲して二十八日これをおとす。三月一日には鈴木持久（孫一）らを攻めてこれを降す。しかし雑賀党の再起に備えて佐野に城を築き、佐久間・明智・丹羽・羽柴らを残して信長は三月二十一日安土へ帰った。

同年八月には松永弾正久秀が大和の信貴山でそむいたので、信長の嫡子信忠・佐久間信盛が攻めた。光秀は藤孝・順慶らとともに属城片岡を攻めて陥れた。二日信忠らに協力して信貴山を攻め、十日久秀・久通父子を自殺させた。

天正四年正月、氷上郡で敗れて以来中断していた丹波攻略が再開され、天正五年十月十六日、光秀は細川藤孝とともに丹波亀山城（亀岡市）を攻めている。亀山ではすでに内藤定政が病死し、幼主をたすけて安村次郎右衛門が誘降を拒み抵抗した。しかし三日三晩の攻撃でようやく降伏する。この時光秀は内藤氏を寛大に扱って旗本に加えた。並川掃部・四王天但馬守・荻野彦兵衛・中沢豊後守・波々伯部権頭・尾石与三・酒井孫左衛門・加治石見守らも帰順して、丹波衆と呼ばれ、光秀に忠勤を励み山崎の戦いで討死にした者も多い。

秀吉が播磨攻めの任務を帯びたのはこのころで、十月二十三日に出発している。秀吉は播磨の国人の人質をとり、但馬の国朝来郡山口・岩州の城をおとし、竹田城を奪回していた太田垣土佐守朝延を追い、ここを異父弟羽柴長秀（後、秀長と改める）に守らせて、荻野直正に備えた。夜久野町高内の豪族夜久主計頭にあて、たびたび江州への通行に対し道中便宜を与えてくれたことを謝し、今後の往来についても特に頼むという書状を、羽柴小一郎長秀およびその家臣と思われる羽六正依から出している（『福知山市史　史料編一』）。日付は六月五日になっているが、年は不明である。そのころ夜久氏は秀長に通じていたことがわかる。

さて天正六年（一五七八）正月元日、北国にあって上杉謙信（この年三月死す）に備えている柴田勝家と、大坂にあって石山本願寺を囲んでいる佐久間信盛を除いて、多くの部将が安土の信長に参賀した。そこに老臣武井夕庵・林通勝の外、第一線で活躍中の大名では滝川一益・細川藤孝・明智光秀・荒木村重・長谷川与次・羽柴秀吉・丹羽長秀・金丸長進らの名が見える。天正六年二月秀吉の命を受け、賤ヶ岳七本槍で有名な脇坂安治が黒井城に至り、帰順をすすめて直正と対談した。ともに勇者であるから、心通ずるものがあったのであろう。この時直正は赤井家重代の宝物、大江山で獲れたという貂の皮を安治に贈っている。その後三月九日、直正は疔の病が重くなって死んでいる。享年五十歳であった。

三月三日、光秀は坂本を出て、まず篠山の八上城に波多野秀治を攻め、滝川・丹羽・細川がこれを助けている。しかし、なかなかたがつかないので長期戦の備えをなし、部下の明智治右衛門に仕寄を命じ自身は坂本へ帰る。

四月の初め、また滝川・丹羽らと信忠に従い、大坂の石山本願寺を攻める。

四月十日には、滝川・丹羽らとまた丹波へ入り、園部城を攻め、水の手を断って荒木山城守氏綱を降している。播州で毛利攻めの拠点として、尼子の遺臣山中鹿之助を城代として守らせておいた上月城を毛利勢がとりかこんだので、二十九日には滝川・丹羽・筒井らと播磨の国佐用郡上月城の後巻援助を行ない、ついで信忠に従い印南郡神吉城を包囲している。ところが七月六日には上月城が落ち、山中鹿之助は毛利方に降り安芸へ護送の途中殺された。

八月光秀の娘玉（後、数名ガラシア）が信長の命令で細川藤孝の息忠興に嫁す。両人ともに十六歳で細川氏の本城長岡の勝竜寺で祝儀が行なわれ、明智秀満が花嫁の轡をとって細川家の松井康之が受け取った。

九月光秀は織田（津田ともいう）信澄・細川藤孝らと小山城に長沢義遠を攻め殺し、ついで高山・馬堀の城を攻略する。

十月有岡（伊丹）城の荒木村重がそむいた。原因は家来が本願寺へ食糧を密売したことにより、信長に忠誠を疑われることをおそれ、身の危険を感じたためという。十一月三日光秀は秀吉とともに再度慰撫したが、村重はきかなかった。村重の嫡子新五郎の妻は光秀の娘であったので、この機に離縁されたが彼女はその後秀満の妻になる。十一月九日信長は村重を討つため山崎に陣を取る。光秀は一益や長秀らとともに従軍して茨木へ向かう。高槻城にいた村重の部将でキリシタン大名として名高い高山右近重友は、宣教師オルガンチノにすすめられて降伏し、茨木城にいた中川清秀も降伏し、後はいずれも光秀の組下に入る。十二月になって摂津のことは大体見通しがついたので、長秀と一益を付け城しておいて、十一日光秀はふたたび丹波へ、秀吉は播磨へ向かう。信長も二十五日には安土へ帰った。

天正七年（一五七九）二月ごろ光秀は丹波の諸城を攻めるが、二月十六日付光秀から小畠氏に与えた書状によると、当主越前は忠節をつくして戦死し、幼主伊勢千代は明智の姓を与えられていたが、十三歳になるまで森村左衛門尉が名代となることを許し、将来伊勢千代が家督を継ぐよう森村及び小畠一族に誓紙を出させている。父を戦死で失った孤児に明智の姓を与え、その家督についてこまかい配慮をしている光秀の心情がうかがえる。

二月二十八日光秀は亀山へ出陣する。

三月三日付大芋甚兵衛あての光秀の感状は、岩伏部郷での比類なき働きをほめている。

五月には氷上山城（兵庫県氷上郡氷上町）を猛攻、城主波多野宗長・宗貞父子は城を出て八幡山で挑戦したが敗れ、十五日城が落ち宗長は自殺し、宗貞は脱出して久下城に行きそこで戦死している。この戦いに参加して光秀に協力した丹波の土豪彦助・田中宮内・小畠助太夫にあてた光秀の書状は、五月六日付のものであるが、意訳すると次のようである（桑田忠親著『明智光秀』）。

わずかですが初瓜を一つ送りますので味わってください。さて敵の城については、内応者と計略をめぐらしていますので、いつ本丸が焼け落ちるかわかりません。しかしながらきめられた分担の守備体制を破って、城へ攻め込むことは一切なりません。各々分担のところを守って守備につき、こちらへ逃げて、来た者だけ首を打ちなさい。分担以外の場所へ逃げて来た者を横から奪って討ちとることはなりません。城中が焼け崩れた場合でも、三日のうちにきめられた分担の区域を占領しなさい。敵の逃げて出そうな場所をみつけて探し出し討ち殺しなさい。敵をせんさくすることをおこたり、もう戦いがすんだと思って味方の人数をまとめ休息などしていると、そのすきを見て波多野兄弟が歩卒ども五十人、三十人にまもられて切り抜け、城を落ちることもあるでしょう。ですから一方から順序よく占領して行かなければなりません。もしまた隣接部隊との間に空かん地帯ができるようであったら、前もって命令書に書いておいた人数をそちらへ割り振って督励する手はずをしておきなさい。それから城はすでに落ちているからといって、かの山へ登り、つまらぬ乱妨に下々の者がかかわるというようなことがあっては、敵を討ち洩らすであろうから、かねがね乱妨は禁止であるということを厳しく言いふれておきなさい。もし軍律にそむいた者があったら、身分の高下によらず討ち捨てさせなさい。敵対する者については、生き物であればことごとく首をはねなさい。首によっては褒美を与えるでしょう。右の趣毎日油断なく下々に言いきかせなさい。よくよく言うておいたつもりでも、そのときになってみるとなかなか一致して守ることはむずかしいものです。よろしくたのみます。恐々謹言。

実に念のいった手紙で、光秀の人柄がしのばれるし、注意深くしかもきびしく部下を指導し、作戦を進めていたことがわかる。小畠助大夫は前述左馬進の同族で、若年の左馬進の後見的立場にあった人であるし、田中宮内は『丹波志』の「姓氏部上」にのっている市内宇土の田中宮内であろう。

このころ日下部尚則の沓掛城、細野尚国の細野城も落ち、五月二十一日には福住において籾井教業・教視父子が城に火を放って自刃する。

光秀は亀岡の本目城を本営として、八上城攻めを指揮した。前年三月以来糧道を断たれてもなお降伏しないので、計略を用い城兵に城主秀治とその弟秀尚を捕えてさし出させ安土へ送った。六月二日、信長はこれをはりつけにする。光秀がその母を人質に入れて波多野兄弟の降伏を誘ったのに対して、信長は光秀がこまるのを無視してこれを殺したという『総見記』の記事は間違いであると、高柳光寿氏は考証しておられる。

さて光秀はつづいて天正七年七月十九日、北桑田郡宇津城を攻め落とす。その後鬼ヶ城を攻める。『籾井家日記』は鬼ヶ城を鬼ヶ洞城とし、城主を雲林院《うじい》国任とある。

但馬から進入した羽柴長秀が、わずか二十日間で福知山・綾部を陥れた（赤松俊秀・山本四郎共著『京都府の歴史』）のもこの頃であろうが、残念ながら明智軍との協力についても、合戦の模様についてもわからない。

『明智軍記』によると、天正六年十月光秀は藤孝とともに、宮津の一色氏をほろぼした後、十八日福知山へ参着、鬼嶽にこもる徒党、ややもすればこの辺をうろつき人々をなやまし迷惑をかけるので、これを討ったとあり、釈迦牟尼仏《にくるべ》鞁負・宇津大和守・同下総守・仁木左衛門・中沢将監・和田加衛・名倉主水・河田甚右衛門・河村助三郎以下二百余人は死し、残りはくもの子を散らすように方々へ落ちて行く。その外この日小城五ヶ所を落とし、福知山に四王天但馬守父子をすえおき、藤田藤八・御牧勘兵衛・加治石見守都合八百余騎を残し、それから氷上郡へ行き高見の赤井五郎、保月の赤井悪右衛門の城を巡見し、金ヶ坂に本陣をうつす。その夜大雪でかんじきをはいた一千余騎の襲撃をうけ、光秀の敗戦というように記しているが、もともと『籾井家日記』にしても『明智軍記』にしても、一種の物語であって、その月日といい、前後の記事といい確認されている史実にてらして疑問が多く、全面的に信用することはむずかしい。福知山に来て鬼ヶ城を討ったのも、天正七年七月のことであろう。

永禄十一年（一五六八）信長が上洛した時、とりかえして朝廷へかえしていた御料地山国荘を、その後、宇津氏がまた押領していた。天正七年（一五七九）七月十九日、その宇津氏をほろぼし再度山国荘を朝廷へさし出した功を賞され、七月二十四日正親町天皇から光秀は鎧と馬と香袋をたまわる。

七月光秀は藤孝と丹後の峰山城を攻めて陥れ、一色義有を弓木城に攻めて講和を結ぶ。

八月九日光秀は赤井忠家・直照（幸家）の黒井城を攻め落とし、斎藤利三に守らせる。この斎藤利三はもと稲葉一鉄斎の臣で、主人にうとんぜられて光秀の臣となったが豪勇できこえ、山崎の戦いで捕えられ、秀吉に仕えるよう勧められたがきかず殺された。徳川家光の乳母で、後権勢をほこった春日局は利三の娘である。

八月二十四日氷上郡寺庵中・高見山下町人中・所々名主中・所々百姓中あてに光秀から、戦いがすんだのでもとのところへ帰り住むようふれを出す（「明智光秀副状写」『円通寺文書』）。

太田牛一の『信長記』によると、黒井城陥落にあたって信長は光秀に感状を与え、「永々丹波に在国して粉骨をつくし、度々の高名名誉まことに比類がない」といい、牛一自身も「都鄙の面目これに過ぐべからず」と激賞している。

光秀は九月二十二日国領城を攻略し、十月二十四日安土に到り、縮羅百端を献じて信長に丹波・丹後平定を報告している。ここに天正三年以来約五年を費して丹波攻略を完了したのである。天正七年十一月には伊丹の荒木村重が滅ぼされ、翌天正八年（一五八〇）正月十七日秀吉は三木城に別所宗治をほろぼし播州を平定する。

天正八年三月ようやく本願寺と講和するが、本願寺攻略の総指揮官であった佐久間信盛とその子に対し、五年間の攻囲に空しく日を送ったばかりであると折檻状を与えて追放したが、その折檻状の中で光秀の丹波での働きを武功第一とし、つぎに秀吉の播磨その他諸国での戦功を称している。

このようにして近畿全体を制圧した信長は、天正八年八月二日丹波を光秀に、丹後を細川藤孝に宛行っている。光秀は近江滋賀郡五万石の外に、丹波一国二十九万石を得たのである。

四、光秀の教養と人となり

光秀は秀吉とともに信長幕下の双璧であった。秀吉は大らかで機略縦横、人心の把握にたけていたが学問といってはほとんどなかった。それにくらべて光秀はなかなかの学者であった。古典古式に通じ、筆蹟といい、文章といい、歌道といい、茶道といい、当時一流のインテリであった。茶器や刀剣の鑑識眼をもち、刀では郷義弘の脇差をことに愛蔵し、国行の刀・吉光の脇差も所持していた。また、城の縄張から兵法・剣技・鉄砲の操法にも熟達していたといわれる。御霊神社蔵「明智光秀家中軍法」（『福知山市史　史料編一』）は難解ではあるが、用いられている語句といい、書かれている文字といい、軍法の内容といい、いずれも高い教養をうかがわせるものである。十八ヶ条からなり、大要は次のごとくである。

第一条　備え場すなわち陣中においては、役者すなわち幹部とか伝令等の外は、雑談してはいけない云々。

第二条　先鋒や協力部隊が行動を決定する場合は、旗本（隊の本部）の到着を待って司令官の命令に従うべく、先鋒だけで行動を決定する必要があるときは、前もって命令を出しておく。

第三条　各部隊はその兵をまとめ、前後の部隊と離れることなく互いに連絡をとるべきこと。付けたり、鉄砲・槍・指物・のぼり・甲立・雑卒については、置き所をきまりのようにすること。

第四条　進軍に当たって馬乗つまり将校が、兵から離れて後にいるというようなことがあっては、たとえどのような場合といえども我が軍の役には立たない。はなはだけしからんきわみである。早速領地を没収する。付けたり、時によっては死刑にする。

第五条　旗本・先手とだんだんの陣だてをきめて置くからには、足軽どうしぶつかって敵味方激突し、一戦に及んでも、みんなきめられた命令をよく守るべきで、もしみだれたことをする者があったら、身分の高下によらず忽ち斬罪にする。付けたり、戦闘中命令を受けた時は、たとえどんな場合でも復命をせよ。危険をおかし比類ないてがらをたてても、規律にそむく場合は処罰をのがれることはできない。

第六条　進軍や陣地変更の際に、陣取と号して抜けがけに士卒を派遣することは堅く禁止する云々。

第七条　陣夫の運搬する荷物は京枡三斗、遠方への場合は二斗五升、人夫の食料は一人宛一日八合、領主から支給する。

第八条　軍役の人数は百石について六人を出す。百石未満の多少はこれに準ずる。
第九条　百石から百五十石の内は、甲《かぶと》をかぶったもの一人・馬一疋・指物一本・槍一本。
第十条　百五十石から二百石の内は、甲をかぶったもの一人・馬一疋・指物一本・槍二本。
（第十一条から第十七条略）
第十八条　千石は甲をつけたもの五人・馬五疋・指物十本・槍十本・のぼり二本・鉄砲五挺。
付けたり、馬乗一人の着到は二人になぞらえる。
右の軍法を定め置くが、これはかねてから戦争の経験のある者にとっては今さらいわれるまでもなく、しばらくもゆるがせにしないところである。しかし未経験の者は慎重によくよく心に思いめぐらしておけ。そこで私案の箇条を発表する次第である。自分は瓦か石ころにも例えるべき賤しい身分から召し出され、その上主君から莫大な軍勢を預け下されている以上、軍律を正さなければ、武勇も功績もないやからとなり、その上国家の穀つぶしとして公のものを掠めとるに等しく、ひかえぐるまのように第一戦の用に役立たず、予備的存在としてみんなに嘲《あざ》けられて苦しみを重ねるであろう。つまり君達は群に抜きんで、骨をくだいて忠節を励んでほしい。そうすればすみやかに主君のお耳に達すものである。すなわち明智家の軍法はかくのごとくである。

天正九年六月二日　　　　日向守光秀（花押）

軍律の厳然とした表現といい、末文に表われた切々たる心情といい、実に立派なものである。
天正二年（一五七四）七月、摂津国中島の一向一揆を荒木村重に攻めさせた時、光秀は後詰として鳥羽方面に在陣しているが、光秀から来た戦況報告の手紙を見て信長は実況を見るような心地がすると言っている。これは光秀の記述が詳細明確であり、文章が優れていたからである。

今日残っている彼の発句や連歌はけっしてわれわれを感動させるようなものではない。しかし当時の作品は全般に形骸化していたのでそれはやむを得ないことである。その時の標準からいって、幽斎（細川藤孝）や里村紹巴らと肩をならべる一流歌人であった。当時連歌の第一人者里村紹巴と親交があり、播州への出陣途中、生田森から須磨を通過した時、光秀から送った書状に、次の連歌がある。

ほとゝぎすいくたびもりの木の間哉

夏は今朝島かくれ行くなのみ哉

また、茶人とも親交があり、丹波平定の翌々年天正九年（一五八一）四月九日亀山（亀岡市）を出て奥郡へ向かう途中、方々で振舞（馳走）を受けているが、その行にお供した茶人の津田宗及の日記には次のようなことが記されている。

四月十日朝、福地山（福知山）で弥平次秀満によって七五三の膳で振舞われ、翌朝出発、途中福寿院で振舞われている。（福寿院は今日大呂にその名が残っているところから、おそらく天寧寺中の一院であろう。）福寿院においては茶屋をたて、にわかに泉水をつくって、生あゆ・生こい・ふなをはなし、七五三の膳でいろいろともてなしを受けた。

大呂を立って与謝峠を越え宮津に至り、その日は宮津で一泊。翌十二日の朝、盟友であり娘玉（教名ガラシア）の嫁ぎ先である細川藤孝一家の歓待を受けた。振舞の出席者は、惟任日向守（明智光秀）父子三人・長岡兵部大夫（細川藤孝）父子三人・紹巴・宗及・宗二・道是等である。本膳七ツ、二膳五ツ、三膳五ツ、四膳三ツ、五膳三ツ、引物二色以上七ノ膳であり、菓子むすび花にてかざり十一種であった。御酒の途中、細川忠興から明智光秀へ、地蔵行平の太刀を進上している。

十二日巳の刻（午前十時）かざり船に乗って九世戸を見物、ついで橋立文殊で振舞われる。にわか夕立があり、早速藤孝は次の句を披露した。

　夕立のけふハはハ《(刃早)》やき切戸哉

その日紹巴・光秀・藤孝で連歌があった。九世戸になへ松という松があり、それについて発句をよむ。

　う《(植)》ふるてふ松ハ千年のさなえ《(早苗)》哉　　光秀
　夏山うつす水の見なかみ《(水上)》　　藤孝
　夕立のあとさりげなき月見へて　　紹巴

その後信長の城下近江安土にいたり、四月十四日朝は宮内法印松井友閑のところでとまり、帰途十五日堅田で光秀の家臣である明智半左衛門秀貞に接待され、十七日朝からその夜留って紹巴の振舞、俳諧があり、源氏若紫の巻（源氏物語は連歌をたしなむ者の宝典である）をよまれた。

宗及は堺の財閥天王寺屋の惣領で、信長は彼を茶頭として召したのであるが、実はその財力を目あてにし、また、堺衆の統率に当たらせた。宗及は光秀の外に信長の老臣佐久間信盛や羽柴秀吉とも親交があったが、光秀とはとくに親しかったようである。永島福太郎氏は、光秀が船で彼をともない藤孝と九世戸文珠参りをしたのは、同志固めの感があるといっているが、茶人や連歌師との交りは単なる趣味を同じくしているだけでなく、情報収集や外交、それに財力をもち、軍需品調達輸送をにぎる堺商人への接近という目的があったのである。

天正八年（一五八〇）に近畿平定を終えた信長は、天正九年二月二十八日、京都上京の内裏の東の馬場で馬揃えといって、近代でいう観兵式を行なった。『信長公記』は「本朝の儀は申すに及ばず、異国にもかほどのためしこれあるべからず。貴賤群集の輩、かかる目出たき御代に生まれ合わせ、天下安泰にして黎民烟戸さざず、生前の思い出有難き次第にて、上古末代の見物なり」と記している。馬入りの順序は、一番に丹羽長秀、二番に蜂屋頼隆、第三に光秀、五番以下に信長の一族であったが、全体の奉行を光秀がしている。光秀はそのような企画の才にも秀でていたのである。

光秀の妻は『細川両家記』によると、妻木勘解由左衛門範凞の娘であり、『兼見卿記』によると、天正四年十月十四日光秀は妻の病気平癒を姻戚の吉田神社神主兼見のところへ依頼に来ている。また、その二十四日元気になったということで、非在軒という者を遣わし、銀枚をもって礼をのべさせている。所伝によると、夫妻仲は大変むつまじく、山崎合戦の後、坂本城において光秀の妻は子供や秀満夫妻らとともに自殺している（『川角太閤記』）。

光秀の子供に関して確実な記録は、明智秀満の妻・信長の甥織田信澄の妻・細川忠興の妻の三人と、十五郎という男子、それに名のわからない小児と五人である。一人の子が筒井順慶の養子になったというのは間違いのようである。忠興の妻玉はキリシタンに帰依しガラシア夫人といわれたが、関ヶ原の戦いの際、大坂に居住し、石田三成が人質として招こうとしたので、夫の立場を束縛することを案じて自害した。このことは古来貞節の行為として喧伝されている。山崎合戦当時日本へ来ていた耶蘇会士フロイスは、一五八二年十一月五日（天正十年十月三日）の書状で、「坂本落城の際明智の二子はそこで死んだという。長子は十三歳で、欧州の王侯とも見えるような優美な人であった。彼らは今日までも現われないから、噂通り死んだのであろうと思われるが、逃げたというものもある」と記している。これは前記十五郎のことであろうか。ガラシアの人柄と思いあわせ、光秀やその妻の教育なり、光秀の人物を間接にしのばすものである。

同じ書状の中でフロイスは、光秀のことを次のように言っている。「信長の宮廷に、明智という賤しい生まれの人があった。彼は信長の治世の始めには一貴族の家来であったが、その努力と知慮により、大いに用いられるに至った。彼は諸人に喜ばれず、反逆を好み、残酷な処罰を行ない、戦争に巧妙で策略に富み、心勇猛で築城術に達していた。それで賤しき歩卒であったが、信長は後に丹波・丹後の二国を領せしめ、また、比叡山の大学の全収入をも与えた。この収入は他の一国の半に超えた云々」と。

光秀は国文学や古式にくわしく、神祇伯吉田家とも親しかったし、日本の伝統文化をよく身につけていた。また、京都の禁裏寺社奉行として、僧侶や神主をかばい、信長の保護を得てとかく行き過ぎ勝ちのキリシタンを規制した面もあったので、宣教師からの評判はよくなかったかも知れない。妻の病気平癒祈願を吉田兼見に依頼しているが、一方寺を焼いたり、石塔を築城のために運び去ったりする旧物破壊の合理主義者である。それでこそ信長とウマが合って、あれほど出世もした。『老人雑話』に、「仏のうそは方便といい、侍のうそは武略という。百姓はかわいそうなものだ」と光秀が言ったというが、リアリストでなければこんなことは言えない。一般的に保守主義者のように言われるが、それは信長を倒した時、一時保守派の勢力を利用したためらしい（高柳光寿氏説）。

光秀は古いものにも通じていたが、時代をきり開いて行く革新的武断政治の推進者であった。しかし信長のような酷薄さはなかった。降伏した丹波の武将達もよくその徳になびき、忠勤をはげんだようである。フロイスの批評とは正反対であるが、桑田忠親氏は「光秀は対人関係すこぶる円満で、主君信長の指令の強烈さをやわらげる働きをしてきたことを、信長自身もみとめ、大いに光秀を抜擢登用してきた」と言っている。ことに将軍義昭との接触には、将軍の家臣でもあった光秀の人柄と才幹を十分活用した。

Ⅲ　光秀の支配

大槻昌行

一、福知山での事蹟

天正七年（一五七九）八月九日、黒井城が落ち赤井氏が滅んだが、光秀が信長から正式に丹波を宛行われたのは翌八年八月二日である。天正十年（一五八二）六月十三日光秀が山崎の戦いに敗れるまで、まる二年たらずの間、この地方が光秀の支配を受けた時期である。その支配がどのようなものであったかについては、まことに史料が乏しくて説明することができない。

戦争中地侍や僧侶の反抗があったためか、各地で光秀が寺を焼いたとか、墓石を持ち去って福知山城の石垣を築いたとか言い伝えているが、丹波平定後は寺社領を寄進したり、禁制を掲げてこれを保護したり、市場を開いたりして民心の安定をはかっている。天寧寺に残っている判物（『福知山市史　史料編一』）は、天正八年二月十三日付光秀のものと、同九年十月六日付弥平次秀満のものである。福知山地方でも天正七年八月二十四日氷上郡の諸寺庵・高見山下町人・所々の名主百姓あての文書と同様のものが出されて、戦争で離散した人々の還住が勧められたことであろう。

由良川の流路をかえ、横山氏の拠った福知山城をも拡張整備して、城下町の基礎をきずいたのも彼ではなかったろうか。

『威光寺文書』の「寺社改ニ付一札」（『福知山市史　史料編一』）に述べている里老茶話は、当時の社会状況を知る上で興味を引くと思うので、意訳して紹介する。

天文・永禄（光秀の丹波支配より二、三十年前）以前は、御地頭方はだんだんに領地を兄弟に分割して相続されたので、御小身になられ、その上軍役がたびたびかかってきたので、困られて領地をつぎつぎに売りはらわれた。はじめは御一族であると他人であるとにかかわらず、高値に買い取ってくれる人に売り渡されたが、後にはそのようなことは禁止され、御領分内の人に対してでなければ売り渡しができなくなった。したがって安値で名主等に売り渡し、それを買い取った者は侍にしてもらった。それ以後さらに出世して地頭と縁つづきになる者もでき、地頭と同格になったので、一邑に五人とか七人とかの地頭ができた。はじめは名主職の者が一邑の年貢をとりたて、各職の得分に応じて分配納付し、最後の勘定を御本所へさし出して勘定をすませた。ところがめいめいの知行ごとに名主をたて、百姓もそれぞれの知行ごとに名主に分属することになり、一村（邑より小地域で今日の字ぐらいか）にも五人七人と名主ができた。地頭方はその名主どもを召しつかって、てがらがあると侍にとりたてたので、百姓の中に大分侍ができた。それから多勢の地頭方が田普請をはじめて、遠くに井堰を設け、溝を掘って灌漑工事を行なったので、施行・用水の管理・水の分配等に関してのもめごともでき、身分の別が乱れて来た。これは末世のしるしである。

天正年中に明智光秀殿が、丹波全体を平定され、郡主村邑の主に限らず、従来の支配者達を追放して浪人となし、天正七年秋所々へおふれを出して次のごとくいわれた。

「昔より丹波は地頭の多い国であると主人信長公から聞いていたが、今日みな追放した。これは今までの悪政をやめさせるためである。しかし足利将軍から代々の御判をもらっている地頭については、その趣を願い出たならば、いくらかの領地を残してやる」と申し渡した。その外、守護であった細川家・山名家あるいは土豪の久下・波多野などが、勝手に宛行っていた領地または買い取った領地を持つ者は、盗人同様厳しく処罰する。足利将軍の御判を持つ場合については、正当の領地とみとめる。たとえ敵対した者でも、戦後引退の上お願いする時は、無慈悲な扱いをしないように代官に申しつけてある。

郡主・領主近年肩をいからし肘をはって、国税をとり食らい、皇室への勤めもせずにいたのを、主人信長がついに上洛し、天皇を尊崇し、御所を修築し、御料米・御日用の品々を奉納し、近国の郡主・領主に伺候するよう布告したけれども出仕しない。天下みな天皇の土地でないところはない。その土地に生まれながら、不正を行ない国税を盗んで自分のものとし、人民を酷使し、神社領をかすめ、自分はぜいたく三昧《ざんまい》している。そこでたびたび手紙を出し、京都へ伺候するよう申しつけたけれども承知しない。やむなく討手をさしむけたところ、波多野・久下・長篠《沢》・赤井・酒井・内藤・加藤・須藤等、たがいに協力して敵対したので攻め敗った。この丹波において、天皇に忠義の諸士方で悪い旧領主達に押し込められ、国人ないし被官のようにして臣事し、残念に思っておられた人も天運開ける時節と思われ、申し出られ幾分かの領地をとられ、その上さらに忠義の軍功があった時は、ますます家運ひらけ、繁昌の時節になるであろう」と。これによって、足利将軍御代々の御判のある本所は、引きつづき領地を安堵されるよう願われ、検討の上幾分かの領地をもらわれた。このあたりでは金山殿・桐村殿・夜久殿などがその例である。

さて村々に御吟味があり、検使が巡廻された。土地の収穫量を検討した上、高千石ずつに組み合わせ、千石を一邑と定めて一人の名主を、万石に一人の代官を置かれた。これはみな土着の有力者を任ぜられた。これを千石からみという。その上で制札をたて、年貢以外は少しもかかり物はない。すべての百姓は安心せよ。また軍用等について臨時に賦課する場合は、割判の証文で命令するから、割印証文がない時はどこから言って来ても承知してはならぬ。もちろんどの村も倹約を守り、奢りがましいことはやめるようきまりが出た。前代より明智殿平定後の方が、侍と農民とのけじめがはっきりし、礼儀もでき上下おさまり、安定したように思うと語り伝えている。天正七年明智殿国中を平定され、福知山城を御普請になり、石塔などを運ばせられた。この時今安寺中や威徳寺中がつぶれた。これは平定の時両寺の僧侶に敵対のようなことがあり、にくしみもあったように申し伝えている。威光寺へは軍使妻木某殿が多勢の人夫を連れてこられつぶされた。住持が妻木殿に対談したところ、住持も妻木殿もその主人明智殿も、互いに美濃の国生まれということで懐かしく因縁も深いので、よろしく取りはからうということになり、この寺はたておかれることにきまった。ところが、それまでに六院と本堂の縁廻りはとりつぶされていた。そこで取りつぶした材木を人夫どもにとりのけさせ、庫裡をたて住持はそこへ住まわれた。そのあくる月福知山へ住持を呼び出し、寺内の山林竹木を切ったり狼籍したりしてはならないとの禁制を免許する旨仰せ渡された。

その時もらった添状の写しは、天正七年九月十五日付で藤権と署名がある。つまり藤木権兵衛が城代であった。

以上『威光寺文書』からみると光秀の支配は信長の支配であり、それは勤皇を旗印として、旧土豪の悪政を強く批判し、所領を一応没収したが、幕府からの沙汰書があるものについては、勘忍領として安堵したということであり、以前よりも税を軽くして人心の収攬をはかったものと思われる。

光秀は天正七年二月十八日、多紀郡宮田鍛治次郎太郎と矢代鍛治与五郎に対し、諸役免許の文書を与えている。武具製造の職に対してはこのように特別の保護が加えられた。

福知山城の修築について、山口加米之助氏は「本記福知山城其一」（『天田郡志資料　下巻』）に、天正四年（一五七六）十一月二十一日起工、同六年（一五七八）十一月四日竣成、城匠は播州与川谷日原某と記しておられる。城の石垣に必要な石は領内に割り当てて運ばせたものと見え、後世、伝承を記した『天津文書』（『福知山史料集第八輯』福知山史談会）によると「三里斗り間迄も村々の墓所・石塔皆々取て天守台・石垣につむ又大石ハ山々にて掘出して引取近隣の寺々堂塔を皆引崩して引取是を建て城とす　又同国何鹿郡栗村の上野にて此所七堂加《伽》藍の寺有　同郡志賀村金丸親王『麻呂子ナリ』の御手蹟（中略）又牧村大谷山観音堂」も城の用材になったとある。

信長の命により正式に丹波を領有した直後、天正八年二月十三日には天寧寺に対し、いままで通り諸式免許し陣取ならびに竹木等切りとることをかたく禁止し、同九年十月六日には秀満がさらにそれを確認している（『福知山市史史料編一』）。戦争中、寺自身が反抗したり、敗残兵がたてこもったりして、方々で寺を焼却したり破壊した後、平時に入って民心を安定し秩序を守るために寺社を保護する必要があったし、犠牲者を弔う意味もあったろう。

二、地子銭の免除と御霊会の由来

光秀の支配は当然信長の方針に沿うたものであり、その信長も戦国時代末期、それぞれの地域に政権をうちたてていた群雄と同一の路線を一そう徹底させ、さらに広範囲に広げたものである。つまり楽市・楽座によって城下町の繁栄をもたらし、各地で通行税を徴していた関所を廃し、橋をかけ道路をよくする一方、重層的土地支配を単純化して耕作権を保証し、城の防衛と領国の発展に必要な人と富とを城下へ集めた。このことは当然物資の流通を盛んにし、一般商人の営利活動を促すものであった。

　徳川時代には逆臣として悪評の高かった光秀を、福知山では「御霊さん」といって商業の神様として親しみ祀っていることについては、それ相応の理由がある。宝永二年（一七〇五）僧白竜の書いた「明智日向守光秀祠堂記」（御霊神社蔵）によると、「逮于天正壬午六月二日　啓達於洛陽　使当邑一千余家免税賦俗曰地子」とある。すなわち、本能寺に信長を殺し天下を掌握すると、ただちに福知山千軒の地子銭（屋敷にかかる税）を免じたというのである。『川角太閤記』に「惟任（明智の外にこの姓あり）日向守儀今日より天下殿に相成候間、洛中の地子銭を御免被成候と町にふるるにこそ、明智殿の謀反とはしれ申候云々」とある。また、『増補筒井家記』に洛中洛外の地子銭免除のことが見えている。他方農村においても光秀の頃同様の施策が行なわれたと思われる。

　光秀が人心安定のためまず行なったことは、百姓のもっとも関心の深い租税制度の改善であり、これを軽減し、単純化し、公正化することであった。また、「従来の領主・郡主は近年肩をいからし、ひじを張って国税を食い取り、朝廷への勤めもなかったが、信長公上洛を遂げ、天子を尊崇し、禁裡堂上を修覆し、御扶持御賄品々を奉納した云々」と新政権の大義名分を高く掲げて人心刷新をはかった。

　支配者の交替とともに、福知山城の修築その他の労役が、百姓達の肩へ重くのしかかってきたことと思うが、新しい時代への希望が見えはじめ、光秀の支配は前代の古い政治と比較して善政として大衆の評価を得ていたのではなかろうか。

「万延の強訴（市川騒動）」の発端になった市川儀右衛門の参謀として辣腕を振った関三蔵は、その後『大邇波記』の筆写その他重要記録を多く残しているが、明治二十六年七十九歳の時書いた『御霊神系略』がある。その中の「社記」を口語文に直すと次のようになる。

いにしえ榎木の下に小さな祠があり、宇賀御霊神を祀っていたが、その祠へ光秀侯神を合祀した。社の屋敷は八間に十五間、松の下の小さな祠である。この地は課税地で高十二石、年貢は町中すべての地主が分担して出した。古書によると『小さき森の下に稲荷社（稲荷は宇賀御霊と同神）を祭る。近ごろ宝永年中諸人申合わせ、光秀神在城のころ町家地子銭免許なされた。その御恩に報いるため常照寺の住職日遙に勧請していただいた。人々は御霊さんと唱え、八月十八日会式を行ない、子供相撲を催し、拝礼していたが、会式賑いは十里四方より参詣者が集るほどになった。当日相撲、前夜に作り物など出し（朽木侯御記録御霊会元文二年（一七三七）に始まる）、また、常照寺二十四世日峰上人発願ともいう。俗説では常照寺旦越奈良屋喜右衛門方の鎮守であった御霊神を、常照寺上人と謀って御霊社へ勧請した云々と。ところが元禄十三辰年（一七〇〇）五月二十七日、町中大火災、丸之内へ飛火し五軒ばかり類焼、お城も危うく殿様も桜の馬場へお立退きになった由、この火災のため常照寺二十六世日遙上人、先々師の志を継いで御社を勧請し、法号長春殿前丹江大守兼呂州刺史明窓玄智日光大禅定門、時まことに宝永二乙酉歳（一七〇五）八月十日　崇敬』と同記録に出ている。

明和年中（一七六四～一七七一）火災除けのため秋葉大権現を合祀し、次いで雷除けのため北野天満宮及び役《えんの》小《お》角《づぬ》を祀る云々。

直接には元禄十二・十三年の大火、同十六年の地震が光秀の怨霊のしわざであると恐れて、御霊会が始まったものと思うが、すでに奈良屋においてこれを家の鎮守と崇めていたことを思うと、当時町民の間に、光秀の城下町保護政策に対する感謝と、悲運の最期に対する同情が語り伝えられていたのではなかろうか。

祭礼の日を収穫を前にした農閑期とし、娯楽の少なかった当時、町在の人々が待ち望んだ楽しみの日であり、商人にとっては大切なかせぎ時でもあった。

三、明智弥平次

大呂天寧寺に天正八年（一五八〇）二月十三日付光秀の判物に次いで、天正九年十月六日付弥平次秀満の判物があり、書き下し文に直すと次のようになる。

当寺ノ事光秀判形ノ旨相違無ク　諸色免許セシメ訖《オワ》ンヌ　其ノ意ヲ得ラレ覚悟ニ任セラルベキ者也　仍《ヨッ》テ件ノ如シ

天正九　十月六日　　　　明智弥平次秀満（花押）

天寧寺納所禅師

前年には光秀自ら諸式免許・陣取竹木剪取停止の判物を下しながら、九年に秀満がさらにこれを確認している。当地方が光秀の直轄から秀満の支配に変ったことを示すものであろう。天寧寺にある牧常右衛門所持「御領主様暦（歴）代記」によると、秀満は天正九年から十年まで在城とある。後世福知山音頭に、「福知山出て長田野越えて、駒を速めて亀山へ」と歌われた光秀の家臣四王天政孝が、福知山城代であったというのは秀満の前のことであろうか。また、『丹波国福知山領伝記』（『福知山史料集第四輯』福知山史談会）には、弥平次の前の城代は藤木権兵衛と記されている。

光秀の娘でガラシア夫人として有名なお玉は細川忠興の妻であるが、その小姑は洛東吉田の神祇大伯兼見の妻である。吉田兼見はこのような姻戚関係で光秀と親しかったので、光秀が天正十年（一五八二）六月天下を取ると勅使となり、光秀のいる安土城へ下向するが、彼の日記は当時のことを知る上に信憑性の高い史料である。その日記『兼見卿記』によると、天正十年六月二十九日、光秀の死後十六日して秀満の父が丹波横山で捕えられ、七月二日京都の粟田口で磔にされている。横山とは福知山であろう。『言経卿記』にこの時六十三歳であったというから、その子秀満の年令が推測できる。『細川家記』所収の「三宅家記」によると、秀満の父は天正のころ亀山（今の亀岡市）におり三宅出雲といい、光秀の従者であった。秀満の妻は光秀の娘で、ガラシア夫人の姉に当たるが、初め荒木村重の息、村安に嫁していた。村重が信長に背いた天正六年ごろ家に帰り、秀満と再婚したもようである。

秀満は智仁勇を兼ね備えた名将として語り伝えられ、山崎の戦い当時安土城を守って東方諸将に備えていた。光秀の敗戦を知ると、安土城を焼いて光秀の本城坂本に向かったといわれるが、当時日本へ来ていた切支丹の宣教師ルイス・フロイスが耶蘇会総長に宛てた年報、及び『兼見卿記』によると、安土城焼失は秀満が去って後のことで、その後ここを占拠した織田信雄の時である。

山崎の光秀を救援に向かった秀満は、すでに乙訓の勝竜寺城に光秀を破って大津に達していた秀吉軍の先鋒堀秀政に前途をさえぎられた。秀満は決戦を避け防戦しつつ、瀬田から琵琶湖の浜伝いに坂本城に入った。この時名馬に跨り湖水を渡ったとも伝えられている。坂本城は当時畿内において安土に次ぐ立派なものであったが、光秀の死を知って防戦の無意義を悟り、荒木山城守を始めとする丹波衆その他付傭の武士には金穀を与えて厚く謝し落ち行かせ、城中にあった名宝は目録を添えて攻囲軍に贈り、光秀の二子は家臣のおもだったものとともに自害したと伝えられる。一方光秀を悪評している『耶蘇会の日本年報』は落城の模様を次のごとく報じている。

兵の多数が城より逃げたので、彼の殿（弥平次）及び他の武士等は敵軍の近づいたことを見、また、第一に入城したのがジュスト（高山右近の数名）であることを見て、高山右近此所に来たれと呼びかけ、沢山の黄金を窓より海に投じ、次に塔（天主閣）の最高所に入り、敵の手に落ちずといい、内より戸を閉じ、まず婦女及び小児を殺し、次に塔に火を放ち、彼等は切腹した。

あるいはこの『耶蘇会の日本年報』の方が真実に近いかも知れない。

四、本能寺の変と山崎の戦い

天正十年（一五八二）六月二日の夜明け方、光秀が京都六角油小路（現在の中京区本能小学校付近）にあった本能寺に織田信長を急襲して、これを殺した動機については、昔からいろいろと語り伝えている。

信長は傲慢冷厳な人であったので、光秀はつねづねその酷薄な仕打にたえていた。たまたま、武田攻めの後駿河一国を賜った御礼に、安土を訪問することになった徳川家康の接待役という栄誉ある役を命ぜられた。ところがその際主従意見の衝突をきたし、光秀はひどい辱めを受け接待役を免ぜられ、その上中国攻略の応援に赴き後輩の秀吉の下に属するよう命ぜられた。これを恨んでそむいたとよく言われるが、高柳光寿氏は、家康の接伴役罷免よりも、四国長曽我部氏誘降の任に当たっていた光秀をさしおいて、織田信孝を長曽我部討伐に向かわせたことにより、信任が失われたとして不安に思っていたことを重く見ておられる。怨恨説が生まれるに至った理由として、五月十四日の『兼見卿記』を挙げておられる。すなわち、「徳川、安土に逗留の際、光秀は休暇中であったので、信長から仰せつけられて接待にあたったが、その用意馳走は大変なものであった」と。上記の言外に、光秀の中国応援に対する同情の念がうかがえる。この気持は兼見一人の気持ではなく、当時多くの人々の気持であった。これがやがて光秀が信長を恨んでそむくに至ったとし、いろいろの憶説を生んだとする説である。

次の説は「敵国滅して謀臣亡ぶ」の例に洩れず、近畿平定が一段落すると、すぐ追放された佐久間信盛父子や、老臣林佐渡守通勝のことを思い合わせ、また、日頃信長の残虐な行動にかんがみ、いつかは我が身に及ぶであろう危険を感ずるようになった光秀は、機先を制して信長を討ったとする説である。

今一つは出自も明確でなく、低い身分から身を起こし、転々と主人を換えた光秀は、弱肉強食、下剋上の世に処して、当然のことながら他の群雄同様、いつかは天下に制覇したいとの野心をもっていたとする説である。

桑田忠親氏は、光秀が早くからみずから天下取りになる程の抱負と野望をもっていたとは思えないとし、ポルトガルの宣教師ルイス・フロイスの『日本史』（松田毅一氏訳）に述べる家康饗応の準備中、信長が光秀をいたく辱めたという記事により、従来の俗説はかなり史実に近いのではないかと再考していると書いている。信長の性格・行動から類推するのに、昔から多くの書物が伝えるごとく、信長はたびたび武士としての光秀の面目をきずつけることがあったやも知れず、信長の本能寺宿営はかねての屈辱をそそぐのに、絶好の機会と考え、にわかに思いたったとしている。

また、『明智軍記』の伝えるごとく、急に丹波・近江を召し上げ、未征服の出雲・石見を与えてさしづめ備中救援を命じたことも事実であろう。天正十年（一五八二）五月十四日付で、織田信孝から、光秀を無視し直接丹波国衆に対して四国討伐に参加せよとの命令書が発せられているが、これは光秀から召し上げた丹波を信孝に与えることを伝えたものとみえる。今までの領土を召し上げられ、毛利氏と戦って出雲・石見を取らなければならない窮地に追い込まれた光秀は、自己防衛策として信長にそむいたとするのが、桑田氏の説である。

最近、小説家富永滋人氏は、正親町天皇第一皇子誠仁親王が、本能寺の変の直後安土城の光秀に対し、吉田兼見を遣わして進物を下していること（『兼見卿記』）、天正九年三月信長を左大臣に任じようとした朝廷に対し、信長は正親町天皇譲位の後拝命すると奏請し（『御湯殿上日記』）、さらに同十年五月四日太政大臣に任ずる勅使下向にも答えず黙殺したこと、同年同月信長は自分の誕生日を聖日とし、自らを神体であると宣言して驕慢の極に達した（『耶蘇会の日本年報』）日から、十九日後信長は殺されていること、誠仁親王は天正十四年（一五八六）七月三十五歳で急死し、その五ヶ月後秀吉が太政大臣に任ぜられていること等から、光秀の反逆はあらかじめ誠仁親王との間に黙契があったとされている。以上のようにみてくると、少なくとも朝廷内において信長誅伐が歓迎される情勢があったことは確かである。

天正十年五月十七日、中国出陣の命を受けた光秀は、一たん本拠近江の坂本城で装備を整え、二十六日坂本を立って丹波亀山城（亀岡市）に入り、二十八日愛宕山に参籠した。この時前述の百韻連歌の会を催し、「ときは今天が下知る五月かな」と詠じて神明の加護を念じたと伝える。

時に信長の諸将は備中・越中・四国等各方面に戦って身動きならないはず、家康は堺に旅行中、当の信長は京都に無防備で仮泊中といった状態で、信長打倒には絶好の機会であった。五月二十九日弾薬等荷物をあらかじめ西国へ発送し、明智弥平次・斎藤利三ら主だった四、五名だけに決意を告げ、一万三千の兵を率いて老ノ坂峠を越えたが、中国方面への道はとらず、桂川を渡ったので軍兵は不審をいだき、信長の閲兵を受けるのだとか、信長の命令で家康を討つためだとか噂し合っていたが、にわかに本能寺襲撃を命じた。本能寺は他の日蓮宗寺院同様濠と塀をめぐらし、一応の防備を備えていたが、信長の宿所として修理を加え、付近の民家を他所へ移し、殿舎や厩を設け、さながら一小城郭の観を呈していた。しかし所詮は仮の宿営で、警護の武士も少なく、不意の襲撃であったのでたちまち落ちて、信長は四十九歳を一期に自殺し、寺は火焔に包まれ、彼の遺骸は見つからず、近臣ら七、八十名もこれに殉じた。

嗣子信忠は、前夜おそくまで本能寺において父や村井貞勝以下の近習と歓談し、鞍馬口新町の妙覚寺に泊っていた。急変を聞いて救援に赴こうとしたが、攻囲軍にへだてられ、宿所の防備不十分とみて二条御所に逃れた。当時この御所には皇太子誠仁親王父子が住んでいたが、信忠は戦禍が皇室に及ぶのをおそれ、御移座のことを光秀に申し出、光秀もこれを快諾して御移座になったという。信忠は防戦に努めたものの衆寡敵せず自殺した。時に二十七歳であった。この戦いは光秀にとって主殺しという不評の戦いであったにかかわらず、部下に離反者を出さなかったのは主将光秀の統率力、彼の日常生活態度、部下に対する愛情を知り得て、彼もまた非凡の人物であったと高柳光寿氏は述べておられる。

急変を聞いた羽柴秀吉は毛利輝元と和し、岡山の高松城の囲みを解いて急ぎ光秀攻撃に向かうが、変後十一日目の六月十三日には早くも明智・羽柴の両軍は遭遇している。光秀は北陸・東海方面にあった信長の諸将に対して、防備の兵も出さねばならず、全兵力を秀吉との戦いに向けることはできなかった。とくに細川藤孝は長年もっとも親しかった友であり、光秀の娘の嫁ぎ先でもあるので、坂本から京都へ入った六月九日早速光秀は藤孝に書を送り、戦勝の暁には摂津を、さらに望むなら若狭・但馬も与える。近国平定の後自分は隠退して政務を息十五郎および藤孝の子忠興に譲るといって誘ったが、藤孝は反って秀吉に通じた。光秀はこのように組下の細川藤孝・筒井順慶・池田恒興・高山右近らすら味方にできなかった。池田も高山も京都・大坂間に位置して、光秀と秀吉の接点を占めていたが、秀吉はいち早く行動してこれらを押えてしまった。光秀は最初下鳥羽に本陣を置き、乙訓の勝竜寺城とその東南淀城を固め、その南方に展開した。当時最も多く鉄砲を装備し、軍紀の上でも厳正な両優秀部隊の激突であったが、光秀軍は数時間で包囲され、勇将斎藤利三等の奮戦も空しく壊滅した。

光秀は生き残ったわずかの兵とともに、伏見大亀谷から醍醐を経て、妻子の住む坂本城へ向かう途中、小栗栖で所持していた黄金を奪おうとする土民によって槍で刺され、まもなく自害した。時に五十五歳といわれる。『耶蘇会の日本年報』によると、溝尾勝兵衛尉が介錯して、その首を溝に隠していたが、土民が見つけて織田信孝に捧げた。信孝はそれを遺骸とともに市外で十字架にかけたとある。『兼見卿記』には村井貞勝が光秀の首を得て本能寺跡に梟したとある。当時光秀の長子光慶は亀山城にいたと思われるが、「十三歳で欧州の王侯とも見える程優美な人であった。彼等は今日まで現われない故、噂の通り死んだのであろうと思われるが、逃げたという説もある」と『耶蘇会の日本年報』にある。また、堺から上洛した宣教師は、この戦いの五日後、午後の間だけでもまだ淀川に五百以上の死体が流れていたと報じているが、戦争で互いに殺し合った後に、なお敗残兵の武具や馬をねらって蜂起する土民達の暴状が察せられる。同様に丹波攻防の四年間においても、あまた無名の人々が、罪なくして犠牲になったことであろう。

Ⅳ 明智光秀の丹波統一

仁木　宏

一、明智光秀の出自と台頭

義昭・信長との出会い

中世の亀岡に終止符をうち、近世亀岡の基礎を築いたのが明智光秀である。

光秀の出自、生年などについて、確かなことはわからない。美濃国の守護であった土岐氏の一流で、恵那郡明智城（岐阜県恵那郡明智町）城主の子という伝承がある。親類が美濃にいるので（『兼見卿記』）、美濃国と縁があったことはまちがいない。足利幕府（将軍）直属の家臣の名前を書き上げた「永禄六年諸役人付」（『群書類従』二九）の足軽衆の中に、「明智」の名がある。これが光秀の一族だとすれば、明智家は代々幕臣の家柄ということになる。

永禄八年（一五六五）五月、将軍足利義輝が、三好三人衆・松永久秀らに暗殺された後、奈良興福寺一乗院にいた覚慶は近江国にのがれ、足利義秋と名乗って幕府の再興を訴えた。しかし、上洛を果せないまま、永禄八年、足利義昭（義秋から改名）は戦国大名朝倉氏を頼って越前国へ移動してゆく。一般に、光秀は朝倉氏に仕えていたが、義昭が越前に移ってきてから義昭の家臣になったといわれる（『綿考輯録』）。たしかに、朝倉氏と美濃国との関係の深さを考えれば、美濃の武士であった明智氏が何らかの契機で朝倉氏に仕えていたと考えられなくはない。しかし、「永禄六年諸役人付」を参考にすると、越前に落ち着いた義昭の元へ、浪人していた元幕臣明智光秀がたどり着いたという可能性も否定できない。なお、光秀が死亡した時の記事の中には、光秀が細川藤孝の中間であったとするものもある（『新修亀岡市史』資料編2近世編（領主編・広域編・地域編）104。以下、領主編とのみ記す）。

永禄十年、尾張国から美濃国岐阜（岐阜市）に進出した織田信長は、同十一年、上洛の大義名分を得るため、越前国から将軍候補の足利義昭を呼び寄せることにした。この時、光秀が信長との交渉の場で活躍したとする史料もあるが、確実ではない。信長の事績を比較的正確に記している『信長公記』においても、信長上洛まで光秀は姿をみせない。ただ、信長の上洛直前には、光秀は頭角を現しており、信長がその才能を高く評価していたことはまちがいない。

畿内での活躍

永禄十一年（一五六八）九月、織田信長は足利義昭を擁して上洛した。当時、畿内とその周辺は三好三人衆によって支配されていたが、圧倒的な信長軍の前に、十分な抵抗もできないまま、三人衆は本国阿波に引き退いたらしい。光秀が確かな史料に顔を出すのは、この上洛直後からである。永禄十一年十一月十四日、村井貞勝とともに、上賀茂惣（上賀茂郷惣中）に対して、上賀茂社安堵の意志を伝えているのが光秀の初見である（吉田文書『増訂織田信長文書の研究』）。この後、光秀は、京都とその周辺の政務について、信長の有力武将に交ってかかわりはじめた。すなわち、信長の家臣としての側面をもつようになったのである。

一方、義昭に仕える幕臣としても光秀は姿を現す。永禄十二年正月、京都にいた義昭は三好三人衆方に急襲されたが、この時、光秀は義昭を守って戦っている（『信長公記』）。また同年十二月、大坂の本願寺顕如は光秀に書状を送り、足利義昭との間の取りなしを依頼している（「顕如上人御書札案留」『真宗史料集成』）。また、元亀二年（一五七一）七月には、幕臣上野秀政と連名で信長からの命令をうけている（曇華院文書『増訂織田信長文書の研究』）。そして元亀三年四月には、公方衆として河内国に出陣している（「永禄以来年代記」『続群書類従』二九下）。

さらに永禄十三年正月には、光秀と朝山日乗が連名で、信長から義昭への要求書をうけている（成簣堂文庫所蔵文書『増訂織田信長文書の研究』）。これは、信長から義昭に対する要求項目を書き上げたもので、義昭自身は袖判を押して、内容を確認している。このことは、光秀が日乗とともに、信長と義昭の間で中立的立場に立つことができたことを示している。つまり光秀は、信長と義昭に両属していたといえよう。

近江坂本城主

この頃、光秀は山城と近江南部に所領を与えられていた。元亀元年（一五七〇）以前、光秀は義昭から山城国下久世荘（京都市南区）の権利を与えられていた（東寺百合文書）。また山城国愛宕郡も支配地として義昭からもらったようで、磯谷・渡辺らの国衆を家臣としている。

また元亀元年冬以降は、信長の命令で近江志賀城（大津市）に入っていたらしい（『兼見卿記』）。元亀二年九月、比叡山延暦寺が信長によって焼き討ちにされた後、光秀は比叡山の東麓にあたる坂本城（大津市）を本拠とし、延暦寺領を没収するとともに、志賀郡堅田衆や高島郡など湖西の武士たち、また栗太郡勢田の山岡氏など湖南の武士を家臣として編成していった。

しかし、信長と義昭の対立が深まる中で、元亀二年の末頃には、光秀は義昭から離れ、信長の家臣に専心することを決めていたものとみられる。天正元年（一五七三）二月、義昭が挙兵すると、光秀は柴田勝家らとともに、義昭方の近江石山城（大津市）を攻め、さらに洛中に進撃した。同年七月の義昭の再起の際には、山城槇島城（宇治市）に義昭を攻めた。なお、光秀の与力であった北山城の国衆たちは、この時、義昭に応じて光秀に敵対していた（『信長公記』、『兼見卿記』）。義昭追放後には、信長から近江の木戸（滋賀県滋賀郡志賀町）・田中城（同県高島郡安曇川町）を与えられ、光秀の勢力圏は高島郡にも伸びていった。

その後、光秀は近江坂本城を本拠地として、畿内各地を中心に活躍する。光秀の主要な任務の一つは、京都支配であった。これは京都所司代である村井貞勝と組んで行ったもので、洛外の権門寺社領の安堵が中心であったが、吏僚としての光秀の優秀さに基くものであろう。光秀は、信長が伊勢長島（三重県桑名郡）や三河長篠（愛知県新城市）などの著名な戦場に出かけている時、畿内に残り、大和や摂津などの戦線で活動していた。光秀が畿内の戦況を伝えた報告に対して、信長は、「光秀の書状は中身が具体的で、目の前で見ているような気がする」と褒めており（細川家文書『増訂織田信長文書の研究』）、信長の光秀に対する厚い信頼がうかがえる。天正二年には、信長の命令によって、光秀は二人の娘を、細川忠興（藤孝の子）と津田（織田）信澄（信長の甥）に嫁がせることを約束したという（『綿考輯録』）。光秀にとって、まさに順風満帆の時代であった。

三河長篠の戦いで甲斐武田軍を破った信長は、天正三年七月、朝廷に願い出て、主要な家臣に官位を賜り、新たな姓をうけた。光秀は、惟任日向守を与えられた（『信長公記』）。この時、姓と官位を与えられた家臣としては、羽柴筑前守、惟住（丹羽）長秀などが知られるが、日向も筑前も西国に属する。また惟任・惟住などは九州の名族である。

武田氏を打ち負かして東方の脅威を取り除いた信長の目は、いよいよ西方進出に転じていた。その先陣の一つを、丹波攻めを任せられた光秀が務めることになるのである。

二、黒井城・八上城の攻防

光秀以前の丹波

織田信長の上洛後、丹波国はどのような情勢にあったのであろうか。時代をもう一度、信長が上洛した永禄十一年（一五六八）にさかのぼらせてみよう。信長軍団が京都近郊に姿を現す前日の九月二十二日、これに呼応した丹波衆の軍勢が京都の西の郊外に迫っていた。二十四日には、柳本氏が丹波から進入し、嵯峨や太秦（京都市右京区）に放火し、大将軍（京都市北区）まで進出している（『新修亀岡市史』資料編1古代編・中世編1408。以下、中世編とのみ記す）。足利義昭・織田信長入京後の十月六日には、山城・摂津・河内国などとならんで丹波国がその支配に服したことが確認されている（中世編1409）。それまで、三好三人衆によって丹波に押し込められていた国衆（国人）たちが、義昭に新将軍としての大きな期待を寄せていたことがわかる。

この頃、丹波衆は、義昭・信長方の勢力として、山城衆・摂津衆などとならぶ重要な役割を果していたようで、たとえば、永禄十二年の将軍邸（いわゆる旧二条城）の石垣普請に参加している（中世編1412）。一方ではまた、これまで三人衆によって侵されていた権利を回復しようとして、永禄十二年四月、丹波衆が摂津衆・若狭衆とならんで多数、信長のもとへ押しかけて交渉している（中世編1416）。

しかし、義昭・信長の上洛を千載一遇のチャンスと考えたのは国衆たちだけではなかった。三好政権のもとで荘園の領主権を侵害されていた京都の公家たちも、こぞってその回復を新政権に託し、信長のもとへ詰めかけた。そして、万里小路惟房が禁裏御料所山国荘（北桑田郡京北・美山町）の回復を求めると（中世編1416）、信長は早速、同荘を違乱していた宇津頼重に自重を求める文書を作成している（領主編2・3）。同じ時、北野杜松梅院は船井郡地頭職一ヵ村を保障してもらった（領主編1）。入京後の義昭・信長政権が、荘園領主の支配権を認定する姿勢を示したことは、その後の宇津氏の行動にあらわれてゆくように、国衆の失望を招いたにちがいない。

この時期の畿内は、京都を中心に、山城・大和・摂津・河内国を支配する義昭・信長方に対し、三好三人衆、摂津大坂（石山）本願寺を中心とする一向一揆、越前朝倉氏、近江浅井氏の同盟軍が対立するという構図であった。丹波の国衆たちはおおむね、義昭・信長に従っていたようで、元亀元年（一五七〇）には、黒井城（兵庫県氷上郡春日町）の赤井忠家が信長から安堵状をもらっている（『寛永諸家系図伝』）。

しかし、永禄十三年、朝倉義景・浅井長政と三好三人衆が京都を挟み撃ちした時には、丹波国からも反信長方の兵が嵯峨まで出陣したという（中世編1421）。また、信長が上洛した際、三人衆の一人である石成友通に従って山城勝龍寺城（長岡京市）に籠城した西岡（京都盆地西南部の桂川以西）の国衆たちが、一時、丹波に逃亡していたこともわかっているので、丹波国が必ずしも信長方一色というわけではなかったらしい。

このように、信長方と反信長方に分裂した丹波衆のあり方を、本願寺顕如はするどく見抜いていた。顕如が朝倉義景に送った書状には、「丹波勢の（反信長方としての）働きは年来たいしたことがない。ことに国侍（国衆）は奥郡・口郡ともに不和の国なので、どれだけ役に立つかわからない。信用できない」と言い放っている（中世編1425）。

元亀三年頃には、義昭と信長の対立が徐々に深刻さを増し、元亀四年になると両者の亀裂は決定的となった。元亀四年の三月初旬において、丹波の内藤ジョアンは信長方として行動している。一方、宇津頼重は突然、将軍の御供衆に加えられたが、これは万一の時、義昭が丹波の宇津氏のもとへ逃亡するための布石だという（中世編1426）。

しかし、ジョアンはその後、義昭方に転じた。三月十二日には、十字架をかかげ、キリスト像を兜につけたジョアンが、「騎兵四百人と歩兵千六百人」を率いて、義昭を守護するため丹波から入京した（中世編1428）。宇津氏も義昭方として上洛しているようだが（「永禄以来年代記」『続群書類従』二九下）、内藤氏や宇津氏以外の多くの丹波衆も、義昭方につくか、信長方につくか、難しい選択を迫られたにちがいない。この時は、将軍邸に籠城した義昭に対して、信長は上京を焼き討ちにするなど軍事的圧力をかけたものの、結局和議を結んで、本拠地の岐阜へ帰った。

ところが四月になると、義昭は再び反信長方を結集する活動を再開した。義昭は、内藤ジョアンに対して八木城（船井郡八木町）へ自分が赴くことができるか可能性を打診したりした後、京都を捨てて山城槇島城に入城した（中世編1429）。再び、丹波衆の多くは、義昭か信長かの選択を迫られた。それは単に、義昭個人、信長個人に付き従うという意味ではない。義昭に代表される室町幕府体制に味方するのか、信長が築こうとしている新しい国家体制を選択するのか、という問題であった。

現代の我われからみれば、後者が次の時代を切り開いてゆくことは明らかなようにも思えるが、当時、畿内近国においては幕府の影響力もいまだ大きかった。また長く三好政権の支配が続いた後でもあり、将軍・幕府を中心とする政体が、正統な権力のあり方であるという思いも強かったにちがいない。義昭か、信長かの選択は我われが思うほど簡単ではなかったし、この時、信長を選ぶことが正しかったかどうか、必ずしも自明でないことは、この後の丹波国の歴史をみてみればわかるだろう。

同元亀四年七月、槇島城が陥落して義昭は西国へ落ち延び、二百数十年続いた室町幕府は滅亡した。歴史は、いよいよ織田信長の時代へと転換してゆく。丹波の国衆たちも、いつまでも中立ではいられない。最終的な態度の決定を迫られるのである。

丹波攻略命令

内藤ジョアンと宇津頼重は、天正元年（一五七三）、足利義昭方に味方して京都に出兵して以来、反信長の姿勢を変えず、上洛するようにとの信長の命令も無視した。一方、おそらく義昭挙兵の時に信長に敵対した赤井忠家・荻野直正も、天正二年、いったんは信長に臣従したものの（「顕如上人御書札案留」『真宗史料集成』）、やはり上洛して信長のもとに参上することはしなかった（領主編15・107・108）。

天正三年三月、信長は、船井・桑田二郡の「諸侍」を大坂（石山）本願寺攻撃のために動員し、その統率権を細川（長岡）藤孝に与えようとした（領主編5）。信長権力が初めて、直接丹波国に介入してきたのである。藤孝は当時、山城勝龍寺城主であり、その藤孝に隣国丹波の支配を任そうとしたのであろう。しかし、内藤・宇津氏などをはじめとする勢力の抵抗が強く、藤孝では容易に手がつけられなかったのであろうか、丹波衆の大坂動員は中止された。丹波攻略のためには、より慎重な戦略が必要であった。

坂本城主明智光秀が、新たな任務としてその困難な仕事を任されたのは、同天正三年四月頃であった。光秀は、船井郡宍人（船井郡園部町）に本拠を置く国衆である小畠左馬助らの力を借りて、桑田・船井郡の国衆たちを味方に編

表１　明智光秀の丹波攻略年表(1)

年　月　日	経　　　　過	掲載資料
天正３年６月７日 (1575)	織田信長が川勝継氏に、丹波に派遣する光秀への協力を命じる。	領主編６
７月24日	宇津頼重征討のため、桐野河内まで出陣する。小畠左馬進に宇津城の包囲戦に備え、鋤・鍬など普請道具を用意し、杣人を動員するよう命じる。	領主編65
８月	越前一向一揆の攻撃に出張する。	領主編11・14
～８月下旬	宇津頼重が反撃し、馬路・余部城を攻撃する。光秀方の援軍、小畠左馬進が負傷する。	領主編11
９月２日	信長が、光秀に丹後攻めに転じるよう命じる。	領主編13
９月16日	坂本に帰着中の光秀が、小畠左馬進に来る21日に丹波出陣予定と伝える。	領主編14
10月１日	信長は片岡藤五郎に、光秀の丹波攻略に対する助力を命じる。	領主編15
10月初旬	信長のもとに、光秀から丹波攻略についての情報が伝えられる。	領主編17
10～11月	竹田城を攻撃中の荻野直正が、光秀の丹波侵入を知り、急ぎ黒井城に帰還、籠城する。光秀は、黒井城の周囲12～13ヵ所に相陣を構え、包囲戦の準備にとりかかる。	領主編19
11月下旬	丹波国衆の多くを味方につける。	領主編19
12月２日	丹波国の百姓に徳政令を発布する。	領主編20 ・ 21
天正４年１月15日 (1576)	八上城主波多野秀治が離反、黒井城の荻野直正に味方し、光秀軍は敗退する。	領主編20・23
１月18日	娘婿津田信澄、光秀を丹波に見舞う（光秀、桑田郡あたりまで退却か）。	領生編23
１月21日	坂本に帰城する。	領主編23
２月18日	丹波に下向（戦後処理の一環か）。	領主編27

『資料編第２巻』、高柳光寿『明智光秀』、『信長公記』などによる。

成する工作を始めた。光秀と左馬助とのつながりは深く、天正二年以前、左馬助が上洛し、光秀と丹波経略について懇談したこともあったらしい（領主編14）。

天正三年五月、光秀は、小畠左馬助・助大夫らの仲介を得て、丹波国に入国し、桑田郡の川勝継氏ら口丹波の国衆のうちの幾人かを配下におさめることに成功した（領主編６）。左馬助らは、美濃国岐阜に下向し、信長から朱印状を与えられた。信長は、光秀を助け、「郡内面々」の国衆を組織して忠節に励んだならば、本領を安堵し、船井・多紀郡で新しい所領を給付すると約束している。ちょうどこの時、左馬助は左馬進に名乗りも変わっており、左馬進の官職も信長か光秀からもらったのかもしれない（領主編7～10）。

七月末には、光秀は宇津頼重征討のため、桐野河内（船井郡園部町）まで出陣している。二十四日、小畠左馬進に、宇津構（城）の攻囲戦に備えるため、鋤・鍬などの普請道具を用意し、杣人を動員するように命じている（領主編65〔資料編は編年まちがい〕）。この時、光秀方が実際に宇津（北桑田郡京北町）まで攻め込んだのかどうかはわからないが、直ちに撤兵したらしい。その後、光秀は丹波を離れ、越前国の一向一揆に対する攻撃に出張した。

八月、宇津頼重が反撃に出た。桑田郡南部に進出し、馬路・余部城などを攻めたらしい。光秀方として救援に駆けつけた小畠左馬進が負傷している。光秀が馬路・余部の「在城の衆」に油断のないように命じていることから、当時、これらの城が光秀の丹波進出の橋頭堡であったことが推察される。光秀は、越前国から直接、宇津攻めに入ると宣言し、何鹿郡の上林衆とも連係していることを強調している。同八月、園部の天神社（生身天満宮）に禁制を与えた久左衛門尉は宇津方の武将であろうか（領主編11・12）。

九月二日、信長は、越前国にいた光秀に、丹後攻めに転じるように命じた。これは、荻野直正に攻められていた但馬国出石《いずし》城（兵庫県出石郡出石町）・竹田城（兵庫県朝来郡和田山町）からの援軍要請に応えたもので、この時、丹後国は一色義道《いっしきよしみち》に、丹波国桑田・船井郡は長岡（細川）藤孝に与えたとされている（領主編13・19）。そこで光秀は、十四日までに近江坂本に帰着し（『兼見卿記』）、すぐに丹波進軍の準備に入り、配下の丹波衆たちに動員をかけている（領主編14）。

十月になると、信長は片岡藤五郎に、光秀への助力を命じている。その中で初めて、荻野直正「退治《たいじ》」を丹波侵攻の目的として明示した。いったん信長方に属した直正が依然として野心を持ち、信長のもとにいまだ出頭しないことが理由だという（領主編15）。こうして、当初は宇津頼重の討伐を名目としてなされた光秀の丹波出兵は、荻野直正という、より強大な国衆を相手にするよう、方針転換されたのである。

黒井城の敗戦

天正三年（一五七五）十月初旬、光秀は軍勢を率いて丹波に入った。船井・桑田郡内には積極的に抵抗する勢力はいなかったらしい。光秀と小畠左馬進らとの下工作が成果を発揮したのだろう。宇津頼重は逃亡したか、光秀軍から無視されたらしい。内藤ジョアンについては消息不明である。

事態の急転をうけて、竹田城を攻囲中の荻野直正は、本拠地である丹波黒井城（兵庫県氷上郡春日町）に引き返し、籠城した。光秀方は、黒井城のまわりの一二、三カ所に「相陣」を構えて包囲戦の姿勢を示した。十一月下旬には、丹波衆の大半は光秀方に一味しており、年明けには落城するものと予想されている。この頃、光秀は、多紀郡と氷上郡の境に近い国領城（同）に本陣を置いていたらしい（領主編19・71〔資料編は編年まちがい〕）。

十二月に入ると光秀は、丹波国の百姓らの支持を得るため、質物を無償で取り戻すことを認め、過去の未進年貢も免除とする、徳政令を発布した。その一方で、曽根村（船井郡丹波町）の有力百姓には徳政免除の特権を与えるなど、村落住民の把握に努力した（領主編20・21）。

ところが、翌天正四年一月十五日頃、光秀方であったはずの多紀郡八上城（兵庫県篠山市）城主波多野秀治が、突然、謀反を起こし、光秀軍を攻撃してきた。おそらく波多野氏に与同して丹波衆の多くも光秀攻撃に参加したのであろう。黒井城の荻野軍もすかさず城内から打って出たにちがいない。挟み撃ちになった光秀はたまらず敗退し、十八日までに、桑田郡辺りまで戻ったらしい。光秀の娘婿であった津田（織田）信澄が見舞いのため、丹波へ下っている。二十一日には、光秀は丹波から京都へ入ったが、京都に滞在することもなく、その足で坂本城に戻っている。敗戦のダメージの大きさを物語っているといえよう（領主編22～24）。

波多野秀治がいつの時点から「謀反」を心に決めていたのかはわからないが、結果として、丹波衆「お得意」の戦法がまんまと決まったといえるだろう。京都に基盤をもつ敵方を丹波の奥深くまで誘い込んでおいて、一気に殲滅する。かつて、三好長慶方が何度もその罠にはまり、永禄八年（一五六五）には内藤宗勝を死にいたらしめた戦術である。

しかし、秀治が単なる思いつきで光秀に対して弓を引いたわけではなかろう。同時期、大坂本願寺軍も軍事行動を起して信長方の包囲網に穴を開けており、すでにこの段階で、波多野氏ら丹波衆と、本願寺など反信長同盟軍の間に連携があったとみてよい。

こうして丹波国は、信長に追放された足利義昭を盟主とし、毛利輝元《もうりてるもと》・本願寺を主力メンバーとする反信長同盟軍の橋頭堡となり、信長方とのつばぜり合いの最前線になった。信長の全国統一の眼前に立ちはだかることになる多くの丹波衆たちにとって、それは苦しく厳しい戦いの始まりをも意味した。

亀山築城

天正四年（一五七六）正月、信長や光秀は、小畠左馬進・川勝継氏らに朱印状などを下し、黒井城での敗戦後、味方を離れなかった彼らの忠節を褒めている（領主編25・26）。しかし、このことは逆に、いったん光秀に帰順していた

表２「亀山」の名称がみえる初期文書

年　月　日	文書名	史　料　文　言	掲載資料
天正5《年》. 1《月》. 晦《日》	明智光秀書状	…従来五日至十日、亀山惣堀普請申付候…	領主編31
〃　6. 9.13	明智光秀書状	…明日十四日、至亀山着陣候…	領主編43
〃　6.11. 3	明智光秀書状	…亀山之普請相延候…	領主編46
〃　6.11.15	明智光秀書状	…未諸勢亀山近辺居陣候…	領主編47
〃　7. 2.28	兼見卿記	…向州（光秀）下向丹州亀山之…	領主編54
〃　7. 2.29	兼見卿記	…至丹州亀山差下鈴鹿喜介…	領主編54
〃　7. 6. 1	兼見卿記	…搦捕波多野兄弟、亀山在之云々…	領主編60
年未詳 7.24	明智光秀書状	…亀山普請奉行共可有御相談候…	領主編110

丹波衆の中に、今回の一連の戦闘を通じて、波多野・荻野方に転じた者も多かったことを暗示している。

二月になると、光秀は丹波へ下向したが（領主編27）、これは積極的な軍事行動につながるものではなく、戦後処理の一環であったらしい。この時光秀は、黒井城からの撤退にあたって、曽根村（船井郡丹波町）の土豪・惣中が協力したことに感謝し、税の免除特権などを与えている。八月には、奥丹波侵攻の構えをみせるがこれも実現していない（領主編28・29・40）。

結局この年、光秀は大坂攻めに動員されたり、病気になったりして、丹波経略になかなか乗り出せなかった。しかし、配下の国衆の軍事的編成はもちろん怠らず、長沢又五郎・小畠左馬進らを大坂本願寺の包囲網に動員し、河内国森河内（大阪府東大阪市）の陣所に当番で詰めさせたり（領主編31）、大井の田中氏の人質を余部まで連れてこさせたりしている（領主編40（資料編は編年まちがい））。こうして桑田・船井郡を中心に支配基盤の再整備を進めるなかで、丹波に軍勢を投入するための足がかりとして、また安定した統治を実現するため、光秀は亀山城の築城に着手することになる。

亀山城を築城する以前、丹波における光秀の拠点は余部城であったらしい。先述のように、国衆の人質を余部に連れてこさせているし、国衆を余部に呼びつけたりしている（領主編106）。光秀が余部・馬路両城の「在城の衆」に油断なく警固するように命じたこともあった（領主編11）。余部城は、現在の余部町付近にあったことから、光秀は当初から近世の亀山城に近い場所に注目していたのである。光秀の亀山城は近世亀山城の地に先行して築かれていたものと推定される。「亀山城地録」（永光尚氏所蔵資料）や『丹東城塁記』（同）など、近世になってから成立した地誌類によると、「亀山」の名称はすでに永正年間（一五〇四～二一）からみえるという。しかし、確かな史料としては次に紹介する天正五年正月の光秀書状が初見となる。

亀山の地は、老ノ坂を越えて亀岡盆地に入ってきた街道が、八上城（兵庫県篠山市）方面に抜ける街道と、丹後方面を結ぶ街道に分岐する地点にあたっていた。また広く丹波東部の水を集めた大堰川を間近に見おろす段丘北端部に位置することから、交通上、戦略上、たいへん重要なポイントにあたる。近江坂本に本拠を置き、京都との連絡を密にする必要があった光秀にとっては、丹波攻略の前線基地として最適の立地であった。しかし、丹波一国の中でみればここは東の端に位置する。これは当時、光秀が安定的に制圧していた領域が船井・桑田両郡に限定されていたことによるのだろう。

光秀は、天正四年から五年に年が改まる前後から、亀山に城郭を築きはじめたらしい。そのことが最初に確認できるのが、天正五年正月の光秀書状で、そこでは「亀山惣堀普請」が長沢又五郎らに命じられている。長沢らは、鋤・鍬・もっこなどをもって亀山に参上するよう伝えられており、国衆が労働力として動員されていたことがわかる（領主編31）。

光秀時代の城郭がどのような構造であったのかはよくわからないが、近世亀山城の中心部にあたる本丸・二の丸・

西の丸などは、中世山城の名残を残しているといわれる。また、近世の二の丸は明智曲輪ともよばれ、明智門があったが、これらが何らかの形で光秀時代の城郭構造を反映したものかどうかは確かめられない（第三章第三節参照）。

ところで、先に示した、天正五年正月の光秀書状に「惣堀普請」という表記があるので、亀山城下に惣堀があったことになる。惣堀とは一般に、個別の堀ではない、城下全体を取り囲む堀のことをさす。つまり、当時亀山には、城郭だけでなく家臣団の屋敷や倉庫群など、惣堀によって防衛される一定の数の建物群があったことがわかる。

では、この時すでに、城下町と呼べるような町屋の集まりが亀山にできていたのであろうか。そのように考えるのはおそらく難しいだろう。光秀が元亀二年（一五七一）に築城した近江国坂本城と、光秀の盟友細川藤孝が元亀二年、城郭を大改築するとともに城下に総構を整備したと推定されている山城国勝龍寺城のどちらでも、明確な城下町の存在は確認できないからである。もちろん、町場がまったく付属しなかったわけではないだろうが、この頃の亀山城は、政治・経済の中心地というよりは、前線軍事拠点としての性格の方が強かったと考えられる。

丹波経略の再開

光秀は、天正五年（一五七七）十月末、再び兵を率いて丹波へ侵入し、籾井城（兵庫県篠山市）を攻めたが、一時的なものであった（領主編34）。

周到な準備の末、光秀が再度、丹波攻略をめざして動き始めるのは、天正六年三月である。三月四日、信長は長岡（細川）藤孝に、みずから丹波に出馬するので、来る二十日以前に、丹波国多紀郡や奥郡への道を「二筋も三筋も」整備するようにと命じている（領主編35）。藤孝が山城勝龍寺城主であったことから考えれば、老ノ坂越、唐櫃越な

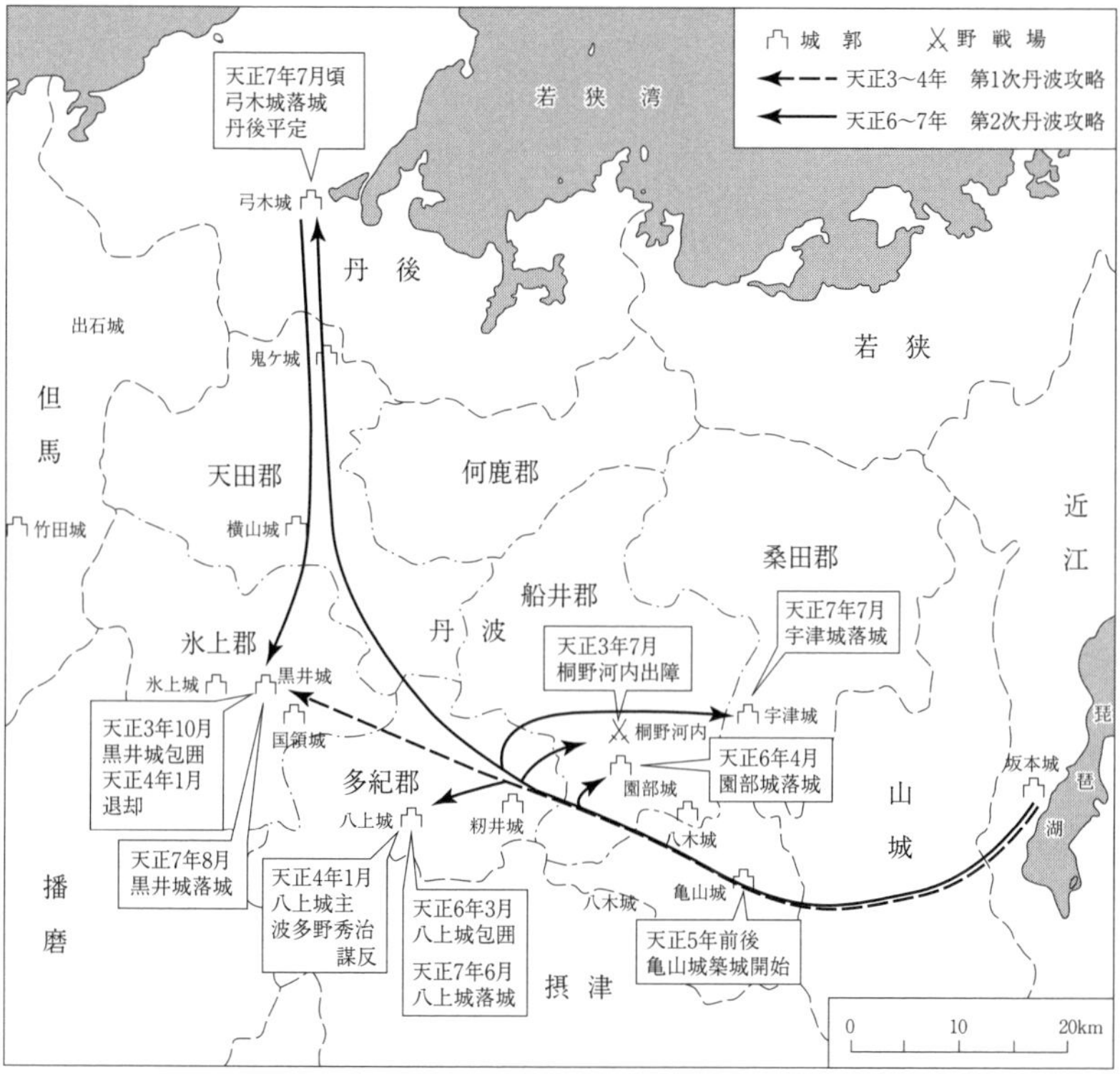

図1　明智光秀の丹波攻略図

どを整備させたものとも考えられるが、船井郡から多紀郡へ越える原山峠（船井郡園部町）・板坂峠（同郡瑞穂町）などの峠道を念頭においたものかもしれない。

三月九日、出兵の打ち合わせのためか、細川藤孝が坂本城に光秀を訪ねている。ところが、その矢先の十四日、荻野直正が病死したという情報が京都にもたらされている（領主編36）。前日の十三日、光秀が小畠越前守（もと左馬進）に対し、「調略が成功したら、明日にでも出撃するので油断のないように」と因果を含めている（領主編57〔資料編は編年まちがい〕）ことからすれば、光秀方による暗殺の可能性も否定できないだろう。いずれにせよ、丹波国の反信長方にとっては、大事な時に支柱となる人物を失う痛恨の出来事であった。

光秀の丹波への出陣は三月二十日であったらしい。結局、信長自身は出馬せず、その代わりに、滝川一益と丹羽長秀が援軍として付けられた。光秀軍は八上城に波多野秀治を包囲すると、周囲に付城や鹿垣をめぐらせ兵粮攻めに入った。光秀自身は、四月にいったん大坂攻めに参加したため、八上城の押さえとして明智次右衛門尉が残っていた。四月十日には光秀は丹波に戻り、荒木氏綱の城（園部城か）を陥落させている。その後、六月から七月にかけて、光秀は播磨神吉城（兵庫県加古川市）攻めに参加している（『綿考輯録』、『信長公記』、『多聞院日記』）。

この間、八上城の包囲戦は継続されており、光秀自身が八上城の「後之山」にあった付城に登ろうとしたり、大和国の筒井順慶が一時、その陣に加わったりしている（領主編41・43）。また、光秀は、円通寺（兵庫県氷上郡氷上町）に禁制を発して、氷上郡にまで支配領域を広げようとしていた（領主編44）。ちょうどこの頃、光秀は娘玉を山城国勝龍寺城の長岡（細川）忠興に輿入れさせ、両家の関係をいっそう強いものにした（『綿考輯録』）。

しかし、亀山周辺の国衆の中には、依然として反信長方の立場に立つ者もいた。九月には、大規模な反乱が起こったようで、光秀自身が丹波へ急遽出陣し、亀山城を拠点にして高山・馬堀などの諸城を落城させたらしい（領主編43、高柳光寿『明智光秀』）。亀山と目と鼻の先の馬堀城さえ安定して確保できないことは、光秀方にとって衝撃的であったろう。また、時期は特定できないが、西別院の長沢氏も反信長方の立場に立ち、これを攻撃するために光秀方が法貴山城を陣城として構築した、といわれている。

この時期、信長方の支配は畿内各地で矛盾を引き起こしていた。また、それに乗じて、足利義昭や本願寺など反信長方の勧誘が各地の国衆にまでおよんでいたのである。

荒木村重の反乱

そうした中、信長方に対する反乱のうちで、もっとも大規模であり、それ故、信長方に最も深刻なダメージを与えた、摂津有岡城（兵庫県伊丹市）城主荒木村重の謀反が、天正六年（一五七八）十月に発生した。

荒木村重は、丹波の荒木氏の一族とも伝える。もと摂津国池田城（大阪府池田市）城主であったが、この頃には摂津国有岡城主となり、事実上、摂津一国を管領していた。信長の評価も高く、信長軍団の一員として重要な多くの戦いに参加していた。こうした村重が謀反した理由についてはさまざまな説があるが、領国である摂津の住人（国衆・百姓ら）の信長権力への反発が、村重の行動の一つの動因となっていたことはまちがいない。光秀の娘のうちの一人は村重の嫡子村次と結婚していたため、光秀は村重に翻意をうながそうと有岡城に赴いた（『信長公記』、『綿考輯録』）。しかし、結局光秀らの調停工作は失敗し、信長方は摂津に対して大量の兵力を投入しなければならなくなった。

村重の謀反は、丹波の信長方にも深刻な影響を与えた。十一月一日、光秀が、八上城を包囲する砦の一つに在陣する小畠越前守に送った書状では、おおむね、以下のような内容が伝えられている（領主編45）。①摂津国の平和（均衡）状態が破れたので、そのことを認識し、油断なくそちらの砦の普請をするように。②長い間、本拠地を離れて在陣しているので、百人分の兵糧を与える。③摂津に信長が出馬すれば、村重の謀反は早々に鎮圧されるだろう。④八上城を包囲する付城はいずれも堅く守るべきである。もし、荒木重堅（摂津三田城主）が山越えでそちらへ攻めていっても大したことはない。味方の砦を攻撃してきたなら至急連絡せよ。まず明智秀満を亀山に派遣する。自分（光秀）も一両日中に亀山に赴く、としている。

摂津の村重方から山を越えてすぐ隣にあたる多紀・船井郡あたりでも動揺が広がっており、光秀がそれを必死でな

表３　明智光秀の丹波攻略年表(2)

年　月　日	経　　過	掲載資料
天正５年１月晦日 (1577)	長沢又五郎らに対し、亀山惣堀普請を命じる。	領主編 31
10月29日	籾井城を攻める。	領主編 34
天正６年３月４日 (1578)	丹波国多紀郡や奥郡への道の整備を命じる。	領主編 35
３月20日	八上城の波多野秀治を包囲し、兵糧攻めに入る（天正７年６月の落城まで）。	
４月	大坂（石山）本願寺攻めに参加する。	
４月10日	丹波に戻り、荒木氏綱の居鎮（園部城）を陥落させる。	
６～７月	播磨国攻めに参加する。	
９月	丹波の国衆に大規模な反乱あり。光秀、急遽出陣し、亀山城を拠点に小山・高山・馬堀城を落とす。	
10月	摂津国有岡城主の荒木村重が、信長方に謀反を起こす。光秀が調停工作を試みるが失敗。	
11月３日	佐竹出羽守に対し、亀山城の普請を延期し、森河内に集結するよう命じる。	領主編 46
11月上旬	波多野秀治が光秀の留守に乗じて、八上城から出兵し亀山近辺を攻める。小畠越前守らが防戦し退却させる。	領主編 47
12月	八上表に乗り込み、八上城の包囲を厳重化する。	領主編 49・50
天正７年１月 (1579)	八上城包囲中の小畠越前守が討死する。	領主編 51
２月28日	坂本を出て、亀山に着陣する。	領主編 54
３月16日	八上表に着陣する。	領主編 54
４月４日	和田弥十郎に、兵糧攻めにより八上城に400～500人の餓死者がでていることを伝える。	領主編 58
５月５日	八上城の支城氷上城が落城し、波多野宗長・宗貞父子が自殺する。	
６月１日	八上城が落城する。400余名が討死し、波多野秀治ド秀こ尚ら三兄弟が捕縛される。	領主編 60・61
７月24日	桑田郡北部に侵攻し、宇津頼重は逃走する。	領主編 64・66・67
７月	鬼ヶ城を攻め、ついで細川藤孝とともに丹後国に侵入する。弓木城の一色義有を降伏させ、丹後国を平定する。	領主編 64
８月９日	赤井忠家が籠城する黒井城を陥落させる。	領主編 68
10月24日	安土の信長に、丹波・丹後国平定の報告のため参上する。	

『資料編第２巻』、高柳光寿『明智光秀』、『信長公記』などによる。

だめようとしている様子がうかがえる。

いったん亀山に入った光秀は、十一月三日には、佐竹出羽守に対して、亀山城の普請は延期するので、鉄砲や、楯・柵などの陣地構築用具をもって河内国森河内に集結するように指令を出している。当初、村重方の攻撃を怖れて亀山城の守備固めをしていたが、その可能性が低くなり、信長方の進攻が一斉に開始されたのである。信長が十二日に摂津方面に出馬するので、光秀は、十一日に森河内に入るとしている（領主編46）。河内国森河内に、大坂包囲網を形成する光秀の前線拠点があったことがわかる。

十日過ぎには光秀の留守をねらって、波多野秀治が八上城内から兵をくり出した。小規模な戦闘があったが、小畠越前守らの働きで退却を余儀なくされた。しかし、こうした秀治の軍事行動もあって、光秀は、兵力の一部を亀山に釘付けにされており、摂津には一部の兵しか動員できていない（領主編47）。

しかし十九日頃になると、村重方だった高山右近（摂津高槻城主）や中川清秀（摂津茨木城主）が寝返り、信長方の優位は確定した。光秀は、摂津国刀根山城（大阪府豊中市）・旧池田城を有岡城に対する付城として普請していたが、小畠越前守に対し、まもなく八上表へ向かうと述べている。越前守も、氷上郡の荻野方から八上城への援軍のルートを監視する金山城（兵庫県丹波篠山市）・国領城（兵庫県氷上郡春日町）の備えを視察し、問題ないことを光秀に報告している（領主編48）。

こうして光秀方は完全に態勢を立て直した。反信長方は千載一遇のチャンスを生かし切れなかったのである。

八上城落城

天正六年（一五七八）十二月、光秀は、摂津三田城（兵庫県三田市）の付城四ヵ所を整備した後、みずから八上表に乗り込み、八上城の包囲網をいっそう厳重に固めた（領主編49・50）。しかし、相変わらず力攻めはせず、年末には本拠地の近江坂本に帰還したらしい。翌天正七年正月には坂本で茶会を催している（『天王寺屋会記』）。

ところが正月の終わり頃であろうか、小畠越前守が討ち死にしてしまった。八上城攻囲中のことと推定され、波多野秀治方の夜襲をうけたのかもしれない。越前守（左馬助、左馬進）は、早くから光秀と連携し、桑田・船井郡周辺の国衆の統合に尽力するなど、光秀の丹波経略の立役者の一人であった。そのため光秀は、残された嫡子伊勢千代丸の行く末に配慮し、森村左衛門尉に名代を命じるとともに、小畠一族中にあてて、伊勢千代丸の家督を確実に守るように強く命じている。また伊勢千代丸に明智姓を授けている（領主編51）。

二月半ばを過ぎると、光秀は落城も間近と判断したのであろうか、再度、丹波に出陣した。光秀は亀山を経て、八上表に布陣した。しかし波多野秀治の籠城を背後から支えるネットワークもいまだ健在であったらしい。同月には、秀治が兵庫屋惣兵衛に対し、籠城支援の忠義に免じ、徳政・関銭《せきせん》の免除、米留め時の通行特権を認める判物を与えている（領主編54・55）。

この時期、秀治ら、八上城中の丹波衆は何を待っていたのであろうか。同じ時期に籠城戦を戦っていた荒木村重からは、毛利輝元の家臣の元へ救援依頼の書状が届けられている。大坂本願寺も、播磨三木城（兵庫県三木市）に籠る別所長治も、西国から毛利氏の援軍が来ることを心待ちにしていたのである。しかし、毛利氏にその力はなかった。

光秀方の包囲網はいっそう厳重さを増した。光秀が四月四日、丹後の和田弥十郎に与えた書状は、八上城内の悲惨な状況を伝えている。光秀の言葉を信じるならば、城中からは助命・退城を懇願するものが跡を絶たず、籠城衆四〇〇～五〇〇人がすでに餓死し、退城してきた者は衰弱のあまり人間のようでない。落城時に一人も逃がさないように、塀・柵などで取り囲んでいる、という。まさに地獄絵といえよう。光秀は、落城間近であることを強調し、落城後はすぐに丹後に進出すると述べている（領主編58）。

五月五日、八上城の支城である氷上城（兵庫県氷上郡）が落城し、城主波多野宗長・宗貞父子が自殺したらしい（『兼見卿記』）。それでも、光秀は無理な攻撃を仕掛けなかった。波多野氏内部の内通者の離反を誘って本丸を焼け崩そうとする一方、小畠助大夫ら配下の武士には、持ち場を離れず、手柄を焦らないように厳命している。波多野秀治らが、攻め手の隙をついて城外に脱出するのを阻止するためであった。光秀の周到で、怜悧な性格がよくあらわれている（領主編59）。

五月末、ついに波多野秀治は決死の総攻撃をかけた。戦闘は数日にわたり、波多野方は四〇〇余名が討ち死にしたというが、光秀方の被害も少なくなかったらしい。最後は、調略によって波多野秀治・秀尚ら三兄弟は捕縛された。天正七年六月一日のことである（領主編60）。

やがて秀治らは、洛中を引き回された上、おそらく光秀とともに、信長のいる近江国安土（滋賀県蒲生郡安土町）にいたり、城下町の西のはずれにあたる慈恩寺町末で磔刑に処された（領主編61）。秀治らがいかに光秀を、そして信長を苦しめていたかを示すものといえよう。

光秀が後年、本能寺の変を起こすきっかけの一つが、この八上城攻めにあるという説がある。すなわち、八上城を攻めあぐねた光秀が、自分の母親を人質として城内に送り込み、その代わりに、生命の保証をした秀治らが城外に出てきたので安土の信長のもとに送ったところ、秀治らは処刑された。怒った城中の兵が光秀の母を殺したので、光秀は信長に恨みをいだいた、というのである。実際、高城山（八上城跡）には、光秀の母がさらされたという伝承地がある。しかし、この伝説は事実ではない。

さらに、秀治らが城兵の生命と引き替えに投降したというのも事実ではない。光秀は秀治らの逃亡を恐れ、一兵も城内から出さない姿勢を示している。秀治らも、最後まで徹底抗戦をつらぬぎ、脱出の機会をねらっている。調略による味方の裏切りがなければ、秀治らは逃れることができたかもしれないのである。

近世になって軍記類が作り上げた「悲劇」や「美談」よりも、確かな史料から確認される、こうした事実の方が中世丹波の国衆としての波多野氏の最期を飾るにふさわしいだろう。と同時に、あれほど何度も痛い目に遭わされながらも最後は波多野氏を配下にくみいれる寛容さをもっていた、三好政権や内藤宗勝とはちがう、信長権力のすさまじさをも思い知らされるのである。

中世丹波の終わり

天正七年（一五七九）六月後半、大和国に出兵していた光秀は、七月になると宇津頼重征討のため、桑田郡北部へ侵入した。ところが、抵抗することの無駄を悟ったのか、頼重は若狭方面へ逃走してしまった。信長は頼重が船で西国の毛利方のもとへ逃げることを予想し、若狭を支配していた惟住（丹羽）長秀に捕縛を命じている（領主編67）。同月中には、光秀は鬼ヶ城（加佐郡大江町）を攻め、ついで長岡（細川）藤孝とともに丹後に侵入し、弓木城（与謝郡岩滝町）の一色義有を降伏させて、丹後国を平定した（『信長公記』、『綿考輯録』）。

光秀はさらに氷上郡に入り、八月初旬には赤井忠家が籠城する黒井城を陥落させた。天正三年には光秀を翻弄した黒井城も、すでに実力者の荻野直正を失い、後ろから挟み撃ちしてくれる波多野秀治がいない情勢ではいかんともしがたかった。この黒井城落城をもって、光秀は一つの区切りと考えたのであろうか、安土の信長のもとに報告に参上した。信長からは、長く丹波国で粉骨の働きをし、たびたびの高名をあげたことは名誉比類ない、と感状をたまわったという（領主編68）。

丹波にとって返した光秀は、八月二十四日には、氷上郡高見城（兵庫県氷上郡氷上町）を攻める一方、城下の町人や領内の百姓らに対して、それぞれの町や村に直ちに還住するように命じている（領主編69）。この頃、光秀は久下（兵庫県氷上郡山南町）に陣をすえていたが、二十六日には和田（兵庫県篠山市）方面へ侵出すると述べている。なお、この時の光秀の書状によれば、以前、出陣する時に愛宕山に願書を捧げ、氷上郡が思いのままになるように祈願していたらしい。その願いが達成されたので、柏原（兵庫県氷上郡柏原町）で二〇〇石の地を奉納すると述べている（領主編70）。戦国時代に口丹波を支配した多くの武将と同様、光秀の愛宕山への深い信仰がうかがえる。

九月二十二日には、かつて荻野・波多野両氏の挟み撃ちにあった国領城を陥落させ、「三ヶ年以来の欝憤を散じた」と、喜びを表現している（領主編71）。光秀の執念深い性格の一端が現れているといえよう。なお光秀は、この段階で天田・何鹿郡の国衆もほぼ味方につけた、と自信を示している。十月には光秀は、新たな支配拠点として柏原に「新城」を築造しはじめている（領主編72）。そして、二十四日、光秀は、安土の信長のもとに丹波・丹後平定の最終報告に参上した。後のことになるが、天正八年、佐久間信盛父子を譴責した文書の中で信長は、「丹波国での光秀の働きは天下の面目をほどこした」と絶賛している（『信長公記』）。ここに丹波国の中世は終焉をむかえたのである。

三、本能寺の変と丹波武士

光秀の丹波支配

天正七年（一五七九）から十年まで、光秀は大和に出陣したくらいで、羽柴秀吉の因幡国鳥取城攻撃（天正九年）、織田信忠の甲斐武田氏討滅（天正十年）など、信長軍団の著名な合戦には直接参加していない。その代わり、光秀は京都を中心とする畿内各地の統括責任者のような地位にあったと考えられている。

中国地方で華々しい戦果をあげた羽柴秀吉、北陸地方で活動した柴田勝家らと比べて、この時期、光秀の活動は地味ではある。しかし、信長政権にとって最も重要な畿内の支配を統括するという大切な任務を与えられており、その実力は信長も高く評価していたのであろう。朝廷や公家衆との接触の機会も多かった。

信長から預かった所領は、本拠地である近江国坂本城の近辺にあたる志賀郡と丹波一国であるが、国衆たちに対する軍事的な指揮権は山城国や近江国高島郡にもおよんでいた。また丹後国を領知する細川忠興、大和国の筒井順慶は家臣ではなかったが、光秀の軍事指揮権下にあったらしい。さらに、光秀は細川藤孝・忠興父子らと連名で丹後国内で禁制を発しており、丹後国の政治支配の面でも忠興らの上位に位置したことがわかる（領主編76）。

光秀は天正八年八月以前に、正式に信長から丹波国を与えられ、国内の主要城郭に有力家臣を配置して支配を展開していた。八上城には明智光忠が配置されていたらしい。黒井城の斎藤利三は、氷上郡内の白毫寺（兵庫県氷上郡市島町）の門前地下中宛に、人足免除についての指令を出すなどしている。福知山城主明智秀満は、天正九年、天寧寺

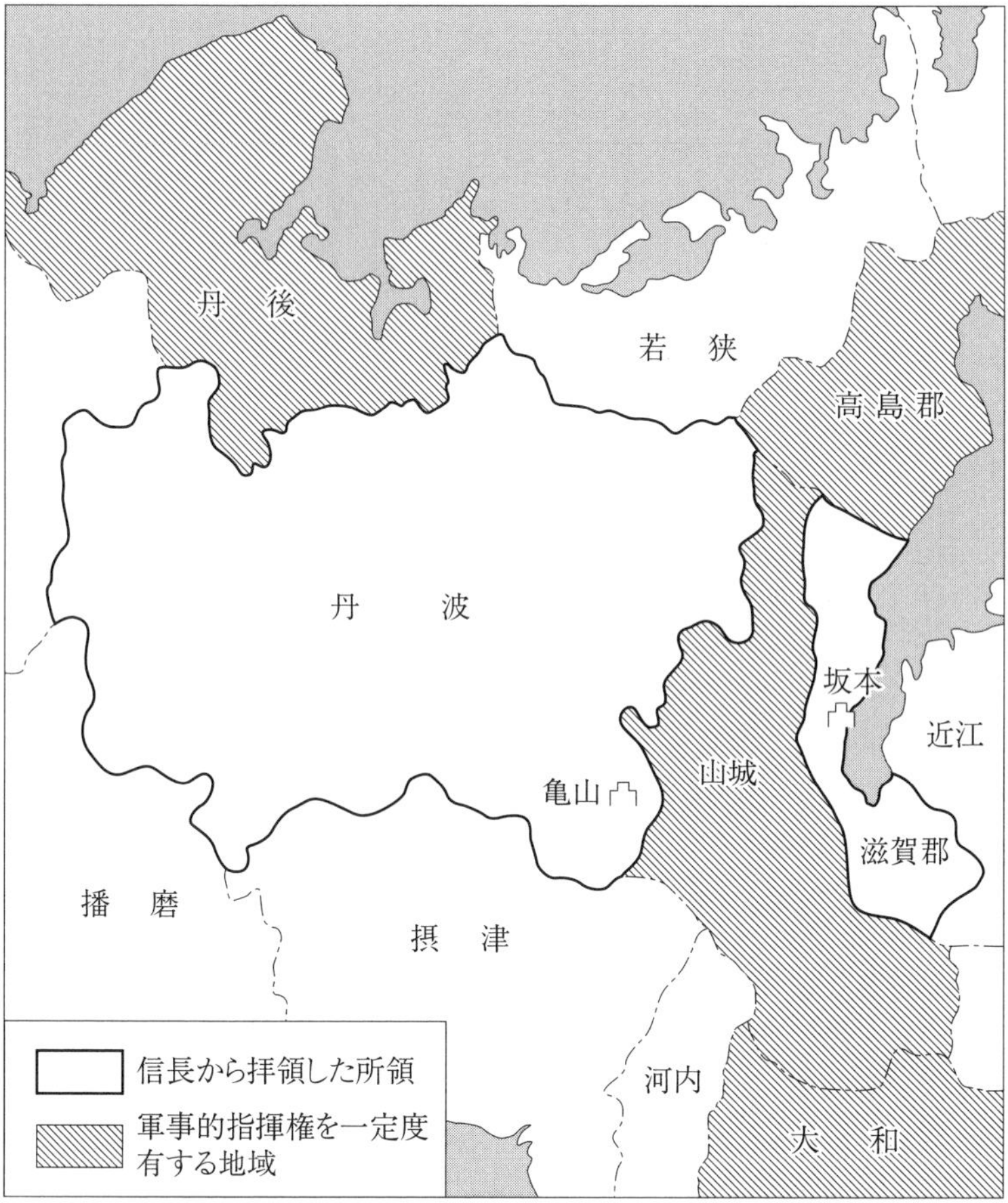

図２　明智光秀の所領

（福知山市）に諸役免除の特権を与えている。その他、周山城（北桑田郡京北町）・宇津城なども光秀は支配拠点としていた。

織田信長の時代には、豊臣秀吉の時代以降、全国的に行われる本格的な検地は、いまだ実施されていない。しかし光秀は、検地の一歩手前にあたる指出を、天正九年、和知衆に対して求めたらしい。この命令に対して片山兵内らの和知衆は、それぞれの知行石高、配下の侍・百姓の数を光秀に報告している（領主編82・83）。こうした指出によって、光秀はそれぞれの国衆がどのような支配を行っているのかを確認した。

ただし、これは、確認だけを目的とした作業ではない。統一政権の政策は、武士は武士、農民は農民と明確に区別する兵農分離を基調としていた。そうした立場からすれば、武士身分でありながら、村落社会の中で農民を支配する国衆のようなあり方は、望ましいものではない。やがては武士を城下町に集め、それぞれの村落は大名が直接支配するような政治形態をめざしていたのであり、指出はそのための資料集めであった。光秀は、こうした信長政権の政策の最も忠実な推進者というだけでなく、むしろ政権中枢にあってそうした政策を立案する立場にあったと推定される。

天正八年、光秀は、井尻甚五郎に対して、光秀領のうち一九五石余と、本来の知行地五五石余を合わせて、新恩として給与している（領主編78）。このうち、少なくとも五五石余は甚五郎本来の領知であったはずなのに、その分さえも光秀から与えられた「新恩」であると認めさせているわけである。「新恩」ならば、光秀がこれを没収することも容易であろう。

光秀は天正九年、和久左衛門大夫を死罪に処している（領主編85）。城の破却を命じたのに、寺（照福寺〔綾部市〕か）を残す必要があるとしてそれに従わなかったのがその理由であるという。左衛門大夫としては、先祖伝来の寺院は重要であり、それが城郭のような構えをもっていたとしても破却する必要はないと考えたのだろう。しかし、光秀の政治的立場からすれば、左衛門大夫の認識は許すわけにはいかない。光秀の強い姿勢を他の国衆たちにみせつけるため、左衛門大夫にはあえて厳しい処罰が加えられ、みせしめにされたのかもしれない。

光秀が家中の武士たちに、戦陣での心得を説いた軍法も残っている。それによれば、持ち場での雑談の禁止、合戦の際の馬乗り・旗本・足軽の戦い方、陣夫役に対する支払いなど、きわめて詳細な指示がなされている（領主編84）。

支配者階級である武士に、武士としての自覚をもたせようとする光秀の意図がみてとれる。

一方、光秀は、丹波国内の経済の活性化をめざし、市場を盛んにするための政策をとった。天正八年には、多紀郡宮田市場の興隆をめざして、喧嘩・押買・狼藉や不法な質取り行為を禁止し、毎月の市日を定める掟書を発している（領主編75）。

また、亀山城とその城下の普請は継続して行っていたようで、天正九年には、動員した百姓への飯米《はんまい》支給を確実に行うように命令している（領主編81）。丹波国内が平定された天正七年以降は、亀山を城下町として本格的に発展させる政策がとられたと推定され、天正十年には、近世亀山城下町の基礎的な部分はすでにかたちづくられていたのではないだろうか。

本能寺の変

天正十年（一五八二）二月、織田信忠軍は甲斐武田氏攻撃に向かい、三月には武田勝頼を討ち取った。光秀は信長に従って、甲斐へ向かう途中までいたっていたが、戦闘に加わることなく、信長とともに四月、安土に戻った。五月十五日、徳川家康が武田氏討滅の御礼に安土に参上し、光秀は饗応役を務めた。しかし、備中高松城（岡山市）を水攻めしている羽柴秀吉からの援軍要請をうけ、信長は光秀や細川藤孝らに出兵命令を出した。そのため、光秀は十七日、坂本城に帰った（『信長公記』）。

坂本城を発った光秀は、二十六日亀山に入った。二十七日、かつてから信仰の篤かった愛宕山に参詣した光秀は、二度、三度と籤をひく。ついで里村紹巴らと連歌会につどった光秀は、「ときは今、あめが下知《したし》る、五月かな」という発句を詠じたという。「とき」は、美濃明智氏の本姓である「土岐」氏に通じ、みずからが「あめが下」（天下）を取る、野望を示したものだといわれている。二十八日、光秀は亀山に帰った（『信長公記』）。

六月一日の夜、光秀は大軍を率いて亀山を出て、備中とは反対方向の東へ向かった。諸卒には信長の閲兵をうけるためと称しており、山崎（乙訓郡大山崎町）経由で摂津方面へ抜けると考えていた家臣もいた。しかし、光秀は、明智秀満・斎藤利三らの重臣にだけは真意を伝えていたという（領主編88～93）。

六月二日未明、光秀軍は、信長の宿所であった京都本能寺（京都市中京区）に殺到した。光秀の軍中にいた本城惣右衛門の記録によると、惣右衛門は、京都の宿所にいる徳川家康（実は、和泉堺に滞在中）を攻めるのだと思いこんでいた。そして、自分が攻撃したのが本能寺であり、信長を捜し求めていることすら認識していなかったという。本能寺の中には侍もほとんどおらず、大した抵抗をうけなかったと記している（領主編93）。

この記録にどれほど信憑性があるのかは不明だが、いずれにせよ、わずかな供回りしか手元においていなかった信長方はたちまち敗れ、信長は自害した。織田信忠は、宿所であった妙覚寺（京都市上京区）から二条御所へ移った。二条御所には和仁王や多くの公家衆がいたが、彼らが退出した後、光秀は信忠や村井貞勝らを攻め滅ぼした。

山崎合戦と光秀の死

天正十年（一五八二）六月二日、光秀は近江国大津に入り、山岡景隆の館を焼き討ちにした。光秀が大津へ移動する途中、吉田兼見が粟田口（京都市東山区）で光秀と対面している。光秀は、四日には近江国を制圧し、若狭国武田元明の降伏をうけいれた。山崎秀家を佐和山城（滋賀県彦根市）に、斎藤利三を長浜城（同県長浜市）へ入城させた

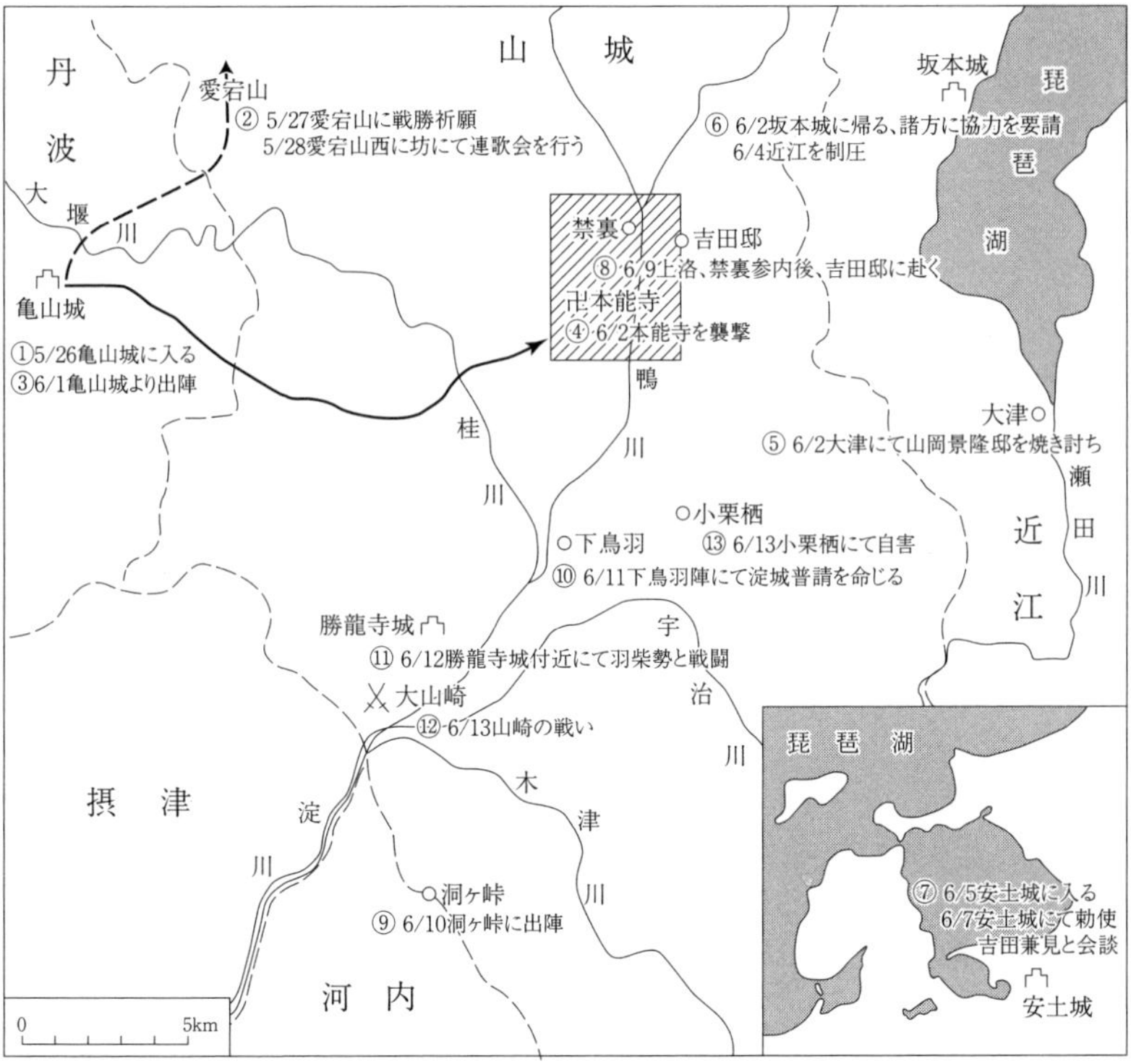

図３　本能寺の変前後の光秀

（領主編94〜96）。

五日、安土城に入った光秀はしばらく同所に滞在した。ところが、この頃になると、備中国にいた羽柴秀吉が毛利方と和睦して近日中に上洛してくるという情報が畿内でも流れはじめている（領主編97）。一方、四国の長宗我部氏攻撃のために摂津国に滞在中であった津田（織田）信澄は、光秀の娘婿であったことから光秀に味方しているのではないかと疑いをかけられ、五日、大坂で攻め滅ぼされた（領主編98、『天王寺屋会記』、『イエズス会日本年報』）。

七日には、吉田兼見が朝廷の使として安土に赴き、光秀から謀反の理由を聞き出しているが、残念ながら詳細は記録していない。光秀は、八日には上洛し、朝廷や公家たちから拝礼をうけた（領主編99）。

九日、光秀は、山城国下鳥羽（京都市伏見区）の陣所に入った（領主編101）。この日、丹後の細川藤孝・忠興父子に対して、重ねて参陣を依頼している。光秀は、藤孝には摂津国を与える、一〇〇日以内に近国を平定し、その後は明智十五郎（光秀の嫡男）、細川忠興らに政治を引き渡すなどと切々と訴えている（領主編100）。しかし、藤孝は剃髪して幽斎玄旨と称し、家督を忠興に譲った。忠興も、光秀の娘である妻玉を味戸野（竹野郡弥栄町）に幽閉し、光秀との縁を切ったと伝える（細川家文書、『綿考輯録』）。

十日、光秀方は摂津・河内国方面に出兵し、光秀自身も洞ヶ峠（山城と河内の国境、八幡市）に出陣して、大和国から筒井順慶が味方として参加するのを待ったが無駄だった。西から秀吉軍が迫っているとの情報が頻々にもたらされていたらしく、光秀は十一日、下鳥羽にもどると、淀城の普請を命じている。十二日、早くも羽柴方の先鋒が山崎から出陣し、勝龍寺城の西で小規模な合戦があった（領主編101）。

十三日、著名な山崎の戦い（いわゆる「天王山の戦い」）が戦われた。戦闘は午後四時頃からはじまり、夜になる前には決着がついていたという。敗れた光秀は退却していったん勝龍寺城に入ったが、すぐにそこを抜け出して、本拠地である坂本城へ向かった。しかしその途中、山城国小栗栖（京都市伏見区）で「土民」の襲撃をうけ、自害した。死没時の確かな年齢は不明だが、五十五歳より若いと考えられている。山崎の敗戦を聞き、安土城を守っていた明智秀満が坂本城に入ったが、十五日、堀秀政に攻められた。秀満は光秀の妻や嫡男十五郎らを刺し殺して、城を自焼し、自害した。この日、安土城も炎に包まれたが、放火の主はわかっていない（領主編102）。

十六日、光秀の首と胴体が本能寺の焼け跡にさらされた。ここに明智一族は滅亡する。ただし、他家に嫁いだ娘たちまでは責任を問われず、光秀の血は後世に伝えられることになるのである。

本能寺の変の背景

なぜ、明智光秀は本能寺の変を起こし、主君信長を討ったのであろうか。

かつては、光秀が信長に対して抱いていた怨恨が原因であるとする説が主流であった。しかし、それらのほとんどは、八上城での光秀の母惨殺説について紹介したように、確かな史料に基づくものではなく、信用できない。近年、注目を浴びているのが、朝廷や足利義昭が黒幕であったとする説である。また四国の長宗我部氏に対する光秀と羽柴秀吉の対立に、変の原因を求める説も出されている。もちろん、光秀自身が天下を取りたいという野望を抱いていたとしても不思議ではない。変の直接的な原因については、いまのところ不明とせざるをえない。

ここでは、これまで戦国時代丹波の歴史を概観してきた観点から、本能寺の変の背景の一つについて述べておく。

本能寺の変という軍事行動が光秀自身の指揮のもとに行われたこと。光秀の謀反の意志を知らされていたのは側近の数名の武将だけで、兵卒の多くが本能寺を襲う直前まで、攻撃目標が信長であるとは認識していなかったことはまちがいないだろう。しかし、ここで注意する必要があるのは、一万三〇〇〇人とも二万人ともいわれる光秀軍の構成である。その中には、光秀の親衛隊はもちろん、近江国志賀郡の武士や山城衆なども含まれていただろうが、亀山城から出陣したということもあり、おそらく圧倒的多数は丹波の国衆の軍勢であっただろう。

指揮官の命令のみで有効な戦闘行動をとることができるのが近代軍隊の特徴であるとすれば、中世の軍勢はその対極にあった。すなわち、政府・国家の統制がもっともゆるく、「国民」の意志をしばることができなかったのが中世社会であったし、また主従制のあり方も近世とは違い、複数の領主に同時に仕え、主君を裏切ることにそれほど道義的責任を感じることもなかった。すなわち、自分自身が納得できない、あるいは利益を得ることができない戦争には、みずから生命を賭けてまで参加しようとはしなかったのである。もちろん、戦国大名による統制によって戦闘員のそうした個性は否定され、近代の軍隊にも似た絶対的な命令権の浸透がなされつつあったことはまちがいない。しかし、まだ中世は終わっていないのである。すなわち、本能寺を攻撃して信長を討つということの背景には、広い意味で丹波衆の意志が反映されていたのではないか、と考えられる。

信長と光秀の間に、「天下」観のちがいが認められるかもしれない。信長の「天下」観は、よくいわれるように専制的で、求心的なものであった。信長配下の優秀な武将・官僚としての光秀は、むしろこの路線の積極的な推進者であったろう。しかし、彼自身の出自が室町幕府の幕臣であった可能性があること。早い段階から朝廷・公家と深いつながりをもったことなどは、光秀が一方で、中世社会に特有の多元的な社会関係に親しみをいだいていたことを推定させる。そして、そうした社会のあり方が地域の基本的な組織原理になっていたのが畿内であり、丹波国であった。

戦国時代の畿内や丹波国では、多元的で重層的な国衆のつながりが地域社会を形成していた。そしてそれらの人びとの下には、村落や百姓の力があった。こうした地域社会のあり方と、信長のめざす「天下」との間のずれが明確になり、地域社会の側に身を置こうとしたことが、あれほど信長に信頼されていた摂津の荒木村重を謀反させた原因の一つではないか、と考えられる。丹波の光秀についても同じことがいえるのではないだろうか。

もちろん、これは本能寺の変の直接的な原因を説明するものではない。ただ、信長を襲った軍勢の大半が丹波衆であったと推定されることを念頭におくならば、変の重要な背景の一つとして、戦国期の丹波国の社会情勢があったのではないか、と提起するものである。

丹波の近世化と光秀

では、中世から近世へと、丹波の歴史が大きく変化してゆくなかで、光秀はどのような役割をはたしたのであろうか。

一つは、国衆の多くに近世武士への道を開いたことである。たとえば、小畠氏を河内森河内の番につけたり、八上城の付城に長期間滞在させたりしている。このように、戦地に継続的に動員することによって光秀への従属性を高めるとともに、本拠地を離れた場所でも生活を送ることができる力量を身に付けさせたのである。

亀山城の城郭普請に国衆を多数動員していることも、光秀の強力な支配を浸透させることに効果があった。とりわけ光秀が、小畠左馬進自身が亀山城の普請現場までやってくることにこだわっている点に注目したい（領主編110）。亀山城の縄張りの細部や石垣など、基本的な部分は、近江国坂本城や山城国勝龍寺城と同様、最新の城郭技術で築かれていたものと推測される。左馬進は、亀山城でそうした技術を目のあたりにして、信長の権力の強大さに圧倒されるとともに、その技術を一定度学んだに違いない。それを裏づけるように、本拠地の宍人の城館を改造するにあたって、そうした城造りの職人を呼び寄せるなどして、新しい技術に基づく虎口（城の出入口）を造りあげている。この他、小畠氏の幼い当主伊勢千代丸に明智姓を与えたり、和久左衛門大夫の例でみたように、国衆の城郭を破壊する城割り政策を適用したりするなど、光秀は統制策を次々と打ち出していった。

しかし、光秀の思いとは別に、そうした理念が実際に国衆に受け入れられたかどうかは別に検討しなければならない。たとえば、和久左衛門大夫の城割りを例にしてみると、光秀は奉行を派遣するのではなく、自分たちの責任で城割りを実行させることにしていたらしい。ここに光秀の限界性と、国衆と光秀との対立の火種が認められる。本能寺の変の直前まで、そうした火種がくすぶりつづけていたとみて誤りではなかろう。

丹波の国衆にとっては、さらに困難な条件が待っていた。反信長の立場をとる波多野・荻野氏と運命をともにすることを避け、光秀に付き従っていった多くの国衆も、山崎合戦とそれにつづく混乱のなかで没落していったと推定される。山城勝龍寺城主であった長岡（細川）藤孝の系譜をひく近世熊本藩には、藤孝の支配地であった西岡の国衆出身の武士が数多くみられる。丹波の国衆にはそのようなことは望むべくもなかった。すなわち、丹波衆は、八上・黒井城の落城で没落し、また光秀の敗死で多くの家が絶えたのである。現在、丹波国に中世武士の家の文書があまり多く残されていないのは、以上のような理由によるのだろう。

しかし、すべての丹波衆の家系が絶えたわけではない。荒木氏綱と並河掃部は山崎合戦の前後に消息を絶つが、川勝継氏の場合は、その子秀氏がのちに何鹿郡内に所領を与えられている。黒井城主だった赤井忠家は遠江国に下ったあと、秀吉の馬廻りになったらしい。赤井時直（荻野直正の末弟）は、小牧・長久手の戦い（愛知県小牧市ほか）に際し、丹波で徳川方として軍事行動を起している。小畠氏は豊臣政権下まで生き抜いていた。

光秀が蒔いた種は、決して多くはないものの花を開いたのである。そしてなにより、光秀の築いた亀山城とその城下町は、近世社会になって、地域の中心都市として亀岡地域をいっそう繁栄させる大事な基礎を築いたのである。

第3部 政策と文化

Ⅰ　明智光秀の民政

桑原三郎

緒言

過去三百余年の間、明智光秀は小器邪奸な人物として批判されて来たが、常時の根本史料に據れば、民政上に於ては卓越せる政見と治績を見る事が出来る。凡そ戦国時代に於ける各地の新興武将は、その勢力の充実拡張を計らんがために、その領民には各々慈政を施す事に努めたものである。即ち領民に対する善政は織田・上杉・武田・北條・毛利等諸氏のみに限られるもので無く、その他の武将に於ても概ねこれと一般であった。従って光秀の民政もこの全般的状勢の一端に過ぎないが、その中にも光秀の民政は特に異彩を放っていると考える。仍って以下節を追って光秀の施政・政見及びその影響の概略を述べる事とした。

第一節　丹波・丹後・大和の検地

室町末期の地租は紛乱の状を呈し、公領・私領・開墾地・買得地等々所有地の全般に亘って隠蔽や横領が行われ、課税の軽重・度量衡の種別も雑多であった。されば信長が天下統一の業を完成するには、必然検地を断行せねばならなかった。しかしながら元来検地は庶民の利害に直接的影響を及ぼすので、何の時代にも難事業である。殊に当時の如き混乱時代に於ては頗る難事業であった事は推考に難くないが、天正の初期織田信長は京畿の略定を終えた時、愈々征定を了せる各地に検地を断行する事とし、天正八年八月、明智光秀と瀧川一益に大和一国の居検地を命じた。常時の大和国人は未だ検地の何ものかを知らず、流言乱れ飛ぶ等騒然たるものがあった。殊に大地主たる興福寺からは、「浅猿事見聞、且厭り穢土之第一、欣求浄土ハ一念無之、沈思々々」等囂々たる非難の声を浴びながらも、翌九月二十六日には愈々居検地を開始し、興福寺に宛て左掲の起請文に誓約すべき旨を通達した。

敬白　霊社起請文前書事

一當寺領幷私領・買得分皆一職何町何段事

一諸談義・唐院・新坊何町何段事

一名主拘分何町何段事

一百姓得分何町何段事

一當寺老若・衆中・被官・家来私領幷買得分・扶持分何町何段事

右以五ヶ條書付申入、田畠・屋敷・山林聊も隠置申儀無之候、爲其何も本帳懸御目候、若此旨於御不審ハ、急度百姓前直可被成御糺明候、其上不寄多少出来分至有之者、爲曲事物寺領以可有御勘落、安土可被達　上聞、爲證文飜寶印居血判申上者也、仍前書如件

九月　　日　　　　　　　　　　　　　　興福寺

衆徒中

瀧川左近殿

惟任日向守殿

右によれば土地の種類・所有者の種別の何たるを論ぜす、凡て段数までの記載提出を誓はしめた事が判る。而して斯くの如き差出しを命ぜる通達は、同国内に於ける本所・寺社以下一切の地主に送られたのである。[1] 更に十月十九日には国内一円に歩数までの検出を厳達した。[2] 当時歩数までの精細な検地は甚困難であったに相違ないが、光秀等は僅か四十日間の現地滞在で終了し、京都に引き上げている。[3] 右の如く予想外な短期間に、併も騒動も無く検地を終わった事は、一面信長の勢威にもよるが、他面には光秀の卓越せる民政上の手腕の一端が示されたものであった。[4]

その直後、明智光秀は更に丹波・丹後二国の検地も実行した。右両国は光秀が天正四年以降五箇年間、苦心嘗膽の結果平定した土地である。[5] 左に二国の検地の事実を細川文書によって立證する。光秀は天正九年九月、その検地を終了した趣を信長に報告したので、信長は次掲の書状を光秀に送った。

一色知行今度出来分、前後引合弐萬石之通、以検地員数引渉候、残所長岡兵部大輔(細川藤孝)ニ可遣候也

天正九

九月七日　　信長（朱印）

惟任日向守殿

又信長が細川藤孝に宛てた書状に、「丹後国[6]一色知行出来分事、預置惟任日向守可令相談、猶追而可令知也」とあるから、光秀が丹波の一色義有の旧領地を検地した結果、その新丈量に基いて諸将に新しく所領地を石高にて分与した

事が明白である。併して右の二万石とは、従前当地方で使用されていた升目で無く、京都の升目であろう。これ以前、営地方の升目は光秀の手によって、早くも度量衡の一定が企図され、京升に画一されつつあった。同年六月二日付の光秀の書状の中に、「陣夫荷物之軽重、京都法度之器物三升」とある事によってもこの事情が判る。(7)

又細川文書には左掲の書状がある。

矢野知行今度出来分事、長岡に遣之候き、然而只今矢野因州向令在陣之條、無帰陣之間、強而上使と入置候ては如何候間、先者令用捨、帰国時申付尤候、又矢野本地相渡分事員数無相違郷切仕、無申事候様候て可然候、可成其意候也

九月十日　　　　　　信長（朱印）

長岡兵部大輔殿

惟任日向守殿

右は丹波の豪族矢野光長の旧領地を検地した結果、その新しく得た土地を細川藤孝に与える。しかし矢野光長が因幡に出征中であるから、その帰国を待って、新封地として旧所領の段数と寸毫も違はぬ該当地を与える事を命じたものである。光秀等は丹波丹後二国を一括的に平定したので、その二国の検地もその直後一括的に行はれた事がこれに據って明白である。而してその検地は大和国と同様な精密な居検地が行われたものと推想し得る。

されば著名な豊臣秀吉の検地も勿論秀吉の発案ではなく、これ等の検地を範としたものであり、寧ろこれ等の検地を継続し進展させたものである事が判る。

註

(1) 多聞院日記同年九月二十六日條。
(2) 多聞院日記同年十月十九日條。
(3) 多聞院日記同年十一月二日條。
(4) この詳細は拙稿歴史地理第七十巻三號に述べた。
(5) 詳細は拙稿軍事史研究第二巻第二號を参照され度い。
(6) 細川家文書天正九年細川藤孝宛の信長書状。
(7) 前田家文書同日付光秀書状。

第二節　丹波の治政

光秀の丹波に於ける民政は、僅か数年間に過ぎないが顕著な治績を残している。例えば商業の発達を期図し、天正八年七月、同国多紀郡の宮田市場に次の如き市場掟書を掲げた(1)。

定

一、喧嘩口論押買狼籍停止之事
一、国質所質請取沙汰、諸式非分之族停止之事
一、毎月市日、四日・八日・十二日・十七日・二十一日・二十五日
右條々於違犯之輩者、速可處嚴科者也、仍如件

天正八年七月　日　　　　光　秀（花押）

宮田市場は今は衰亡して見る影もないが、この頃は四通八達の巷にあって、繁栄せる商業地であった。[2] 然し争乱の後とて市場の機能も阻害されるところが少くなかったので、光秀はその取引を妨害する争論・強要売買・国質・所質等の違犯を取締ると共に、毎月六回四日置きの市日を規定し、その発達を期図したのであった。又工業の発達を計画した。例えば丹波下坂井村文書には次掲の書状がある。

汝両人諸役令免許畢、於用所者直申付者也、仍如件

天正七年

二月十八日　　　　光秀（花押）

宮田鍛治

次郎太郎所

矢代村鍛治

与五郎所

右は有事の日に備えんがため、鉄工業の発達を計り、宮田鍛治長時等に課役を免除したものである。この後桃山時代に入ってから、豊臣秀吉もこの光秀の意図を継ぎ、更に宮田鍛治五人に免許状を与えている。[3]

右の如く光秀が検地・商工業の発達等に政績を挙げつつある裏面には、光秀が民意に周密なる注意を払い、温情を以って領民に臨んでいた事を見逃すことが出来ない。丹波富永文書には左掲の書状がある。

今度赤井五郎御成敗之儀被仰出任上意之旨申候、仍在々所々不寄誰々急度可還住者也

天正七
八月二十四日　　　　光秀（花押）
氷上郡
寺庵中
高見山下町人中
所々名主中
所々百姓中

これ光秀が丹波平定の際、同国氷上郡内の豪族赤井忠家を鬼ヶ城に包囲の持久戦を布き、頻りに和順を勧説したので、忠家の和順を見たが、その後信長の命によって遂に忠家を亡ぼした。(4) 仍って旧赤井領民に対し、主命によって餘儀無く旧領主を亡ぼした事情を布告し、本住地に還る様命じたものである。又領民の課税徴収に当っても周密な注意を払った。例えば中島寛一郎氏所蔵文書には次の如き年貢請取状がある。

納宇津領内年貢之事
合参石者
壱斗五升者夫米也　黒田瀬瀧両所分弁
右所請取如件
天正九年十二月四日　（光秀花押）（秀満判）

右は光秀が同地の治政を代掌させていた愛婿明智秀満（光春）が徴収せる僅か三石の年貢の請取状に、更に光秀自身親しく花押を書して確認せるものである。

斯くの如き施政の態度は、単なる人心収攬策とのみ考える事は出来ない。前田家文書の中に、同年六月光秀がその傘下の全将兵に令した軍律があるが、その一節に「武勇無功の徒輩は国家の財を徒費し、公務を掠むるに似たり」と誡めているから、光秀の民政は高き識見に基き、善政を施さんと期図しつつあった事が判る。而してこの政見に基ける慈政は、彼が信長父子を亡ぼして独立するに及び更に著しく見る事が出来る。

註

(1) 丹波多紀郡宮田村文書。
(2) 丹波志・丹波多紀郡明細記・丹波篠山領下記等参考。
(3) 丹波多紀郡宮田村文書。
(4) 細川家記・丹波志・明智軍記等。

第三節　京都の地子永代免除

天正十年六月二日の早暁、光秀は織田信長・信忠父子を本能寺・二條御殿に襲撃したが、即日その討滅せる理由を天下に布告して、[1]「父子悪逆、天下之妨、討果候」と宣言し、織田氏が悪政を施すが故に、社会のため討ち果した旨を明かにした。即ちその討滅は光秀が抱懐する善政を天下に施さんが爲であった。次いで光秀は織田氏の本據安土一帯の地も平定し得たので、同月九日の早朝上京し、直ちに皇室及び公家の社寺等に金品を奉献すると共に、[2]京都の町民に地子銭を永久に免除する旨を布告し、部将三宅秀朝を所司代として市民に当らしめる事とした。(3)かくて同月二日に宣言せる政綱の一端は早くも実現した。町民はこの布告を受けて欣喜雀躍の観を呈した。(4)

右の永代地子銭免除令は一見極端な人心収攬政策の如く見えるが、当時まで約二百年間の京都は混乱政治の中心地として賦歛続出したのであるから、単なる人心収攬策で無く、その中には苛政改善の意図が多分に包含されていたものと観るべきであろう。併してこの政令は決して「一時の出来心に基く」もので無い。即ち光秀は永禄十二年以来天正四年まで、織田信長・足利義昭の奉行として京都の行政権を管掌していた。例えば山城若宮八幡宮文書には、

当所縄内若宮八幡領年貢地子銭、任当知行之旨、可有社納候、於無沙汰者、可令遣責者也、仍如件

天正三

極月二十九日　　　　村井貞勝（花押）

明智光秀（花押）

西九條

名主百姓中

とある。右は同神社西九條領の民に、同領の貢納を懈怠なき様に光秀等奉行が厳命したものである。斯くの如き書状は現在京都の諸社寺等に多く所蔵され、彼が数年間京都の市政を管掌せる事実を明白に物語っている。(5)されば この地子永久免除は、彼が多年に亘る民政の体験に基ける政策の一斑であったと考えられる。仍って大内山からは久我吉通・土御門通里等を光秀の所へ御差遣あり、「地子銭免除叡慮感之旨」を伝達遊ばされたと伝えられている。(6)町民が免除令の布告を見て、「難有思ヒヲナシ悦合」った事も当然であった。

しかしながらこの光秀の抱負する善政も、山崎の会戦によって一炊の夢と化し、京都市政も一転して豊臣秀吉の手に掌握された。かくて秀吉は光秀の下した政令を悉く撤廃したので、地子銭は再び町民に課せられる様になった。(8)然し町民は一度施された慈政の復活を熱望して止まず騒然たるものがあった。秀吉は山崎会戦の直後、京都の人心鎮圧の目的を以って桑原次右衛門を京都奉行としたが、次右衛門も右の熱望を抑圧する事能わず、遂にこれが原因となって奉行を免ぜられた。(7)その時の秀吉の書状には「今度為目付京都残置候事ハ、したく不慮族共可在之候條、左程之狼籍人聞届、堅令成敗、神妙ニ可申付為にて候、○中略京中預物以下糺明申付候儀も、地下町人等草のなひきたるへきニ、天下をくつ返すほとの悪逆人を取もち徒なる輩を、(候脱カ)且ハ可相撰ためにて候」とあって、秀吉が極力人心鎮圧に努めた事情が判る。

而して次右衛門の代りに浅野長吉・杉原家次を派遣したが、京都町民の地子免除令復活の熱望は陋固として抜く事が出来なかった。仍って秀吉は遂に天正十九年に、光秀の地子銭永代免除令を復興するの餘儀無きに至った。久我文書天正十九年九月十三日付の秀吉書状に、

山城国吉祥院内合四石四斗五升事、京中屋地子為替知遣之訖、全可有領知候也

天正十九

九月十三日　（秀吉朱印）

久我殿

とあり、又京町古格の同十九年十二月二十八日付木下半介等請取状に「上下京中地子銭御めんなされ、御朱印筆切銀子二十枚請取申候」とある事によっても、秀吉が遂に地子銭を永久に免除し、従来地子を知行せる宮家・社寺等にそ

の代償として、新知を宛行った事を覗ひ得る。かくて町民の脳裏には、光秀の慈政を恩恵とする念が更に深く刻まれた[8]。光秀の反対側の者が著した秀頼事記にすら「今ニ至ルマデ京中ノ屋地子無キハ、明智日向守カ恩也」と特筆している程である。

次いで政権を掌握した徳川家康も、京都の地子免除は是認せざるを得なかった。例えば北野文書には

西京上下町人屋地子之事、如京都相構候條、任先例令免除訖、不可有改働候由、所被仰下也

慶長九年十二月二十日　　伊賀守朝臣（花押）

と見え、家康は京都所司代板倉勝重をして京都の地子免除を続行せしめた。

更に三代将軍家光は、寛永十一年七月、京洛町続き二百四丁及び堺・大坂・奈良にも地子を免除した[9]。寛永日記には、

一、往昔、明智日向守光秀洛中ノ地子銭ヲ免許セシメ、残リ洛外ノ分ヲ、今度復家光公御赦免也

一、堺・大坂・奈良此三箇所モ地子銭御赦免アリ

とある。徳川氏は右の如く京都以外の都市にも地子銭免除令を拡めた程であるから、江戸の地子は開幕当初より免許した[10]。されど江戸中期に至り、幕府が財政困窮を招来した時、荻生徂徠は新財源をこの地子免除撤廃によって獲ん事を提唱し、「京中・江戸・大坂・伏見抔、地子銭ヲ出サヌコト古法ニ違フコト也、田舎ノ地ニハ年貢ヲ不出地無、都モ古ハ如此百姓ヨリ計年貢ヲ取テ、町人ニハ取ラヌハ、如何ナル故ニヨリテ、町人ノ会釋ハ箇様ニ結構成コトゾヤ、此起リハ明智日向守ヨリ起ル、其悪例ヲ太閤用ヒ玉ヒテ、大坂ニモ取レズ有シヨリ、江戸モ其通リニ成タリト見ヘタリ、明智ハ主君ヲ弑シタル人也、信長公ハ御当家ノ御味方也、然ルニ萬代迄モ、明智ガ恩徳ヲ人々ニ有難ガラスコト

如何ナルコトゾヤ」と痛論した事もあったが、大坂・江戸・堺・京都以下の町人は、既に社会の新興勢力として欝然たる勢威を有し、地子免除令の撤廃の如きは更に困難な状勢を辿っていた。かくて京都・大坂・江戸・堺・奈良等の地子は江戸末期まで概略免除されていた。

註

(1) 寸金雑録所収六月二日付の西尾光教宛光秀書状。
尚この史料は帝大史料編纂所桑田忠親氏から御教示を得たものである。
(2) 兼見卿記六月九日・十三日・二十三日條、大徳寺文書　光秀・神戸信孝書状、増補筒井定記同月四日條。
(3) 京都町定舊事記、永禄以来大事記、織田信長譜、明智軍記、義残後覚等。
(4) 増補筒井定記、明智軍記、義残後覚等。
(5) 清凉寺文書・賀茂別雷神社文書・宝鏡寺文書・妙智院文書・妙顕院文書・曇花院文書・法金剛院文書・妙蓮寺文書・光源院文書等の光秀各書状。
尚この詳細は拙稿國學院雑誌第四十三巻第四號に述べた。御参照を得れば好甚である。
(7) 立入文書同十年八月七日付秀吉書状。
(8) 甫庵信長記に信長が天正元年七月、京都の地子を永代免除した定書が載せられているが、既に徳富博士が近世國民史に述べられた如く全くの偽書であり、信長が天正十年まで地子銭の徴収を認めていた事は本稿第三節に掲げた光秀書状に據っても證明し得る。
(9) 大猷院殿御實紀附録の家光上洛條、寛永日記七月十七日條、大坂濫觴書一件等。
(10) 竹越與三郎氏著日本経済史第五巻参考。

結語

右の如く光秀は高き政見に基き、卓越せる民政上の手腕を振い、その治績は地子免除・検地・商工業の発達等顕著なるものがあった。蓋し当社会に於ては特筆さるべき民政であった。光秀の生命は山科小栗栖の朝露と共に消え、その高き政見も実現の第一歩に於て挫折した。

しかしながらその施政は、悪逆と罵嘲せる豊臣・徳川両氏も採用し伸長するの餘儀無きに至らしめた。併して近世に於ける京都・江戸・大坂・堺・奈良等の町人には、光秀に対する世上の悪評を外に、その施政を恩徳とする者が少くなかった。殊に京都の町人は光秀の慈政を竊に追慕して止まず、今も尚京都府の御霊神社には光秀を副祀し、その墳墓も京都市白川橋梅宮町内に残存している。

【付記】読む際の便宜を図るため、旧字体は常用漢字に直し、一部の旧仮名遣いも改めた（編集部）。

Ⅱ

織豊系城郭の地域的展開——明智光秀の丹波支配と城郭

福島克彦

はじめに

現在、中世城館の研究には多種多様な方法が存在するが、この一〇年間で飛躍的に進展してきた分野として縄張調査があげられる。これは主に地表面観察による遺構の確認やそのプランを考察する方法であるが、一九八〇年、村田修三氏が「地域史と在地構造分析の史料として活用する」[1]視角を導入したことにより、本格的な歴史学的位置を次第に獲得することになった。以後、縄張調査は全国的に拡大しつつあり、貴重なデータを提出している。

しかし、一方で方法論に関する議論の乏しさから、問題点も数多く指摘されている[2]。特に急速に集積しつつある縄張概念図をいかに評価し、編年していくかという点は、史料化という前提を考える上できわめて重要な課題といわねばならない。縄張調査が個別的に行われている一方で、こうした編年化の問題は今まで看過される側面が強かった。

このような状況の中で最近、充実した編年案を構築しつつあるのが、織田、豊臣、徳川という一連の統一政権の城郭を対象とした、織豊系城郭研究の分野であろう。これについては村田氏[3]や中井均氏[4]などの先駆的な研究があるが、これを受け継ぎつつ、独自の編年案を提示しているのが千田嘉博氏[5]である。千田氏は全体の遺構から突出部分を位置づける姿勢を保持しながら、主に虎口の折れと空間の発達に着目して、織豊系城郭の発展過程を五期にして説明している。氏の立論の基礎にあるのは、城郭構造を徹底して模式的に図示し、考古学的分類によって時期を位置づけていく方法にある。これによって、今まで「特徴」の抽出という段階にとどまっていた織豊系城郭の構造を「発展過程」という形で集約し、関連遺構を一律に評価することが可能となったのである。

さて、以上のような先学の研究は統一政権の拡大の中で包摂されていく在地の中世城郭との相違に力点を置いたため、その「近世的要素」のみが強調されてきた。しかし、その一方で在地で連続する「中世的要素」も織豊系城郭には残存する。われわれが地域史の史料として活用するためには、このような在地の特徴にも注意を払う必要がある。

実際、織田政権は個別的に発展してきた在地領主制を包括しつつ統合しているため、その領域内部に必然的に権力差を生じざるを得ない。この権力差は当然、各地域単位で反映されたことが予想され、それがすなわち地域差となって織豊系城郭の発展過程にも多少なりとも作用したと推定される。すなわち、織豊系城郭の発展の本質は単にその権力体の一方的な進展および拡大にのみ集約されるのではなく、統一政権と地域権力との間の段階的な緊張状態の変化に規定される側面も有していたといえる。

したがって千田氏の編年案に一方で地域差という視角を盛り込む必要がある。これには城郭構造の突出部分のみならず、それ以外の古い側面にも着目して、全体的に評価することが不可欠である。しかし、さまざまな部分的遺構に焦点をあてることは細分化に陥る可能性も存在し、研究上好ましくない。これを克服するため、筆者は前稿(6)と同じく時期と地域を限定して織豊系城郭を探求する方法を提示したい(7)。こうした限定によって地域の歴史的環境から想定できる築城、改修の画期と千田氏編年案との相関関係が把握でき、発展過程における地域差の意味を問うことが初めて可能になると思われる。

そこで本稿では前稿の目的および方法を継承し、明智光秀の丹波支配下における織豊系城郭について考察したいと思う。丹波は天正三年（一五七五）頃から本格的な織田政権の侵入を受け、統一政権と地域権力の激しい抗争が展開されている。こうした状況は明智光秀の統治下でも基本的には根強く継続したと考えられ、統一政権の浸透の度合と織豊系城郭の地域差を追求する上で丹波は極めて興味深い地域といえる。

以下、丹波の地域史をまとめながら、明智氏時代の織豊系城郭について考察していきたい。

一、考察の視点

本論に入る前に、織豊系城郭の地域的拡散を考察する上で最低限の留意点を、主に文献による現象的な側面から集約しておきたい。なお、ここでは織田政権に限って考察する。

築城の規範性

織田政権の地域支配は各部将に分国を与え、一円知行せしめることによって構成されている。こうした地域支配を推進する順序については近江の分封支配等で指摘されるごとく、各部将の城への配置が支配権の委任よりも先んじて行われるという(8)。したがって織田権力の地域支配の浸透には、その城郭改修や築城が支配の前提として大きな意味を持っており、地域支配強化の一環として位置づけられる。

各地域に派遣された部将は旧来の守護権を継承し、軍事統率権、知行宛行権等を行使する「一職支配」を展開する。(9)しかし、一方で中央の信長による上級支配権が及んでおり、「越前国掟」(10)にみられるごとく部将に対する統制もなされている。この第一条に「国中へ非分課役不可申懸」とあるため、やはり部将による無断築城も規制対象に入ったと推定される。実際、天正三年九月の加賀攻略の時、木下秀吉が大聖寺城（石川県加賀市）の「普請注文」を信長に送っており、(11)築城の事前連絡が必要だったことが推定される。信長も順次、在地支配や前線の築城を積極的に許可している。

元亀二年（一五七一）十月、細川藤孝が山城勝竜寺城（京都府長岡京市）を改修する際、桂川左岸の家屋から築城人夫を三日間徴発することを信長は認めている。(12)また天正十年（一五八二）の甲斐武田氏討伐の時は川尻秀隆に「繋の城」の必要性を説き、場所も四か所候補としてあげている。(13)これら二つの史料は数多くの築城許可の内容のうちの部分的なものに過ぎないが、信長の指令が人夫徴発の内容や築城場所の設定など多岐にわたっていたことが確認できよう。したがって信長は地域支配の各部将の築城、改修に上級支配権を行使しつつ、これを積極的に統轄、管理しようと志向していたのである。

こうした信長による築城状況の規範性を具体的に示すものとして織田系各部将間の築城技術の交流があげられる。天正四年（一五七六）七月、信長は滝川一益が安土城（滋賀県安土町）の自らの屋敷に使用しようとした「門矢蔵」の材木を譲るよう打診し、周知した場合は「其矢蔵こしらへ候大工功者を五人可差越候」と指令している。(14)安土築城には近隣の手工業や人夫が徴発されたが、一方で各部将も大工を派遣しており、熱心な技術交流が展開したものと想像される。また、人的な交流に加え、築城道具の伝達も織田政権内部で積極的になされている。元亀二年二月、織田軍が佐和山城（滋賀県彦根市）攻めの付城を引き払った際、「諸執出之道具」を次の小谷城（滋賀県湖北町）攻めの付城用として樋口直房、木下秀吉が保管している。[15] つまり付城の資材は一城に完結するものでなく、連続する軍事的緊張下、各部将に継承されていくことが確認できよう。

さらに天正元年（一五七三）七月、明智光秀の勧めで京都吉田山築城を考えた信長は、柴田、丹羽、滝川、木下等各部将に実地検分をさせている。結局、構築不適と判断され、築城は回避されているが、[16] 各部将によって検分させている事実は、彼らの間に築城に関するある一定の共通理解が存在したことを推定させる。

このように織田政権下の城郭は信長の上級支配権という枠組の中で技術交流が展開し、その権力を背景に発展、形成されていたことが確認できる。

地域的拡散

しかし、このような織田政権下の城郭の発展は各部将の独占の内で展開したものではない。元亀三年（一五七二）九月、乙訓郡の革島（河島）越前守は細川藤孝の与力であることを信長に再確認された後、藤孝と「陣参、普請己下速相談」するよう、命じられている。[17]

また、大坂の石山本願寺攻めの際、河内の在地領主、保田知宗は付城を堅固に築くため「普請等之事、柴田被遂相談」れるよう、信長に指令されている。[18] つまり、各在地領主は信長の傘下に入った段階でその城郭普請を柴田氏などの織田系各部将と相談で行うよう、強制される場合があったのである。したがって織田政権時代、その築城技術は領域内部において無限に拡散する可能性を持っていたといえる。

こうした地域的拡散の前提条件となるのが在地勢力の飛躍である。あくまでも自明の事であるが、築城技術の拡散は単純な政権関係の人的接触の程度でなく、経済力、労働力、技術力、そしてその総体となるべき権力の浸透が前提となる。しかし統一過程にあった織田政権では当然軍事力にも根強い在地性を帯びざるを得ず、権力の浸透も各地域一様に進行しなかったと推定される。むしろ逆に、別個に進行した在地の中世城郭の発達が織豊系城郭の浸透に一定の制肘を加えたことも予想できよう。

前稿でも若干ふれたが、近江にある土山城（滋賀県土山町）では甲賀郡中惣の方形プランと虎口空間を持つ枡形虎口がセットで使われており、注目される。これは千田氏が「新しい要素と古い要素が混在している」[19]と評価した虎口形式の状態と決して無関係ではない。甲賀には他に織豊系と推定される黒川氏城（土山町）も存在するが[20]、厚い土塁で囲まれた方形の曲輪が独立性を保持して分散しており、全体的に求心性の弱い構造にとどまっている。これらの特徴は甲賀郡中惣という強固な在地形態が織豊系城郭の発展をある一定レヴェルで規定する側面も有した状況を物語っている。われわれは地域史の中で織豊系城郭を捉える場合、突出部分に象徴される近世的側面のみを強調するのではなく、在地で発展してきた中世城郭との連続性を再確認する必要があろう。

小括

粗雑な記述に終始したが、織田関係の城郭について、以下の特徴がとりあえず抽出できる。

（1）織田信長を首班とする統一政権の中枢は、各地域に展開した織田系各部将に上級支配権を行使し、その城郭に対しても統轄、管理を志向していたこと。

（2）織田政権の領域内部で築城技術の交流や部将間の実地検分による協議などが行われたこと。したがって各部将レヴェルで城郭が個別に発展したのではなく、織田政権を背景とした全体的な権力動向の中で城郭の発展過程を捉える必要がある。

（3）織田政権の傘下に入った在地領主たちはその軍事的必要性に応じて、織田系各部将と相談した上で築城することを強制されたこと。つまり織田政権下の城郭の発展は政権上層部で完結したのではなく、新たに服属した在地領主へ浸透する可能性を持っていた。

（4）あくまでも遺構面からの評価だが、織豊系城郭の発展過程は強固な在地構造に規定される側面も有したこと。

これらの内容はあくまでも粗雑なアウトラインに過ぎず、織田政権の段階的な発展にあわせて、絶えず変質したことが予想される。今後、統一政権の権力動向との相関関係の中で追求されるべき内容であるが、本稿の範囲ではとりあえず先の四つの視点を抽出することによって、研究視角をまとめておくにとどめる。

二、明智支配期丹波の政治的状況

明智光秀の丹波経略

次に織田政権が丹波に介入を開始した明智支配期の政治的状況を把握しておく。なお、当時の文献史料は極めて少ないため、本内容も予察の域を出ないことをあらかじめ断っておきたい。

戦国期における丹波はほぼ郡単位で在地領主が割拠する状態が続いたが、天文年間（一五三二～五四）頃になると、

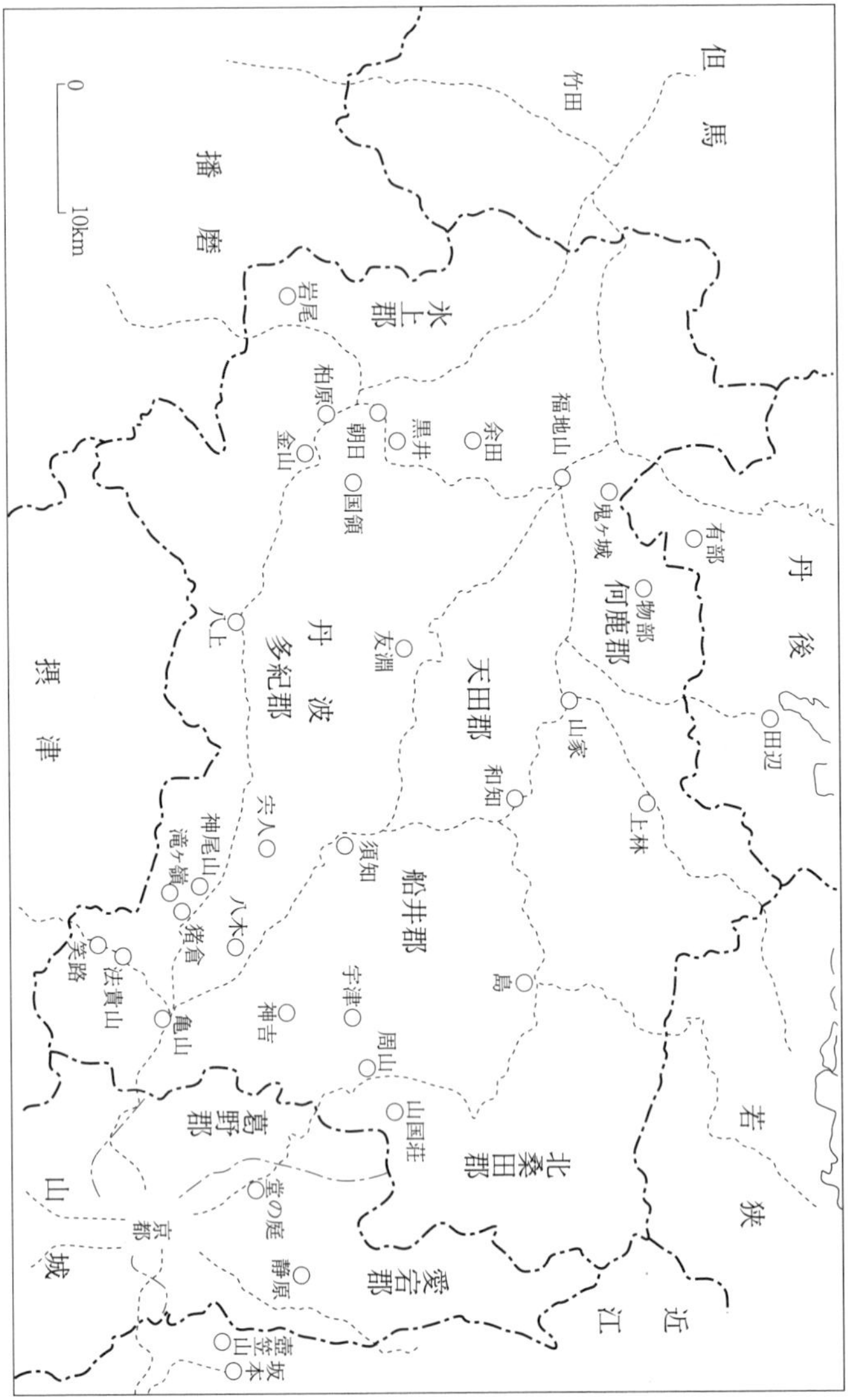
但馬
丹後
若狭
近江
山城
摂津
播磨
氷上郡
何鹿郡
天田郡
丹波
多紀郡
船井郡
北桑田郡
葛野郡
愛宕郡
竹田
岩尾
柏原
金山
朝日
黒井
余田
国領
福地山
鬼ヶ城
有部
物部
友淵
八上
山家
田辺
和知
上林
宍人
神尾山
滝ヶ嶺
須知
八木
猪倉
笑路
法貴山
亀山
宇津
神吉
島
周山
山国荘
堂の庭
京都
静原
壺笠山
坂本
0
10km

図１　丹波関係図

京都で細川晴元政権、さらには三好長慶政権が相次いで成立し、丹波に対する中央の圧力も次第に強まっていく。すなわち天文二十二年（一五五三）、長慶の臣松永長頼が丹波守護代を続ける内藤氏を継ぎ、八木城（京都府八木町）に入城したのである。しかし永禄八年（一五六五）八月、氷上郡黒井の荻野直正が長頼を敗死させるのを契機に、荻野、波多野、須知氏らが反三好党を形成し、その勢力を一掃してしまう。(21)既に波多野、荻野氏などは近隣の荘園を蚕食し、着々と在地基盤を固めつつあった。(22)その意味で長頼の敗死は一時的ではあるが丹波の在地領主による中央権力の排除という画期的な出来事であった。

永禄十一年（一五六八）九月、尾張の織田信長は足利義昭を奉じ入洛を果たした。翌年九月、抵抗する三好三人衆の籠る摂津芥川城（大阪府高槻市）を落としたが『永禄以来年代記』によれば、この時丹波の「国衆」が馳せ参じ、初めて信長と接触したという。

室町幕府と二重構造の状態だった当時の織田政権は丹波の地域権力と比較的友好的な関係にあったらしい。丹波で最大の勢力を誇った波多野秀治は信長と物品を交すなど、(23)親密な仲にあり、芦田五郎（荻野忠家）は丹波奥三郡における所領を、(24)上原右衛門少輔は何鹿郡物部の本領と隣村である丹後有路村の領有も認められた。(25)こうした信長の知行宛行権が遂行されていることからも、永禄〜元亀年間の丹波の在地領主の大半は織田政権に服属していたことが窺える。

この状況に変化をもたらしたのが、元亀四年（一五七三）四月の信長による足利義昭の追放および室町幕府の滅亡である。これを契機に荻野直正が信長から離反し、(26)以後、甲斐の武田勝頼や(27)中国地方の吉川氏等と同盟し、(28)反信長戦線の一角を占めるに至る。また天正三年六月になると、内藤、宇津氏らも離反したらしく、信長は北桑田郡の川勝継氏[29]や船井郡の小畠左馬助[30]に明智光秀の征討軍に協力するよう要請している。以後、光秀がどのような戦闘を繰り広げたか不明だが、片岡藤五郎宛の書状[31]では天正三年十月頃、攻撃対象が丹波黒井城（兵庫県春日町）の荻野直正に絞られた模様である。そして同年十一月、光秀は「丹波国衆過半無残所惟日一味候」[32]と記されるごとく、大半の在地領主を従えて黒井城を攻囲する。

ところが、翌天正四年正月、光秀軍に加わっていた波多野秀治がにわかに裏切り[33]、光秀は敗走する。こうして丹波の在地領主は川勝継氏等の一部を除いて一斉に離反し、織田政権は新たな対応を迫られることになった。これは単純な本領安堵で在地領主を包摂していく政権の初期の指針が破綻したことを如実に示すものである。既に荘園を押領、獲得して勢力基盤を固めた在地領主側と所領回復を願望する公家、門跡との矛盾が拡大しつつあった。織田政権は公家、門跡の要請に応じ、荻野直正[34]や宇津頼重[35]らと折衝を繰り返している。そして天正三年十二月、光秀が丹波を対象としたと推定される徳政令を発布し[36]、所領関係をめぐる織田政権の実効力が次第に増しつつあったと考えられる。

天正五年（一五七七）十月、一時中断していた光秀の丹波経略が再開された。今回の経略は「二筋も三筋も人馬之往還無障候様」[37]多紀郡、氷上郡への軍道を整備する入念な用意がなされている。そして丹波各地の戦闘は次第に波多野氏の八上城（兵庫県篠山町）攻めへ集約されていく。天正六年（一五七八）十二月、光秀は屏、柵、堀によって城郭を攻囲、翌七年六月、遂に八上城を陥落させた。

その後、光秀は同年七月、宇津城（京都府京北町）攻撃、八月には荻野氏の黒井城を落城させた。そして九月の国領城（兵庫県春日町）を攻略するにおよんで、丹波経略は一応完了した[38]。

明智光秀の丹波統治

天正七年九月の経略完了より同十年（一五八二）六月の本能寺の変まで、本格的な光秀の丹波統治が展開する。統治の拠点としては一次史料から確認できるものとして、亀山城（京都府亀岡市）、福地山城（京都府福知山市）、周山城（京都府京北町）、さらに改修の最中だった「加伊原新城(39)」、宇津城(40)などがあげられる。特に亀山城、福地山城は二次史料によって大規模な築城人夫の動員、転用石材の徴収が推定される。例えば亀山城については『丹陽軍記』に「近辺ノ神社仏客格子・扇・遺戸・敷石マデモ借用シテ」資材を調達し「近国ノ工匠五六百人、人夫五千余人呼集メ」て築城労働力にあてたという(41)。実際、こうした状況を裏付ける史料があるので引用したい。

別院倉米以去年分之内、米六石六斗六升、六十人中村、七石一斗、七十一人安栖里村、合拾三石七斗之事、亀山普請儀者、片山兵内百姓人別為廿日飯米可被相渡候也、仍如件、

天正九年卯月十八日　　光秀

瀬野右近殿

東澤加賀殿(42)

「亀山普請」に関する史料だが、これによって亀山築城の人夫動員が組織的に行われ、丹波国和久郷、片山兵内支配下の百姓まで及んだこと、人夫の食糧は自弁でなく、中村、安栖里村など各村単位で、その人数に応じて配給基準が定まったことの二点が理解できる。亀山のみならず、福地山、周山、さらに細川藤孝の丹後宮津城（京都府宮津市）まで築城人夫が動員されたことを考えれば(43)、当時極めて恒常的な人夫徴発が敢行されたと推定できる。また、天正九年（一五八一）六月には「明智光秀家中軍法(44)」が定められ家臣の軍役賦課基準を設定している。

こうした光秀の丹波統治の進行は織田政権の更なる過重な軍役及び軍事行動の重要な伏線でもあった。時期は若干遡るが、天正八年（一五八〇）正月、光秀は丹波の三上、古市、赤塚、寺本、中路、蜷川氏ら在地領主に「西国御陣」が秋に実行されることを予告して、その準備として「十五日普請」を指示し、「侍者関（開）井戸堀溝、召遣下人・下部共者、百姓並ニ十五日間田畠可打開候」と命じた[45]。田畠の開墾が具体的に「西国御陣」とどう関連するか、不明であるが、光秀の丹波支配がこの軍事行動態勢の一環として強行されたことが推定できよう。

さらに天正十年五月、信長の三男信孝が丹波の国侍に宛てた興味深い書状がある。

従丹州馳参候国侍組々粮料、馬之飼弓矢鉄砲玉薬可下行之、船者組合人数次第中船小船、奉行江相断可請取之、海上遅早者　着□可守相図候、陸陣中備之儀　可任下知者也

天正十年午五月一四日　　信孝（花押）

丹州国侍中[46]

当時、織田信孝は信長から四国征伐の指令を受けているが、その動員が丹波の国侍にも及んだ内容である。国侍らは兵糧、弓矢、鉄砲、火薬の支給を受け、人数に応じて中船、小船に乗り込むなど、信孝の軍事指導下に入る具体的な指図が書かれている。当史料のみによって、光秀の丹波支配権が否定された[47]とは即断できない。ただ、この「西国御陣」前夜、信長の上級権力が丹波に対して支配権を強化しつつあったことは確認できよう。

こうした天正八〜十年にかけての拠点構築や支配権強化の一方で、展開したと推定されるのが、いわゆる「城わり」である。「城わり」は検地、国替と一体化して押し進める織田政権の基本政策として位置づけられている[48]。丹波では組織的に「城わり」が遂行されたと記す史料は現段階ではみられない。しかし、個別的なものとして、和久左衛

門大夫の居城破却に関する光秀の書状があるので引用したい。

　尚以和久左息并上介肥前入道取逃候、其山中ら外、別ニ可行方無之候、随分念を入、可被尋出候、以上、
和久左衛門大夫城破却之儀、去年申付之（候カ）処、号寺家被残置、任雅意之条、昨日加成敗候、近年逆意之催不可有其隠候、就其彼一類并被官人其在所へ逃入之（候カ）由之条、急度搦捕之可出候、下々於隠置者、雖至後年聞付次第、当在所可加成敗候、別而念を入尋出可有成敗候、猶上林紀伊守申候、恐々謹言、

　六月廿一日　　　　　　日向守

　　　　　　　　　　　　　光秀（花押）

　　出野左衛門助殿
　　片山兵内殿
　　　　進之候[49]

　当史料では年代が無記入だが、当時の歴史的背景から、一般に天正八年前後のものと推定されている[50]。光秀が城郭破却拒否した和久左衛門大夫を成敗し、遁走したその一族、被官を近隣の在地領主、出野、片山、上林に探索させた内容である。注目されるのは「昨年」にあたる天正七年に居城の破却を和久左衛門大夫自身に指令していることである。つまり在地勢力の拠点となる居城の破却を領主に委任して実行させている。こうした状況では「城わり」による在地掌握は不充分にならざるを得ず、和久氏のように居城を「号寺家被残置」る土壌が残ったのである。天正八年四月における羽柴秀吉「播磨九城城割り覚[51]」に見られるように、各城郭に秀吉直属の「城わり」担当者が派遣され破却が敢行されたことを想起すれば、光秀の「城わり」は徹底度を格段に欠いている。

また、明智支配時代から若干時代が下るが、天正十二年（一五八四）三月、羽柴秀吉と徳川家康が小牧の役で衝突した際、荻野直正の一族だった芦田時直が徳川方に呼応して蜂起し、黒井城、余田城（兵庫県市島町）を占拠している。このとき、徳川方の本多忠勝は時直に対し「久留井《黒井》被為引取、余田御堅固被仰付候由、尤之儀候(52)」と書状を送っている。丹波の在地領主らは根強い基盤を維持しつつ、羽柴秀吉支配期にも徳川方と同盟を結ぶなど、統一政権からある一定の自律性を保持し得たのであり、氷上郡の拠点黒井城や当時使用された形跡のない余田城を再改修するなどの潜在能力を内包していたといえよう。

小括

「西国御陣」という新たな織田政権の軍事行動に対応するため、丹波の広域的統合は明智光秀の緊急の課題だった。これを克服する具体的政策として亀山、福地山などの拠点構築が進められ、求心的な政治機構の確立が図られた。しかし、在地勢力の基盤解体を意図する「城わり」は在地領主らの抵抗もあり、徹底されなかったと推定される。したがって在地勢力の統一政権に対する強固な自律性は羽柴秀吉時代まで根強く存続したのである。

このような統一政権の権力浸透と在地勢力の抵抗（および妥協）という中央と地方の緊張状態は明智氏領国における織豊系城郭の存在形態にも大きく作用したものと推定できる。以下、その点にも留意しつつ、城郭遺構の考察に移りたい。

三、明智氏領国下の織豊系城郭

各城郭の考察

前述したように、明智氏時代の文献史料は極めて少なく、城郭遺構を時代編年できる一次史料も限定される。そこで二次史料や最近の実地調査で明智氏の改修、利用があったと主張される城郭をすべて第1表に示し、考察対象としたい。二次史料を補強材料としつつ、遺構面から、織豊系城郭の要素を析出し、その発展過程における歴史的位置を追求したいと思う(53)。

また、ここで扱う明智氏領国とは丹波一国と光秀の影響下にあった山城国愛宕郡、葛野郡(54)を対象とし、在地構造の相違が考えられる近江志賀郡は参考地域としたい。

なお、陣城と推定される城郭については既に前稿で取り上げた。本稿では石垣を使用したと推定される、恒久的な要素の強い遺構を考察する。

1、亀山城

亀山城は明智光秀の丹波統治の拠点として機能した城郭である。前章で取り上げたように、天正九年四月頃、片山氏ら在地領主に城郭普請の労働力を提供させている。また「亀山城地録(55)」によれば「光秀当国平均の上、近郷十ヶ村を城下につらね、新規に町家を建次、諸方より工商を呼集置し由」とあり、城下町の建設も伝えている。本能寺の変

第1表　明智支配期の使用が主張されている城郭一覧

城郭名	所　在　地	一次史料	二次史料	現　代　文　献
亀　山	京都府亀岡市	片山家文書	桑下漫録	『大系』（竹岡林）
神尾山	〃　〃		総見記ほか	『事典』（藤井善布）
猪　倉	〃　〃			『大系』（竹岡）
滝ヶ嶺	〃　〃			『京都府遺跡調査報告書第三冊』（藤井）
法貴山	〃　〃		長沢家文書	
笑　路	〃〃　〃			『事典』（中井均）
老ノ坂	〃　〃			『京都市内およびその近辺の中世城郭』（山下正男）
八　木	〃　船井郡八木町		丹陽軍記	
神　吉	〃　〃　〃		丹波誌	『大系』（竹岡）
宍　人	〃　〃　園部町	（小畠文書）		
須　知	〃　〃　丹波町		赤井伝記	
周　山	〃　北桑田郡京北町	津田宗及茶湯日記	老人雑話ほか	『大系』（竹岡）『事典』（中井）
宇　津	〃　〃　〃	兼見卿記	北桑田郡誌	『大系』（竹岡）
島	〃　〃　美山町		（北桑田郡誌）	
上　林	〃　綾部市		中上林村役場旧蔵文書	
友　淵	〃　天田町三和町		丹波志	
福地山	〃福知山市	津田宗及茶湯日記	威光寺文書ほか	『大系』（芦田　完）
八　上	兵庫県多紀郡篠山町			『大系』『事典』（藤井）
勝　山	〃　〃　〃			『兵庫県の中世城館・荘園遺跡』
般若寺	〃　〃　〃			『兵庫県の中世城館・荘園遺跡』
金　山	〃　多紀郡丹南町 氷上郡柏原町		荒田家文書	『大系（藤井）
八幡山	〃　氷上郡柏原町		荒田家文書	
黒　井	〃　〃　春日町		黒井城山軍書	『大系』『事典』（藤井）
朝　日	〃　〃　〃		黒井区文書ほか	
茶臼山	〃　〃　〃		〃	
岩　尾	〃　〃　山南町			『事典』（中井）
静　原	京都府京都市左京区			『事典』（中井）
堂の庭	〃　〃　北区		愛宕郡村誌	
坂　本	滋賀県大津市	兼見卿記		
壺笠山	〃　〃		穴太村誌	
宇佐山	〃　〃	元亀二年記		『事典』（中井）

○文献・史料は全て明智支配期の利用、改修が明記してあるものである。
○現代文献の（　）は筆者名、『大系』は『日本城郭大系』、『事典』は『中世城郭事典』。
○島城は、丹波経略期通じて明智光秀に従った川勝氏の居城であり、『北桑田郡誌』にも天正期の改修が明記されていることから考察対象に含めた。
○宍人城も城主小畠氏と光秀の関係を考慮して対象に含めた。
○前稿「丹波における織豊系城郭」の表を一部修正した。

前夜、光秀による中国攻めも亀山を起点に軍勢を発していることからも、丹波が亀山を中核とした求心的構造に移行しつつあったことを窺わせる。

ただし、亀山は光秀滅亡後も城下町を伴って拡張を繰り返しているため、明智氏支配期の遺構は明確になっていない。

2、福地山城（福知山城）

丹波統治の北の拠点となったのが福地山城である。元来、当地には塩見氏の横山城があったと伝える。天正七年七月、光秀は近隣の鬼ヶ城（京都府福知山市）を攻撃しているが、おそらく、この頃から横山城に入ったものと考えられる。改修の状況は『威光寺文書』に「天正七年明智殿国中平均被成、福知山御城御普請近境寺院ヲ潰し取、石塔杯（等）を運セ御取被成候、此節今安寺中・威徳寺中潰申候、是ハ御平均之節両寺之僧侶御敵対之様成儀有之」[56]とあり、敵対した寺院の石塔等を城郭普請に使用したと伝えている。

また、天正九年頃から光秀の一族秀満が在城しており、津田宗及が当城を訪れた際、これを供応している[57]。同年十月には近隣の天寧寺で前年の二月に光秀が出した諸式免許・陣取竹木先剪取停止の判物を確認している[58]。さらに天正十年六月、光秀が滅亡した直後、「丹州横山」に在城していた秀満の父親が捕えられ張付に処せられている[59]。以上の状況から、福地山城は明智氏時代、秀満が在城し政務を執っていたことが推定されよう。

遺構については最近の調査で転用石材の使用や天守台周辺のⅠ～Ⅲ期にわたる改修が確認されており、うちⅠ期が光秀の支配期と想定されている[60]。ただし、縄張の全体像は近世以降、数度拡張されているため判然としない。

３、周山城（図２）

『老人雑話』の記述で有名な周山城は丹波北桑田郡黒尾山の東支峰、城山（標高四八〇ｍ）に位置する。『北桑田郡誌』によれば、宇津城落城（天正七年七月頃）の直後、光秀によって築かれたという。一次史料では『津田宗及茶湯日記』に登場し、天正九年八月十四日、宗及が周山城の光秀を訪ね「十五夜之月見、彼山ニ而終夜遊覧」している。その他、光秀による築城関係の伝承は数多く残っており、当時の大規模な普請状況が窺える。なお、光秀の滅亡後も当城郭は機能していたらしく、『兼見卿記』天正一二年二月四日条に「今朝筑州、丹州シヲ〔ウ〕山ノ城へ下向云々」とあり、羽柴秀吉が周山城を使用していたことが確認できる。

次に遺構面の考察に移る。曲輪は山頂の主郭Ⅰを中心に西、南、東の三方へ放射線状に広がる。主郭Ⅰの中央部には天守台と推定される土塁列が残り、周囲の石塁が南面のみ築かれてないので、南側の視界を意識した構築と断定できる。全体的に総石垣であり、この主郭を中心とした一体感が比較的強い。特に注目されるのは空間のⅡ、Ⅲで、ともに斜面でありながら二本の石塁で挟まれ主郭Ⅰと下部の曲輪を連接する効力を持っている。この石塁ラインで急斜面を克服し、主郭の求心性を強めている。このような求心性の強い構造はほとんど近世城郭の域に達している。

周山城の遺構は他の丹波の織豊系城郭と比較して、傑出した縄張を保持しており、極めて興味深い。現在の遺構は天正七年の光秀の築城から天正十二年の羽柴秀吉の入城前後と比定できる。ただし、明智期と羽柴期を明確に区分することは極めて難しく、現状ではほぼ不可能である。石塁ラインは後の秀吉による倭城につながる可能性があるが、既に織田政権末期でも安土城の総構等が築かれており(62)、また明智氏による丹波法貴山城（京都府亀岡市、前稿参照）でも空堀による防禦ラインが意識されている。いずれにせよ、天正十年前後に改修されたことは、ほぼ間違いなく、そ

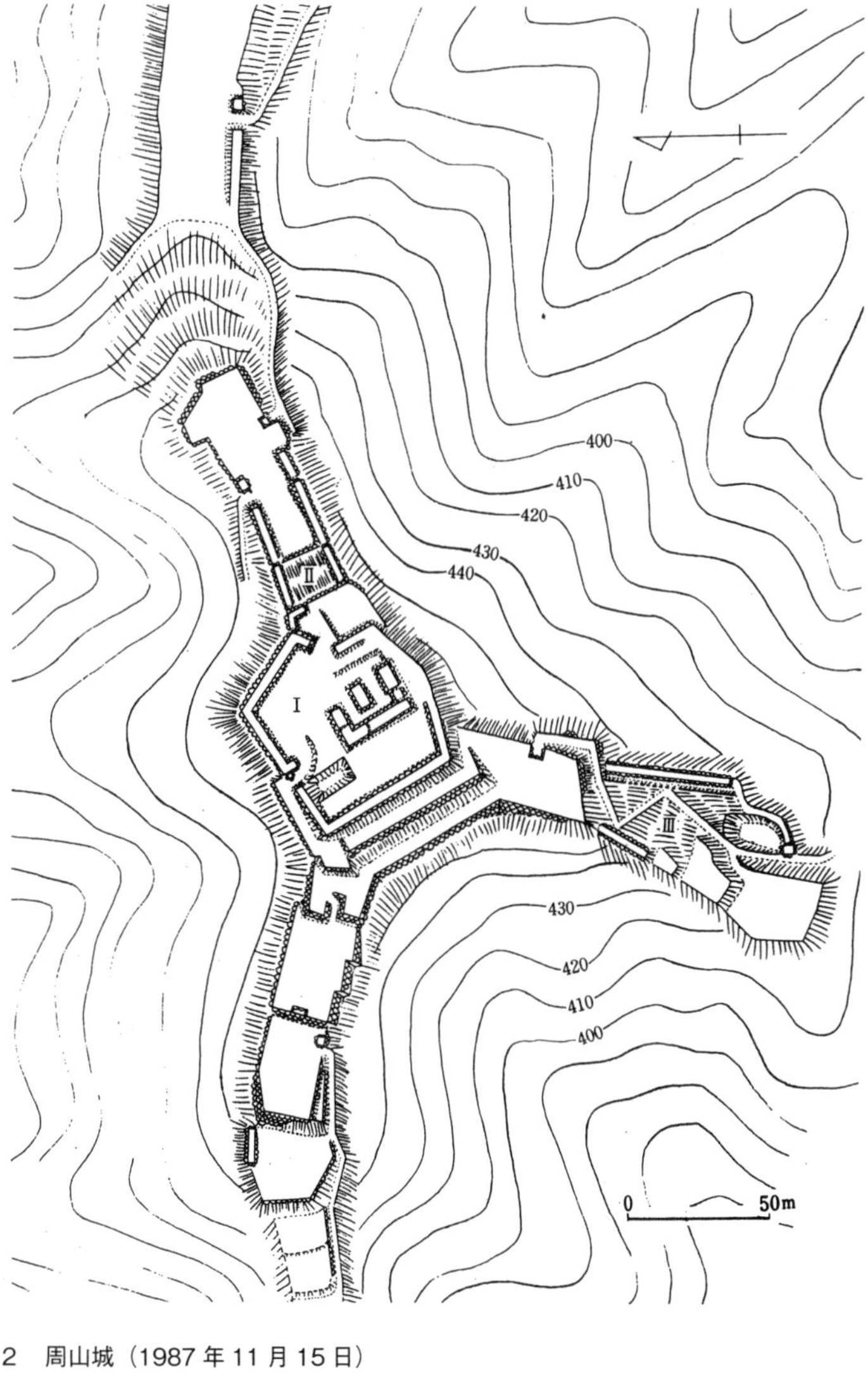

図2　周山城（1987 年 11 月 15 日）

の大規模な普請ぶりから当時の拠点的城郭として機能したことが推定できる。

4、黒井城（図3）

黒井城は氷上郡黒井の北にそびえる城山（標高三五六m）に位置する。荻野直正の居城で有名であるが、高石垣に示されるように築城主体の権力の飛躍が考えられ、後世の改修はほぼ確実であろう。史料価値は劣るが「黒井城山軍書」によれば、天正七年八月、荻野氏が倒れた後、光秀の部下、斎藤利三が入城したという。利三は天正八年七月、城下の白毫寺で下知状を発給しているため[63]、黒井城周辺を統治していたことが想定できる。

その後、前述したように芦田時直が一時、当城郭を占拠したが[64]、羽柴期は堀尾吉晴が入城したという[65]。主郭の虎口は二折れ一空間に該当し、千田氏編年案では第Ⅳ期（天正四～十年）に属する。明智氏支配期から堀尾吉晴が近江佐和山城へ移る天正十三年までの改修が考えられる。

5、岩尾城（図4）

岩尾城（兵庫県山南町）は丹波、播磨国境に近い和田荘の蛇山（標高三五八m）山頂に位置する。在地領主和田氏の居城で、戦国時代後期は黒井城の荻野氏麾下に入っていたという。明智支配期の史料はないが、光秀の丹波支配が崩壊した後、天正十四年（一五八六）、秀吉直属の佐野下総守栄有が和田に入封された。当城郭は慶長二年（一五九七）の秀吉による取り壊しまで機能したといわれる[66]。

遺構面で注目されるのは中央部に一文字状の大土塁が築かれている点である。これによって総石垣の主要部分Iと

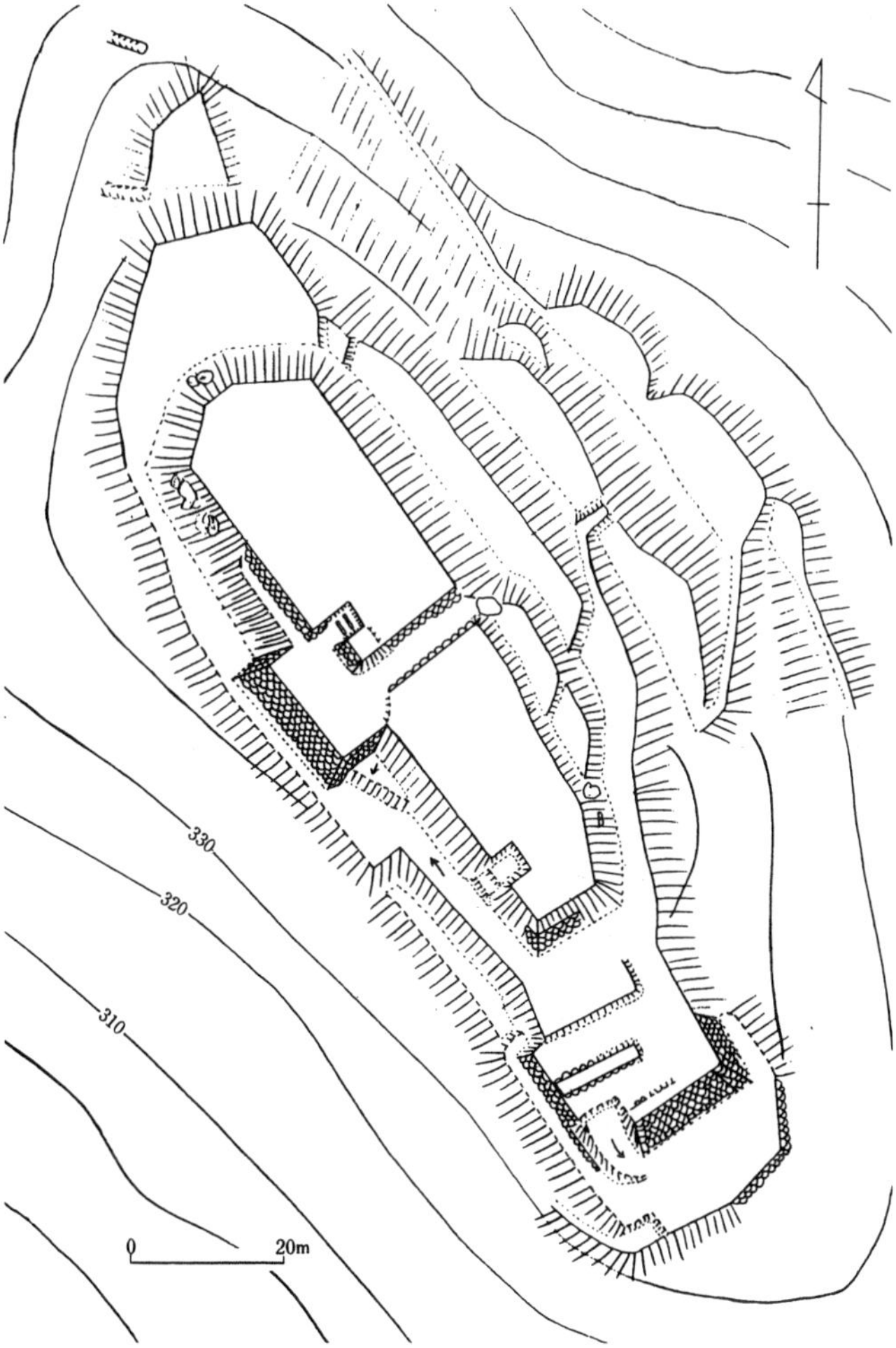

図３　黒井城（1988 年１月６日）

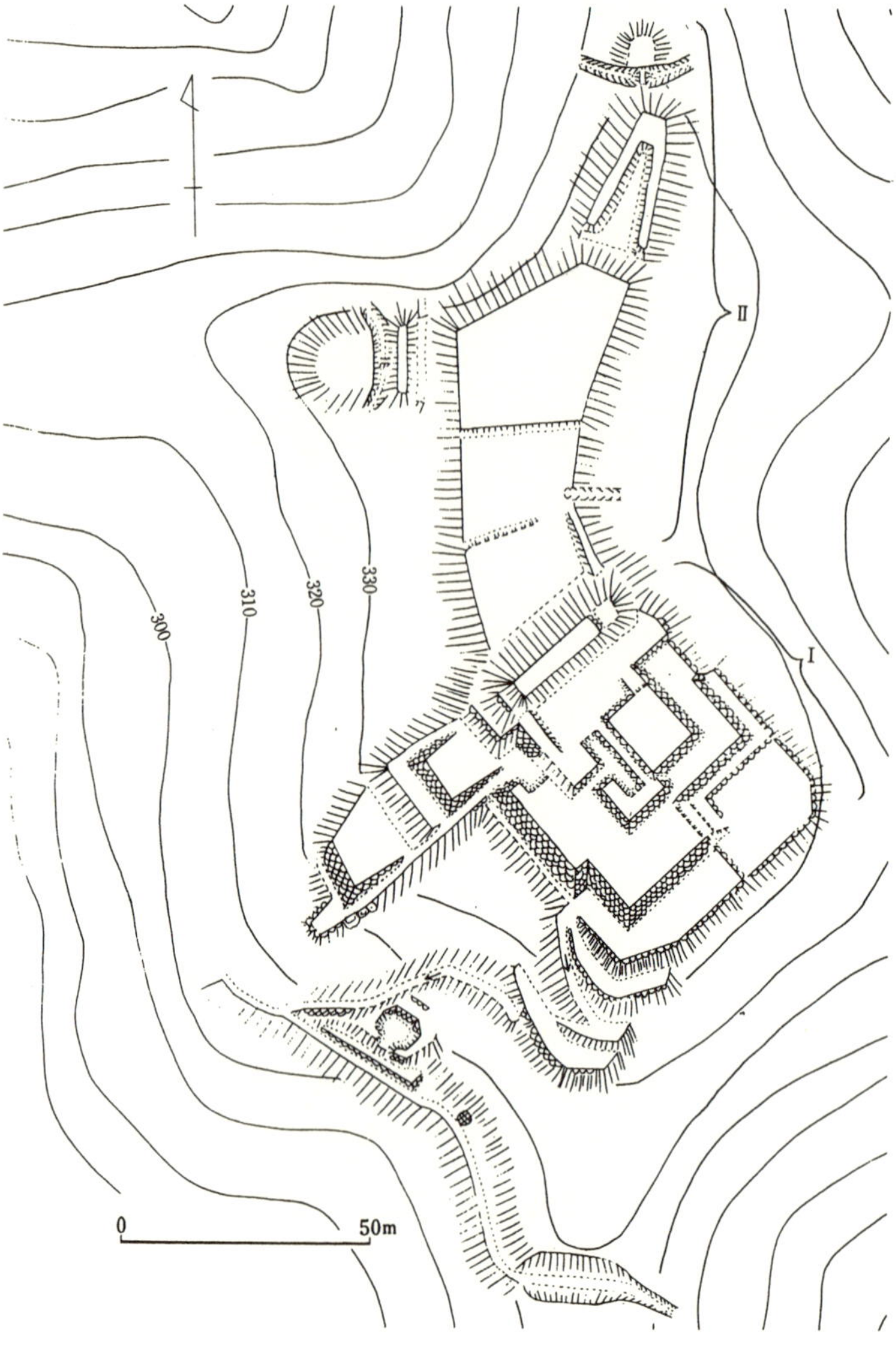

図４　岩尾城（1989 年３月 22 日）

土づくりの中世遺構Ⅱが明確に画定されている。和田氏滅亡後の改修が考えられるⅠ部分には、天守台や内枡形状の虎口が石垣を伴って完存している。中井均氏は当城郭の枡形の構造、天守台の位置、石垣の形態などから明智氏時代の改修を推定されている。しかし、羽柴期、佐野氏によって改修された可能性も多分に残る。ここでは岩尾城が織豊期（天正七年～慶長二年）に改修されたことのみを把握しておきたい。

6、宇津城（図5）

宇津城は北桑田郡下宇津の小尾根突端に位置する比高一二〇ｍの山城で、山国荘、弓削荘など近隣の荘園を侵略した宇津氏の居城である。天正年間、宇津氏は織田政権に抵抗し続けたが、同七年七月、光秀によって「宇津構」（『信長公記』）は攻撃され、その直後、落城したらしい。以後、光秀は周山城の築城と並行して、宇津城も改修したという（『北桑田郡誌』）。また、一次史料として『兼見卿記』に「自丹州宇津惟任日向守書状到来、當城堀井、河原者山、相添此者急度罷下之由申来、即申付、差下返状[68]」とあり、光秀が宇津城の井戸普請のため、吉田兼見に河原者を下向させるよう要請している。以上のことから、当城郭は天正七年七月以降、光秀に摂取され、改修が加えられたことが確認できる。

次に遺構の評価に移るが、織豊系城郭の要素として、主郭南壁に残存するスロープ状の二折れの城道があげられる。これを虎口とすれば、千田氏編年案[69]の第三類型（城道二折〇空間）に該当し、永禄十年～天正四年（一五六七～七六）の改修が想定できる。しかし前述の歴史的な背景から天正七～九年頃に光秀による改修の画期があったと考えられ、現存遺構も当時のものと推定される。

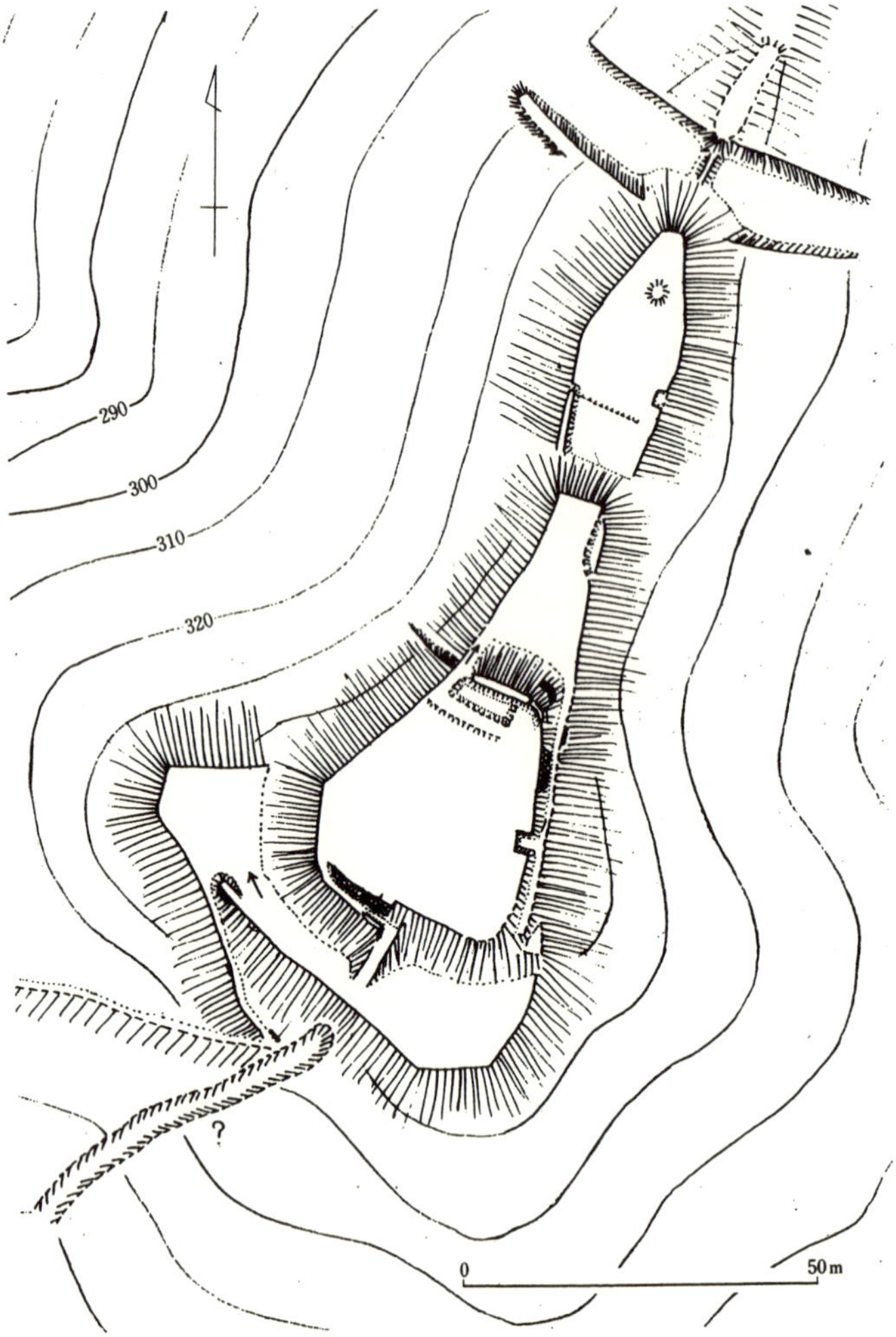

図５　宇津城（1987 年 12 月 8 日）

また、主郭の虎口および側壁の石垣を除いては全体的に古式の中世城郭であり、天正九年以降、改修された可能性は希薄である。明智期に改修された部分が主郭のみに限定されていることも当城郭の特徴の一つである。

7、金山城（図6）

多紀郡と氷上郡の境にそびえる金山（標高五三七m、兵庫県丹南町、柏原町）に位置する。一般に光秀の黒井城攻めの陣城とされているが、藤井善布氏は『兼見卿記』天正七年十月十一日条の「加伊原新城」を金山城と断定されている(70)。史料によれば、兼見が同年十月十一日に「普請之最中」だった「加伊原新城」に到着し、築城を監督していた光秀と「下山之砌於路次面会」した。その夜「佐竹羽州小屋ニ一宿」したという。内容から「加伊原新城」は丹波経略が完了した後、築城されたこと、また、光秀の配下にあった洛東の地侍、佐竹氏の居住地があったこと、などが理解できる。

しかし、現在の柏原市街から東へ約三km離れ、郡境だった金山を「加伊原」と呼称するか、疑問が残る。とりあえず本稿ではこの問題を保留し、金山城の遺構の評価に移りたい。

主郭の側壁に一部二m強の石垣が残っているが、全体的な縄張はきわめて単純である。織豊系城郭の要素としては、主郭の北側面に残る外枡形状の虎口で、帯曲輪をターンした後、虎口のスロープ状城道を上り、一折して主郭へ入るパターンである。

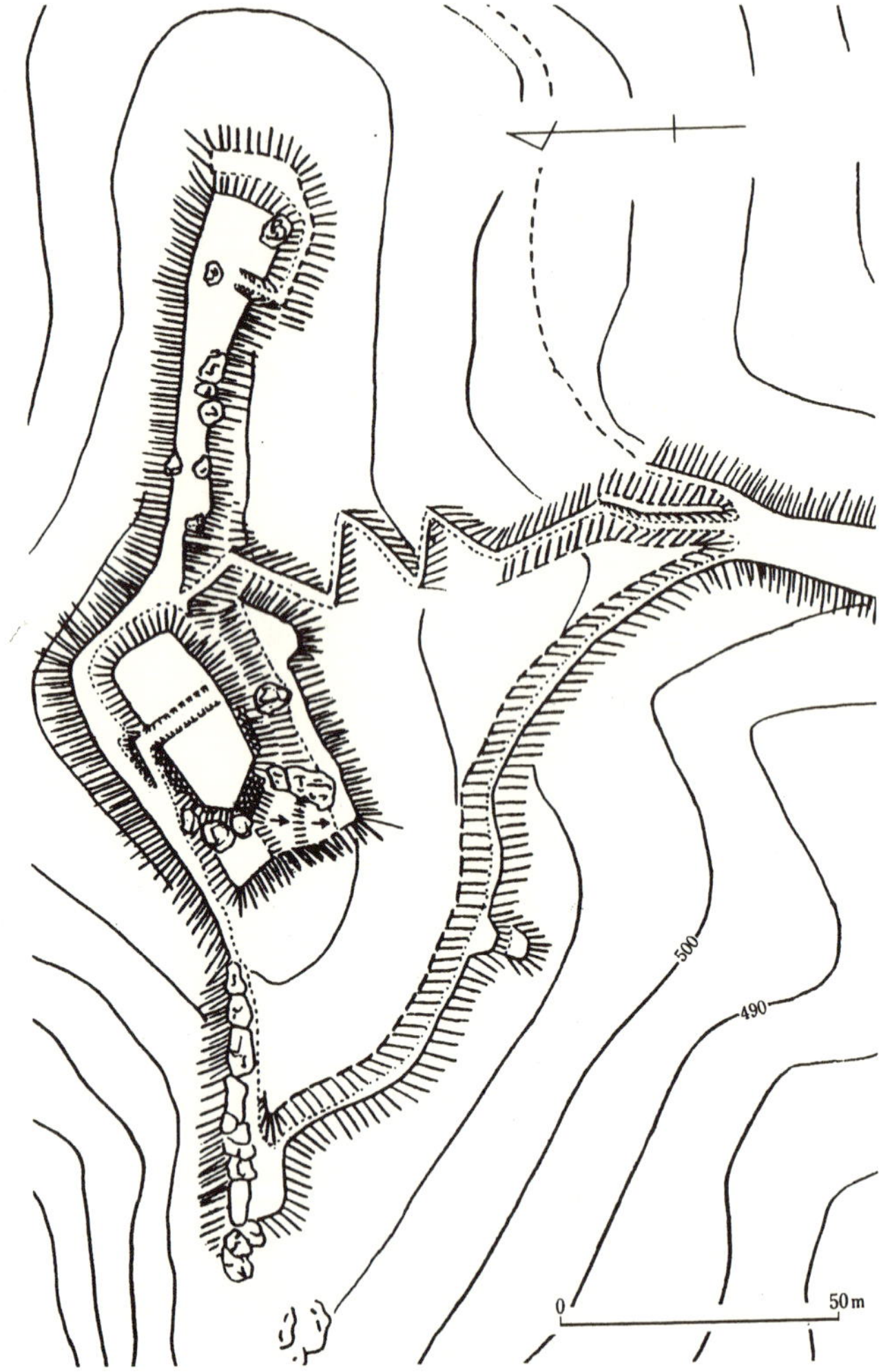

図６　金山城（1985 年 12 月 1 日・中井均氏原図を参考）

8、須知城（図7）

須知城（京都府丹波町）は丹波須知の国人須智氏の居城で、延徳二～四年（一四九〇～九二）の延徳土一揆の主要な拠点となっている。[71]須智氏は丹波船井郡の有力在地領主で、天正元年十二月には織田信長の朱印状を執行する立場にあり、近隣の片山、粟野などの中小在地領主に上級支配権を行使し得た。[72]以後の須智氏の動向は不明だが、『赤井伝記』によれば、天正四年正月、黒井城攻めに失敗した光秀は「奥須知」まで敗走したと伝える。

当城郭（標高三九〇m）は観音峠の北に位置する山城である。中央の四mの高石垣を伴う主郭Ⅰと第二郭Ⅱに織豊系の改修が集中している。高石垣は、隅角部が鈍角で、面と面の境界にずれが存在し、興味深い形態をとっている。Ⅱには外枡形式の虎口があり、西の大手とは逆方向に帯曲輪Ⅲへ降りている。

また東の支峰にある曲輪群は主郭Ⅰの高石垣によって遮断され、また帯曲輪Ⅲ以西の遺構もⅡの西側壁にある石垣で中枢部と画定されている。ただし、後者については画定の度が弱く、主郭Ⅰ、Ⅱと帯曲輪Ⅲや曲輪Ⅳが併存して同時に機能していたことが想像できる。

9、八上城（図8）

八上城（標高四六二m）は波多野氏の居城であるが、天正七年六月、これが滅亡した後、明智光忠が城代として入城している。[73]その後、羽柴氏、前田氏が当城郭を管理し、慶長十四年（一六〇九）の篠山築城で廃城となった。

主郭Ⅰの北東側壁に鈍角の隅角部を持つ石垣を使用し、その西端にスロープ状の城道を設け、帯曲輪Ⅱに通じる虎口を形成している。また、曲輪Ⅳの西側壁にも石垣を設け、北西の尾根を遮断している。

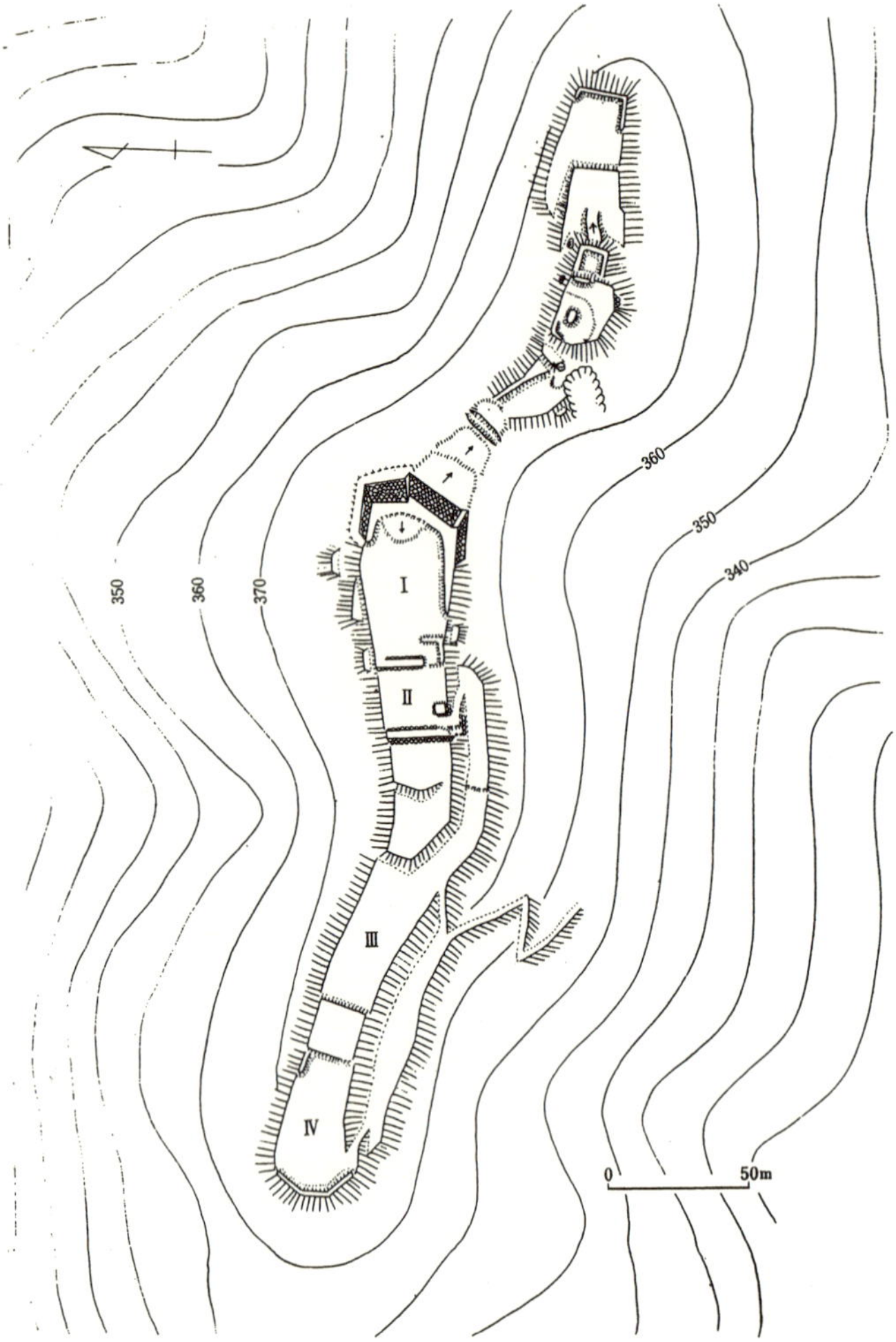

図７　須知城（1986 年 12 月 14 日）

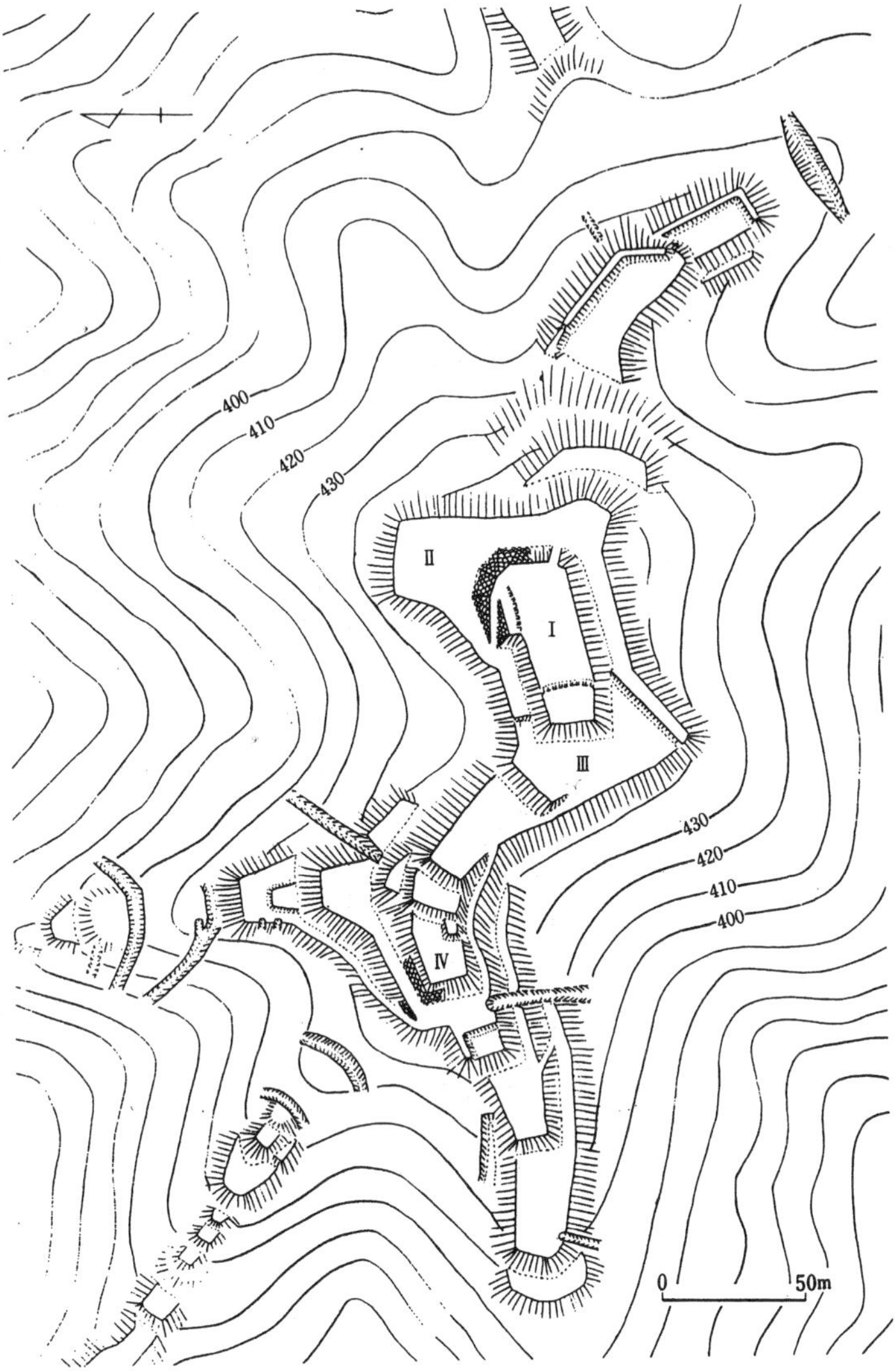

図８　八上城（1988 年１月１日）

八上城は全体的に大規模な遺構であるが、織豊期の改修は主郭Ⅰを中心とした中枢部に限られる。しかも帯曲輪Ⅱ、Ⅲは規格性に乏しい形態であり、古い中世遺構を継承している。

10、笑路城（図９）

笑路城（標高四一四m、京都府亀岡市）は南桑田郡の在地領主、長沢氏の居城である。一九七六年の発掘調査では三期にわたる改修が確認され、そのうち最終の第三期が天文〜永禄期と推定されている[74]。これに対して中井均氏は主に縄張論から天正期の明智氏による改修を主張されている[75]。

実際、『長沢重綱・伜又太郎への遺書』によれば、城主長沢家綱は明智光秀と数度戦った後、和平を結び、光秀の下で「軍役ヲ相ツトム」に至ったという。

遺構としては内枡形と横矢がかりの櫓台が虎口防御の特徴になっている。また虎口からのスロープ状の城道は土塁を伴った帯曲輪へ降りている。さらに主郭Ⅰには虎口から連続する一文字状の石塁があり、東隣の曲輪Ⅱとを画定している。

11、静原城（図10）

静原城（京都市左京区）は洛北静原の在地領主、山本氏の居城であるが、京都の北の防衛拠点として重要視されたらしく、弘治三年（一五五七）、三好長慶が大改修を行っている[76]。天正元年十月、光秀は当城郭を落城せしめ、城主山本対馬守は殺されているが、一族は以後、光秀に従っている[77]。

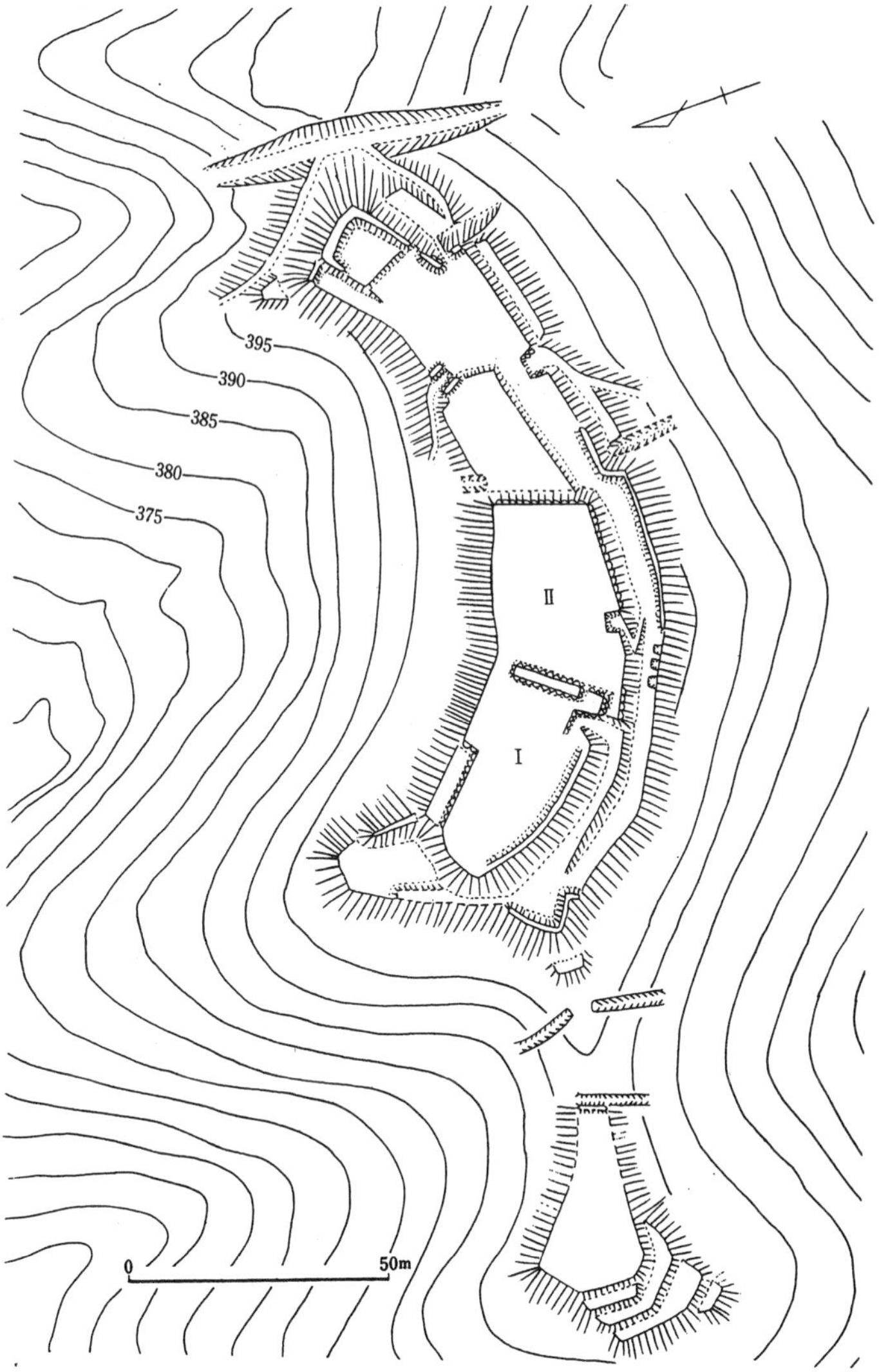

図９　笑路城（1988 年 11 月 10 日・中井均氏原図を参考）

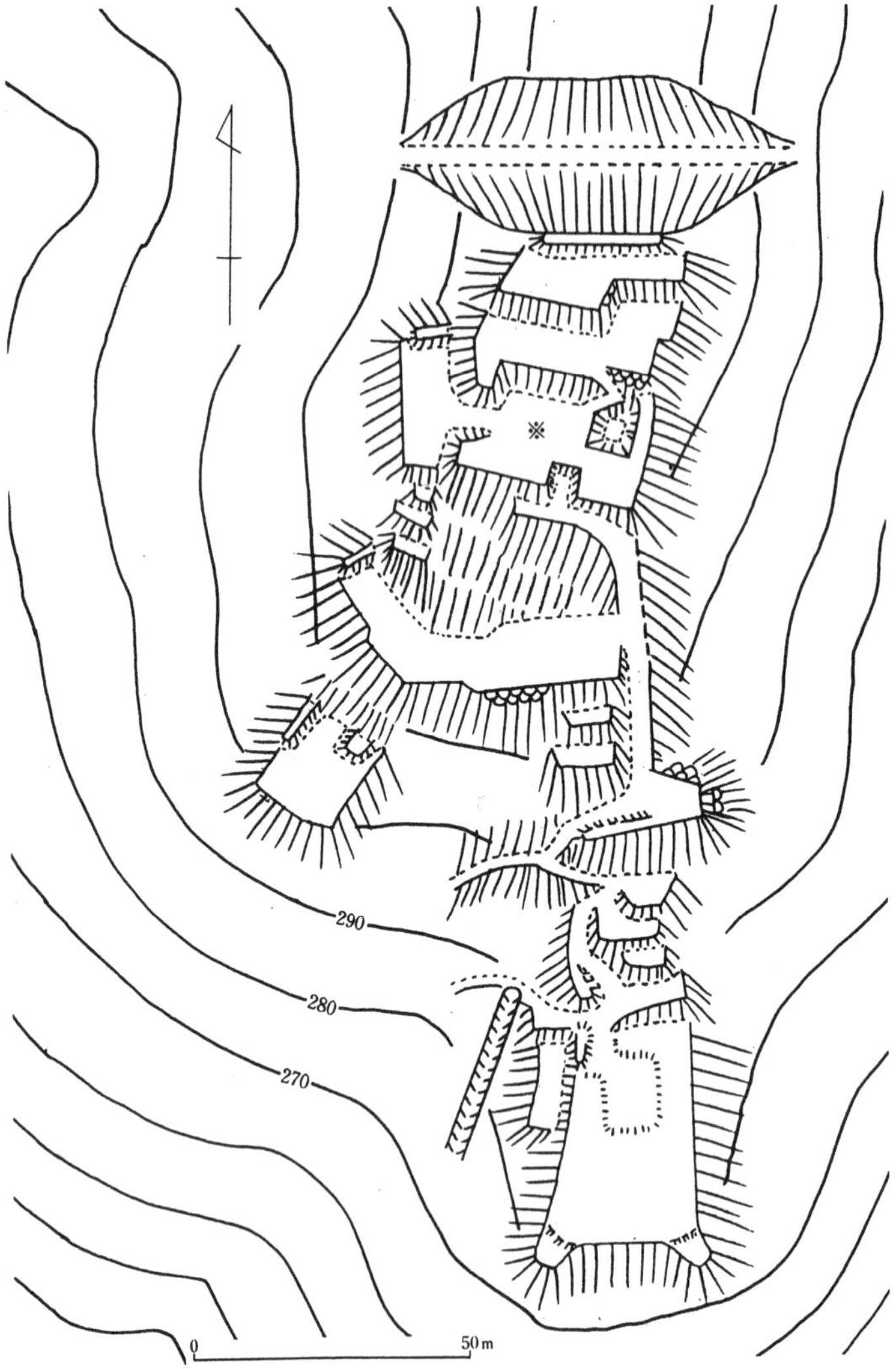

図 10　静原城・城山部（1987 年２月 15 日）

遺構は城山（シロヤマ）部と城谷山（ジョウダニヤマ）部の二か所に分れるが、中井均氏は城山部の明智氏の改修を推定され、戦後処理の城郭として位置づけている[78]。

全体的に細かい曲輪が階段状に連なり、古い中世城郭の形態を残している。曲輪※に内枡形と堀り残しの城道を伴う虎口が残存する。

12、壺笠山城（図11）

壺笠山城（標高四二六m、滋賀県大津市）は、元亀元年（一五七〇）の「志賀御陣」における朝倉、浅井の陣城として有名だが[79]、『穴太村誌』の記述では明智秀満の城郭となっている。

虎口は一折れしてスロープ状城道を帯曲輪へ降りる形態になっている。また帯曲輪の側壁には石垣も残存している。やはり全体的には円郭式の古い中世城郭であり、明智氏時代の改修はこの虎口と石垣に集約される。

13、八木城（図12）

八木城（標高三三〇m、京都府八木町）は丹波守護代、内藤氏の居城であり、守護所として機能した[80]。『丹陽軍記[81]』によれば、天正三年頃、当城郭は光秀によって落城するが、その直後、「此城ニハ明智左馬助ヲ城主ニ置」いたという。

主郭Ⅰの西側にある一文字状の土塁と、その延長状にある横矢がかりの櫓台、及び虎口という形態は笑路城と酷似している。また主郭Ⅰ北側を巡る横堀の西端に枡形状虎口が築かれており、この横堀が堀底道として使用されていたことが窺える。

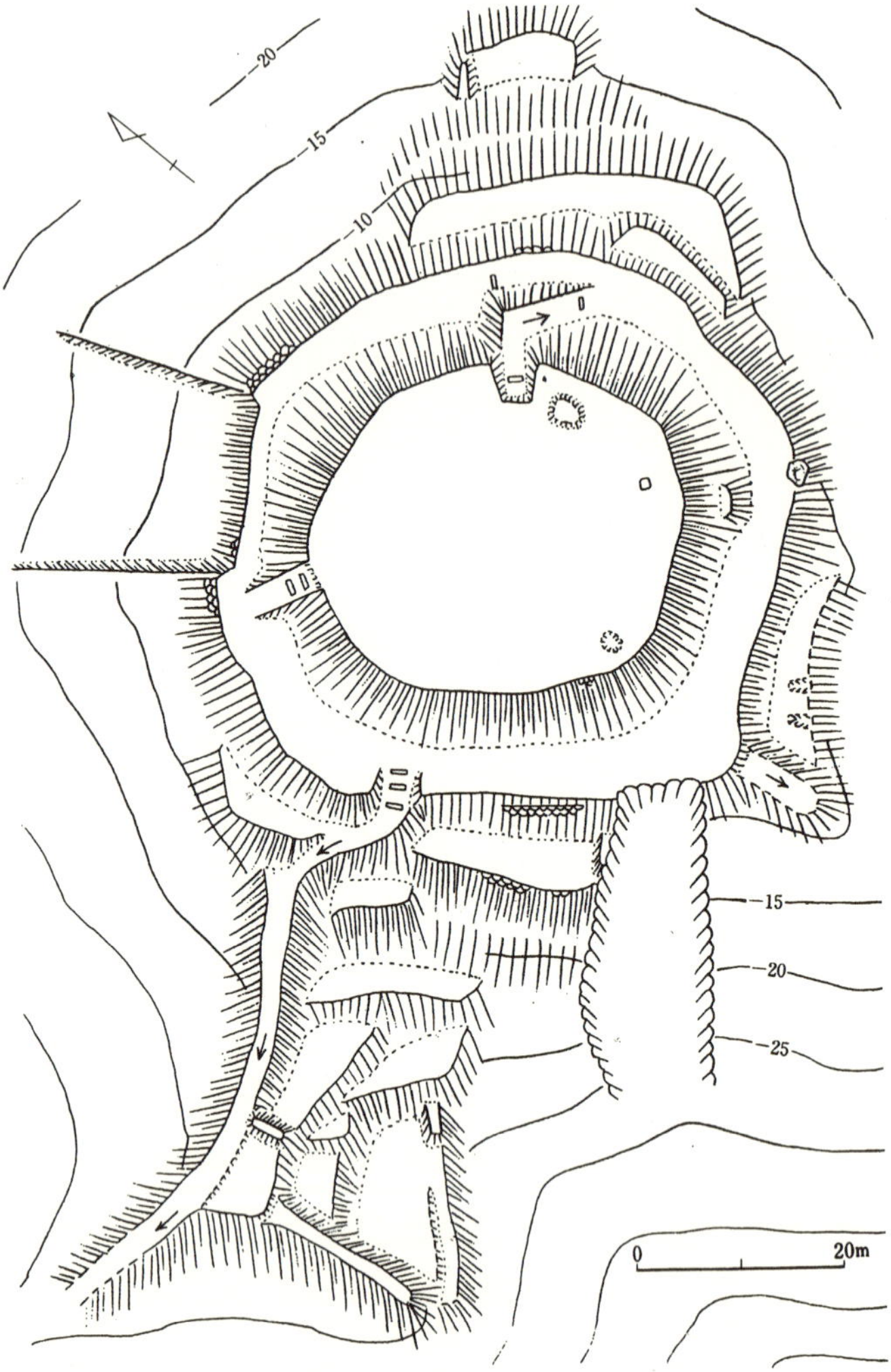

図 11　壺笠山城（1987 年 10 月 3 日・吉水真彦「近世前期の城郭遺構について」〈史窓 20 号〉所収の図を参考）

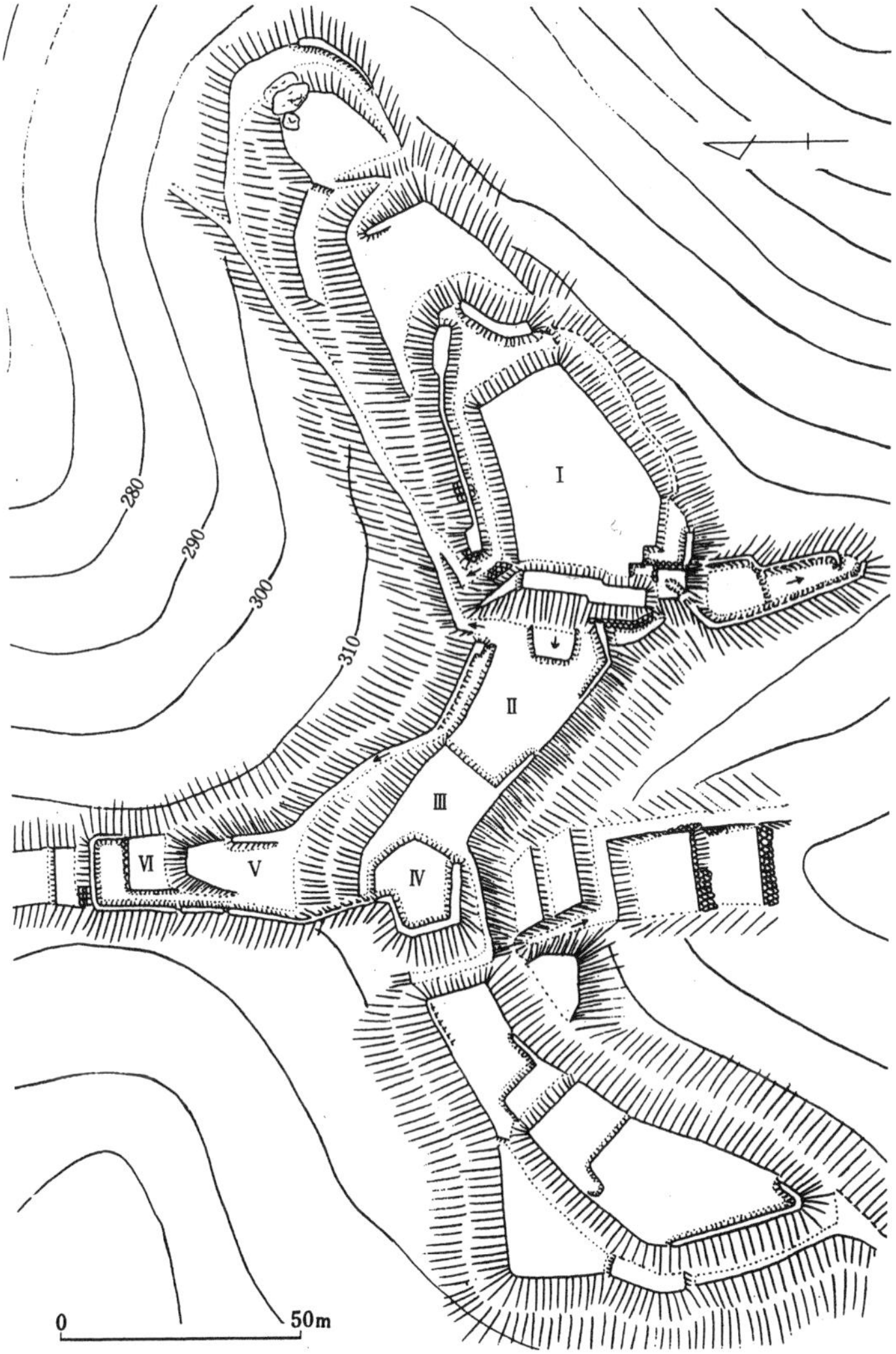

図12　八木城（1987年12月4日）

全体的に地形に制約された連郭式の中世城郭であるが、橋頭堡的な曲輪Ⅳから北の曲輪Ⅵまで土塁が延長しており、既存の遺構を克服して城域を設定しようとする努力がみられる。主郭部分と改修の度が違うが、明智期の使用部分がⅠ～Ⅳまで及んだことが想定できよう。

14、堂の庭城（図13）

洛北にそびえる城山（標高四八〇ｍ）山頂に位置する。付近には京都と山国荘、周山を結ぶ長坂越があり、京見峠を通過している。『愛宕郡村誌』には光秀の築城を伝えている。

遺構は全体的に円郭式の縄張であり、周囲を横堀が巡っている。主郭北側に構台Ａを伴う虎口が残り、横堀と通じている。横堀がやはり堀底道として機能していたことが推察できる。こうした横堀の使用方法は前述の八木城とともに、前編で示した陣城の特徴と通じている。

なお、Ｂ部分にも櫓台があったと想定すれば、主郭南側にも枡形状虎口が存在した可能性がある。

15、滝ヶ嶺城（図14）

滝ヶ嶺城（標高四四一ｍ、京都府亀岡市）は在地領主、森氏の居城である。天正年間、森美作守は光秀に従って内藤氏の八木城を攻撃したと伝えられ(82)、滝ヶ嶺城も明智方の勢力が及んだものと想定できる。

遺構は主郭Ⅰと帯曲輪Ⅱ、Ⅲ、そして枡形状虎口のあるⅣと極めて明確な縄張になっている。東、西両端には堀切があり、ともに石垣を伴って城域を画定している。また南側壁には「武者隠し」が築かれている。

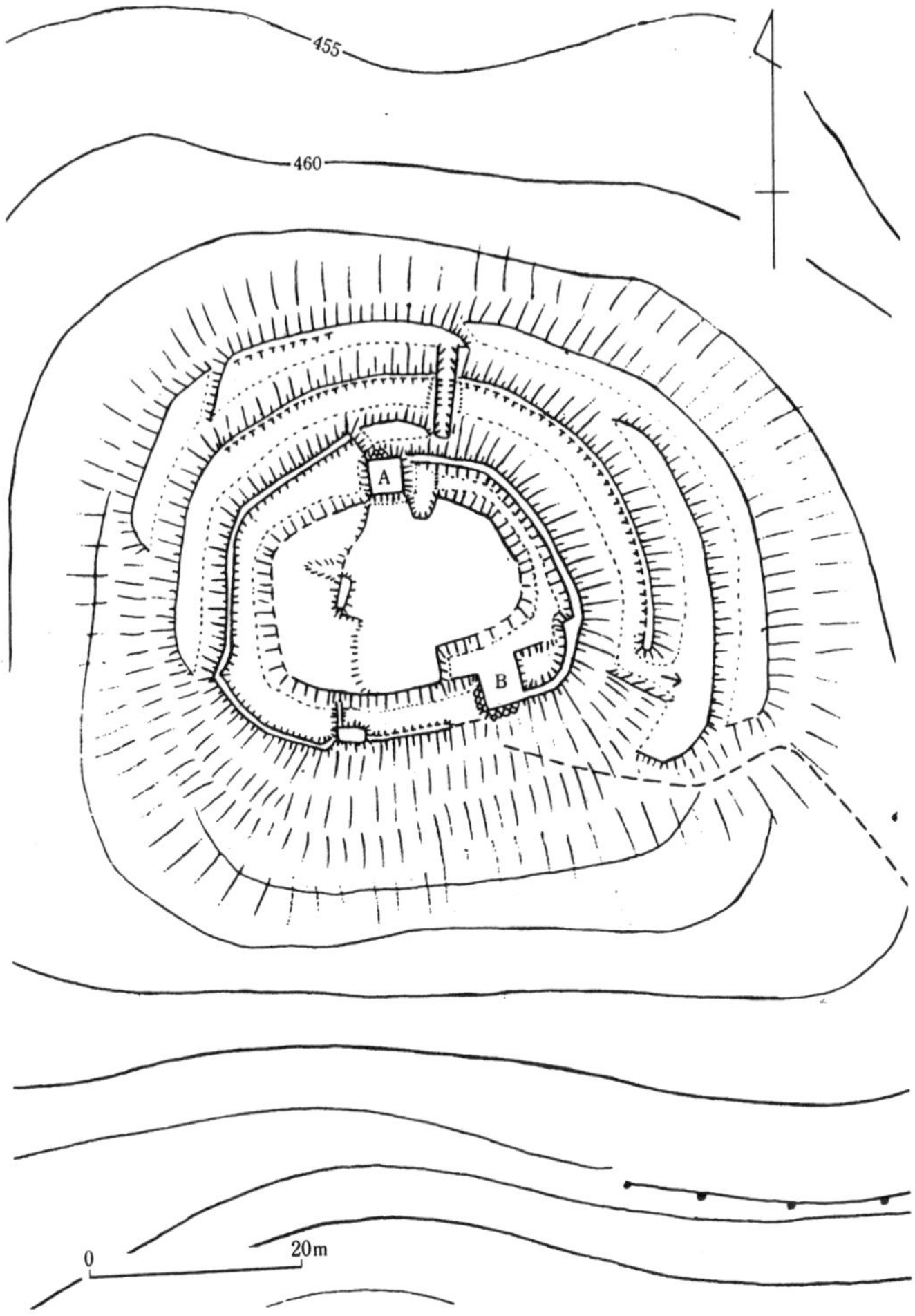

図13　堂の庭城（1987年2月27日）

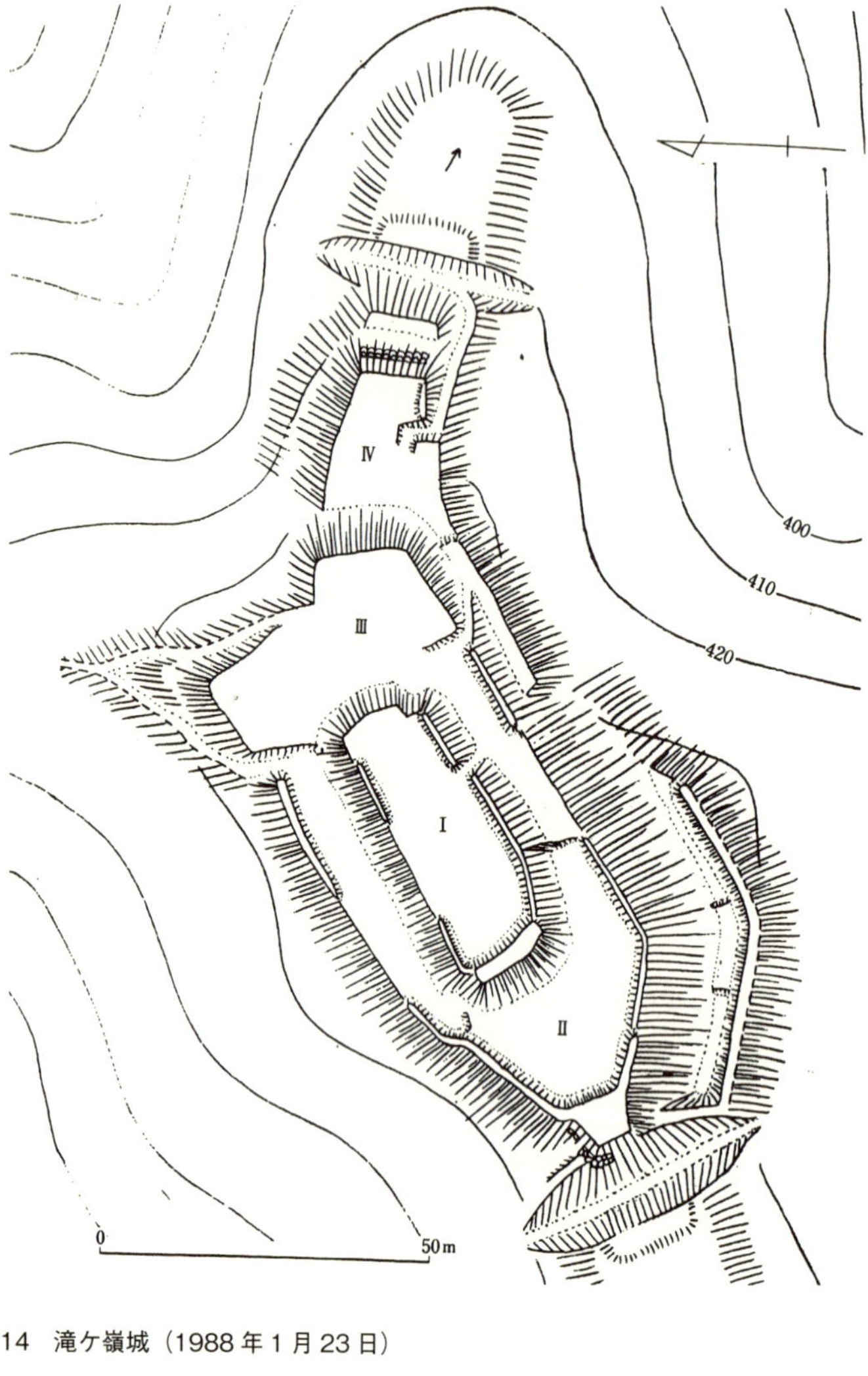

図14　滝ケ嶺城（1988年1月23日）

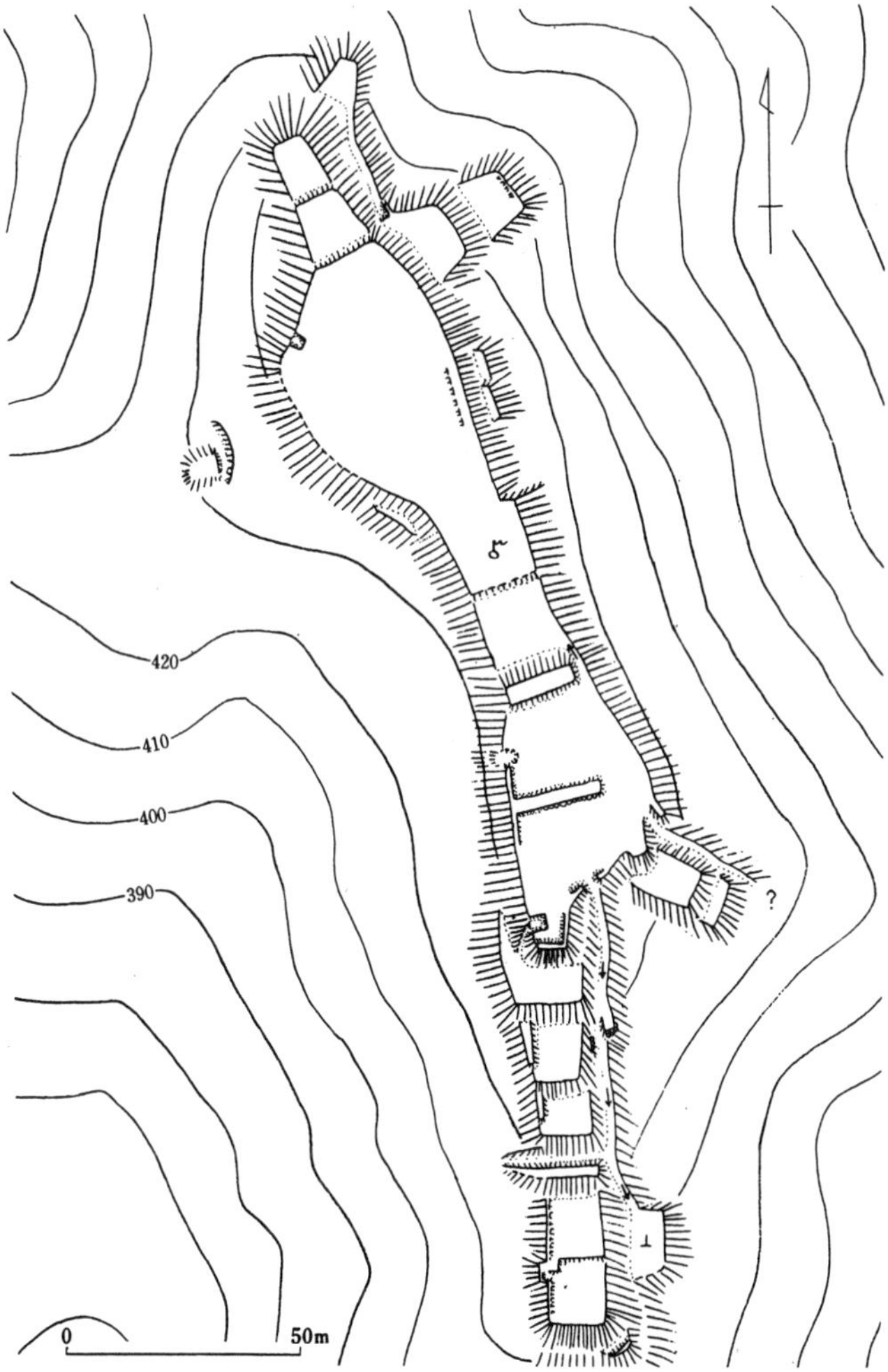

図 15　神尾山城（1987 年 11 月 5 日）

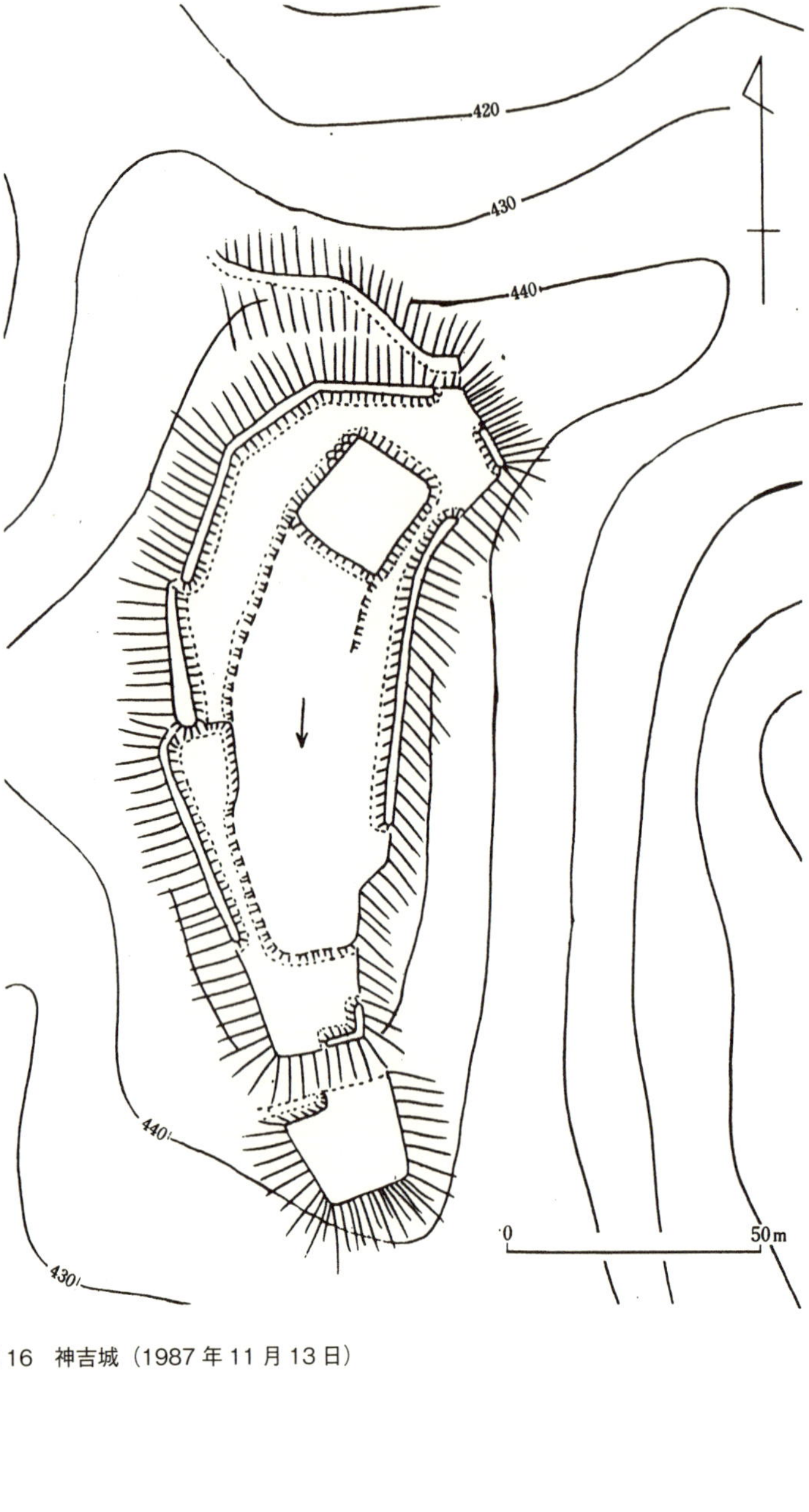

図 16　神吉城（1987 年 11 月 13 日）

16、その他の城郭

以上、現段階で明智支配期の織豊系城郭と推定できる城郭遺構について考察した。ただし、現在明智支配期の使用が主張される城郭は他にも数多くある。例えば神尾山城（標高四三四m、京都府亀岡市、図15）は『総見記』等で登場する八上城攻めの前線基地「本目の城」に比定されているが[83]、明智光秀の積極的な改修がみられない。すなわち織豊系城郭の遺構的な特徴である枡形状虎口の付設、あるいは高石垣、横堀による城域画定がなされてないのである。他に神吉城（標高四五一m、京都府八木町、図16）や友淵城（京都府三和町）も二次史料から明智期の改修が主張されているが、遺構的には織豊系城郭の要素を保持していない。これらの城郭は当時、明智軍が一時的に使用したことがあったとしても、積極的に改修して支配の拠点とすることはなかったと思われる。

小括

本章では特に石垣を使用した明智支配期の織豊系城郭について個別的に論じてきた。ここで簡潔にその特徴を抽出しておきたい。

本章で取り上げた織豊系城郭は程度の差はあるにせよ、石垣が残存しており、恒久的な目的が意識された上で改修されたことが確認できよう。これは前稿で取り上げた石垣不使用の陣城と好対照をなしている。しかし詳細に観察すれば本稿の石垣使用の城郭も大きく二つの類型に分けられる。

まず一つは周山城、黒井城、岩尾城に代表される、近世的な縄張で完結するタイプがあげられよう。これらの城郭は比高二二〇～二五〇mの急峻な山城であるが、主要部分は自然地形や既存の中世城郭の制約を受けず、規格性ある縄張を呈する。中世の遺構は岩尾城のごとく一文字状の大土塁で排除されるか、または周山城のごとく石塁ラインによって不定形の曲輪を連結し、その古さを克服している。

これらの三城郭はやはり織豊系城郭の発展過程に忠実に準拠したと考えられ、千田氏の編年案(84)によれば、安土城と同様、城道二折・一空間の第４類型Ａの範疇に属する。したがって三城郭とも光秀の丹波支配最末期に重点的な改修を受けたものと推定でき、亀山城、福地山城と同じく政治的拠点として機能していたと思われる。ただし、三城郭とも羽柴期に入った後も拠点として継続しており、改修が新しく加わった可能性が極めて高い。そのため、現存遺構を明智支配期のものと即断するのは難しい。本稿ではとりあえず、この三城郭が光秀の丹波支配の政治的拠点として機能していたことのみを確認しておきたい。

次に前述の三城郭と対照的な宇津城、須知城のタイプについてまとめておく。これらのタイプの特質は石垣の使用度や改修の度合がきわめて限定的に抑えられており、織豊系の虎口を保持しながらも、基本的には中世城郭の域を脱し得ない点に集約される。

まず、虎口の評価だが、主郭（および第二郭）と帯曲輪を結ぶスロープ状城道の枡形状虎口の形態が特徴として見出せる。これは、主郭周辺の主要部分のみに設けられ、城郭域の周縁部には、滝ヶ嶺城を除いて使用されていない。

須知城はスロープ状城道を利用する典型的なパターンで、近江宇佐山城の二折・〇空間を一段階迂回させる形態である（図17参照）。金山城、宇津城、笑路城、静原城等は全てこれと類似した形態である。しかし、上位の曲輪からの横矢の使い方を想定すれば、城道部分が防御上の障害となり、決して進歩した形式とはいいきれず、近江宇佐山城との対比で先進性のみ強調するのは問題があろう。また逆に八上城や壺笠山城のように同じ虎口形態を採用しながら、

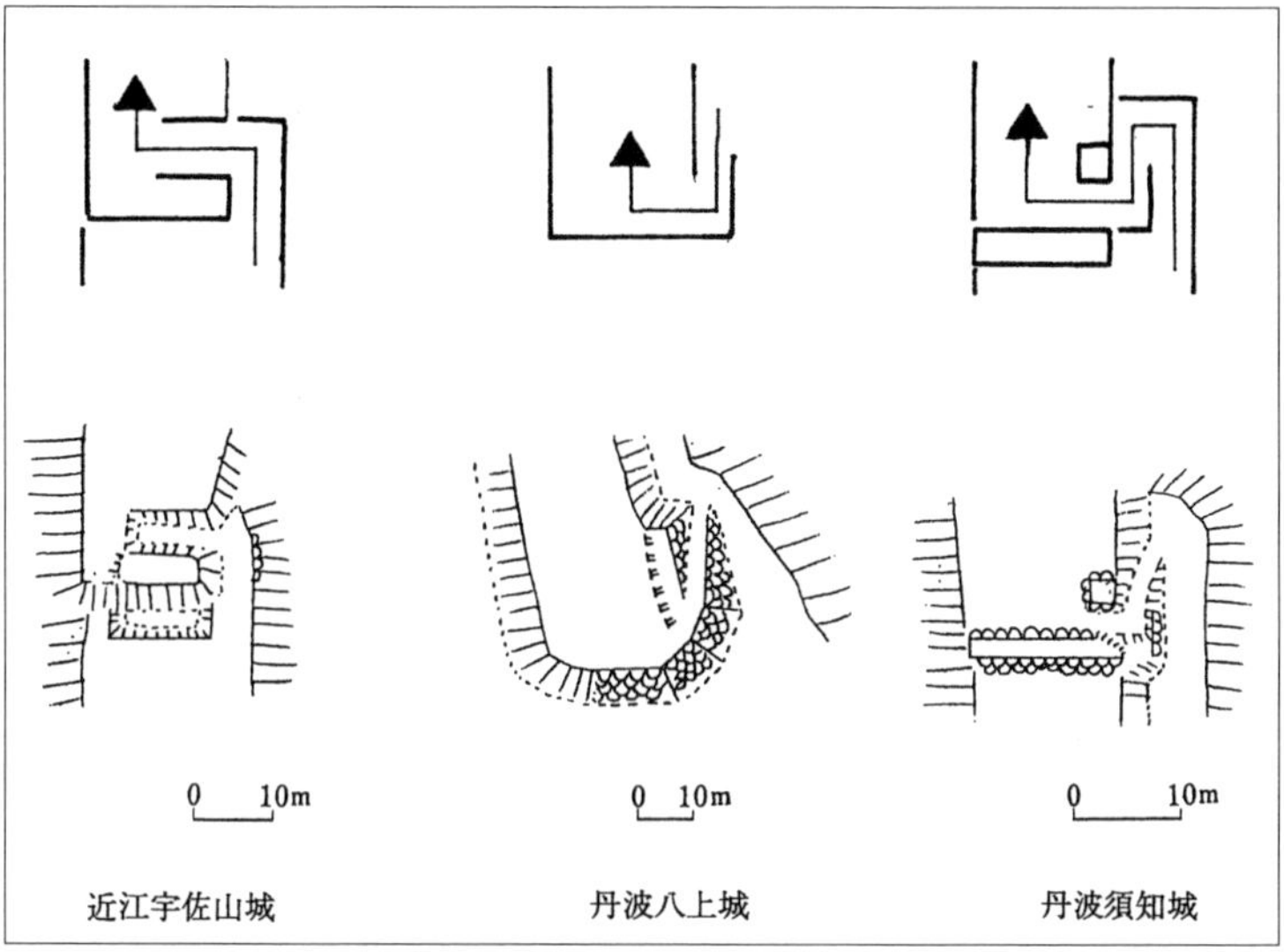

図17　虎口模式図

城道の向きが不適切であるため敵の進入経路から直接二折れして主郭に入る場合も存在する。つまり、同じ虎口形態を採用しながら、適切な使われ方をしていない状況が窺える。

したがって、これらは宇佐山城の二折・○空間の虎口形式から試行錯誤している段階と仮定できよう。重要なことは以上の虎口形態の利点が虎口空間の設定などと比較して、余り現状の遺構を変化させず、織豊系虎口を付設することができる性格であろう。これは宇津城、須知城をはじめとするタイプの城郭が比較的規格性が乏しいプランであることと密接な関係にある。すなわち、これらの城郭は全体的な改修はされず、虎口部分などの限定的な補強で終わっている。したがって織豊系城郭の一端を担いながらも、軍事的強度は過去の中世城郭と基本的には変っていないことが推定できる。

石垣の使用度についても同様なことがいえる。本稿は地表面観察の範囲を出ないので、地表に露出した石垣のみでしか評価できないが、その使用部分が虎口の補強と尾根線に垂直な城域画定の二つに力点がおかれていることは注目される。

特に後者については城郭の後背尾根を遮断するため、堀切を補完する性格を有し、須知城、八上城、壺笠山城、八木城、滝ヶ嶺城等がこれに該当する。特に堀切部分に石垣が採用され、東西両端を画する滝ヶ嶺城は象徴的である。石垣の使用は織豊系城郭の高度な発達により、いわば権威の象徴、構築物の補強等の性格を持つが、宇津城、須知城タイプの明智氏領国下の織豊系城郭はそうした点が希薄である。これは当時の石垣技術にも問題があるが、同時に堀切機能の補強にも重点がおかれていたと推定される。

最後に立地についてふれておきたい。

本稿で取り上げた織豊系城郭の大半はいわゆる山城である。これについては当時の軍事的要因のみで解釈されがちだが、宇津城、須知城タイプの城郭構造からは軍事的緊張が読み取れない。むしろ逆に普請や改修の消極性すら感じられる。重要なことは黒井城や岩尾城を含め大半の城郭が新規の築城ではなく、従来の在地領主の拠点だった事実であろう。これらは守護所と推定される八木城を始め、八上城、黒井城、宇津城などのごとく、丹波の有力在地領主の拠点である場合が多い。つまり戦国時代の支配拠点がそのまま明智氏領国の織豊系城郭へ継承されている。これは織田政権がその侵攻地を支配するに当って、即、在地の拠点を否定するのではなく、むしろ補強する性格を帯びている一面をみせている。

したがって織豊系城郭の分布も図18で示されるように極めて分散的な状況を呈する。宇津城、須知城タイプの城郭はいわば領国内の支城的役割を果したと考えられる(85)。しかし織豊系と在地性の折衷的側面や立地の連続性から明智氏の支配が積極的に展開したとは想定しにくい。むしろ明智光秀やその支配下に入った在地領主は地域の事情に対応した織豊系の支城を構築せざるを得ない状況が存在したといえる。

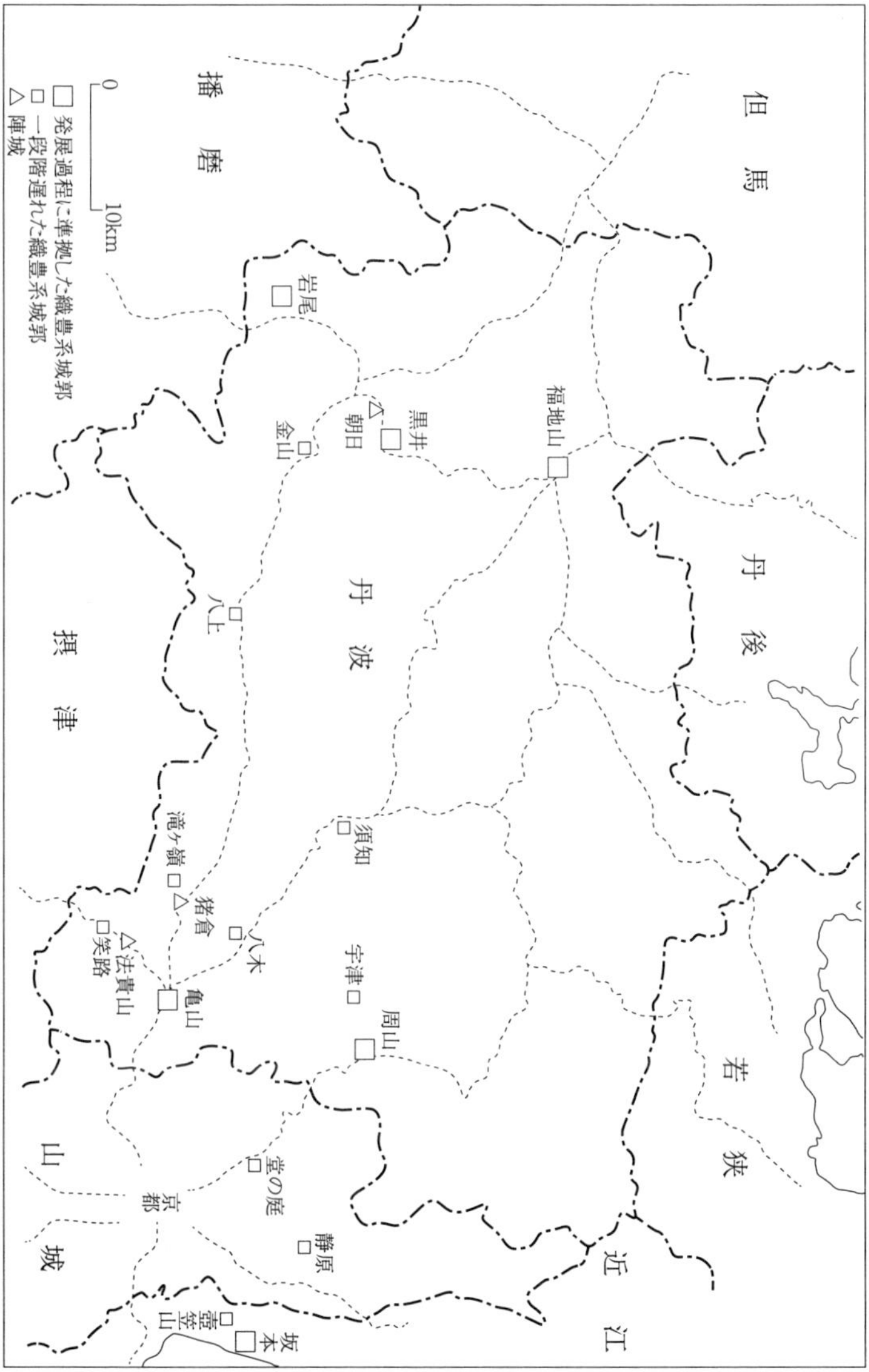

図18　明智氏領国の織豊系城郭分布図

おわりに

本稿では丹波を中心に明智光秀領国に限定して天正年間の織豊系城郭について考察してきた。最後に若干の展望を見出し、まとめにかえたい。

戦国期から近世初頭にかけての城郭の変遷は各地域の中世城郭が織豊系城郭によって収斂されていく過程といえる。これに関しては織豊系城郭の地域的展開が在地の城郭技術の最終段階である「畝状空堀群」を否定するとした千田氏の見解(86)が注目される。また「城わり」が統一政権による城郭適正配置を主眼としたものであり、これが在地領主制に制約を加えたとする松尾良隆氏の指摘(87)も重要である。ともに織豊期の統一政権の発展、拡大を前提とし、織豊系城郭が在地の中世城郭の発達を否定していく側面に着目している。

しかし、本稿で述べたように侵攻地の織豊系城郭には在地の中世城郭の根強い連続性も存在する。確かに丹波では天正七年から十年にかけて本格的な明智光秀の支配が展開し、「西国御陣」等による外的契機も相まって、亀山城拡張などの支配拠点の構築がなされた。福地山城や二折・一空間に属する周山城、黒井城、岩尾城等も丹波支配の要として機能したと推定される。

が、一方で宇津城、須知城タイプというような中世的要素の強い織豊系城郭も残存している。これらの城郭の特徴は、まず第一に虎口形式が二折・〇空間から試行錯誤している状態と推定され、当時の織豊系城郭の発展過程から一段階遅れた形態と位置づけられること、第二に明智支配期の改修が主要部分のみに集中し、限定的な普請であるため、軍事的要素が希薄なこと、第三に丹波の織豊系城郭の大半が戦国期の有力在地領主の拠点を踏襲していること、第四にこれらの城郭が丹波に極めて分散的に分布していること、などが確認できる。

以上の特徴を総括すれば明智光秀の権力は単に在地の中世城郭を全面否定したのではなく、むしろ在地拠点となる城郭を織豊系城郭技術で補強する性格も有していたことが理解できる。しかも、これらは限定的な補強に留まっており、支配の積極性よりも在地の拠点を利用せざるを得ない明智氏の丹波における権力状況が推定し得る。

これらの城郭の現象的な側面については史料的制約もあり、具体像を描くのは難しい。宇津城や「加伊原新城」のように、明智光秀が直接普請を監督する場合もあるが、遺構面から想定すれば在地の労働力や技術力に大きく制約されたに違いない。また、織田権力による再編成以後も存続した須智氏や長沢氏、山本氏などの在地領主が明智光秀の影響下におかれた段階で須知城、笑路城、静原城などの城郭を改修した可能性もある。彼らは織豊系城郭の技術を得る一方で、根強い在地性を保持していたため、両者の折衷した形態の城郭が築かれたと推測される。

こうした状況と対応するのが前述した天正八年における和久左衛門大夫の城郭破却拒否という問題である。これを安易に一般化するのは危険だが、「城わり」に対する在地の対応の一例として興味深い事例といえる。明智氏領国で「城わり」が有効に展開してないことは在地領主の政治的権能が根強く残存している状態を意味する。明智光秀の領国支配は一方で亀山城構築による権力集中を図りながらも、在地領主を中心とする様々なレヴェルの地域権力を媒介としてはじめて支配を浸透されることができたと推定される。その際、明智光秀および織田政権と丹波における地域権力の結節点となったのが、宇津城、須知城タイプと称した一段階遅れた、中世的色彩の濃い織豊系城郭だったといえよう。

以上の内容から、織田政権はその権力の浸透度に応じて、その城郭の配置や構造を大きく変更せざるを得なかったといえる。換言すれば、織田政権による織豊系城郭の構築や「城わり」の状況は地域権力の対応によって制肘される側面も有したのである。こうした歴史的状況は天正八年に大和において敢行された、織田政権の「城わり」と対照的である。大和では「城わり」によって一気に政治的機能が支配拠点である郡山城（奈良県大和郡山市）に集中したとされるが[88]、丹波では在地拠点を補強しつつ、一国支配の拠点となるべき亀山城が構築されている。織豊系城郭は地域の状況に応じた展開を余儀なくされたのである。我々はこういう視座を持つことによって地域社会の微妙な対応ぶりを織豊系城郭の遺構面から見出すことができるのではないだろうか。

本稿は統一政権の地域差という視角に着目して織豊系城郭の発展過程の質的状況を追求した。しかし、明智氏支配期以前の丹波における中世城郭の特徴や羽柴期以降の城郭の展開、さらには城下町との関連についてはふれ得なかった。今後の課題としたい。

註

（1）村田修三「城跡調査と戦国史研究」（『日本史研究』二一一号、一九八〇年）。
（2）松岡進「戦国期城館遺構の史料的利用をめぐって」（『中世城郭研究』第二号、一九八八年）、橋口定志「戦国期城館研究の問題点」（『季刊考古学』第二六号、一九八九年）。
（3）村田修三「高安山城の遺構について」（『城』一一四、関西城郭研究会、一九八四年）。
（4）中井均「近江における近世初頭の城郭について」（『滋賀考古学論叢』第二集、一九八五年）、「山崎城の構造」（『長岡京古文化論叢』、一九八六年）。

(5) 千田嘉博「織豊系城郭の構造――虎口プランによる縄張編年の試み――」(『史林』七〇巻二号、一九八七年)。
(6) 拙稿「丹波における織豊系城郭――明智光秀の丹波経略期を中心に――」(『中世城郭研究』第二号、一九八八年) 以下「前稿」とは当論文を指す。
(7) 時期と地域の限定の意義については前掲註 (2) の松岡論文を参照。
(8) 谷口克広「元亀年間における信長の近江支配体制について」(『日本歴史』四七一号、一九八七年)。
(9) 脇田修『織田政権の基礎構造――織豊政権の分析Ⅰ――』(東京大学出版会、一九七五年)。
(10)『信長記』池田文庫本(奥野高廣『増訂・織田信長文書の研究』下巻、五四九号、一九八八年。以下、同書を『信長文書』と略記する)。
(11)「布田正之氏所蔵文書」(『信長文書』五四七号)。
(12)「米田氏所蔵文書」(『信長文書』三〇二号)。
(13)『武徳編年集成』(『信長文書』第九七一号)、『古今消息集』(『信長文書』九七二号)。
(14)「堀尾滝三郎氏所蔵文書」(『信長文書』六五三号)。
(15)「織田文書」(『信長文書』二七三号)。
(16)『兼見卿記』天正元年七月一四日条(『史料纂集』一九)。
(17)「革島文書」(『信長文書』三三三号)。
(18)「佐伯清之助所蔵文書」(『信長文書』一〇八一号)。
(19) 前掲註(5)。
(20) 村田修三「甲賀の城郭調査の課題」(『滋賀県中世城郭分布調査』3、滋賀県教育委員会、滋賀総合研究所、一九八五年)。
(21) 今谷明「室町・戦国期の丹波守護と土豪」(『丹波笑路城発掘調査報告書』亀岡市教育委員会、一九七八年、のち同氏『守護領国支配機構の研究』〈法政大学出版局、一九八六年〉に再録)。
(22) 芦田岩男「丹波波多野氏の勢力拡大過程」(『丹波史』第四号、一九八四年)、「丹波赤井氏の初期的動向」(『歴史と神戸』一三八号、一九八六年）。
(23)「名古屋市博物館所蔵文書」（『信長文書』二五八号）。
(24)『寛永諸家系図伝』三〇（『信長文書』二二〇号）。
(25)『綾部市史』上巻、一八四頁。
(26)『古文書集・丹波の土豪』解説（兵庫県立歴史博物館、一九八五年）。
(27)「赤井龍男文書」（『古文書集・丹波の土豪』、兵庫県立歴史博物館、一九八五年）。
(28)「赤井幸家書状」（『吉川家文書』八六）「荻野直正書状」（『吉川家文書』八七、ともに『大日本古文書』七に所収）。
(29)『古文書』二「記録御用所本」（『信長文書』五一五号）。
(30)「小畠文書」（『信長文書』五二〇号）。
(31)『新免文書』（『信長文書』五五七号）。
(32)「八木豊信書状」（『吉川家文書』九三）。
(33)『兼見卿記』天正四年一月一五日条。
(34)『福知山市史』第二巻、五四〇頁。
(35)『立入宗継文書』（『信長文書』一六六号）。
(36)下村信博「織田政権の徳政と知行制」（有光友学編『戦国期権力と地域社会』吉川弘文館、一九八六年）。
(37)『細川家文書』（『信長文書』七五八号）。
(38)『京都府の地名』平凡社版、三一五頁。
(39)『兼見卿記』天正七年十月一一日条。
(40)『兼見卿記』天正九年四月一七日条。
(41)『丹陽軍記』（『新編桑下漫録』所収）。
(42)『片山家文書』（『和知町誌』史料集（一）、中世・近世〈1〉一五二号）。

(43)『丹州三家物語』（『続群書類従』二二下）。
(44)『御霊神社文書』（『福知山市史』史料編一）。
(45)『吉田文書』（『信長文書』補遺二〇七）。
(46)『人見文書』（丹後郷土資料館蔵ゼロックス資料。資料閲覧については同館石川登志雄氏に御尽力頂いた）。
(47)桑田忠親『明智光秀』（講談社文庫版、一九八三年）。
(48)藤木久志「統一政権の成立」（『岩波講座日本歴史』9近世Ⅰ、一九七五年）「織田信長の政治的位置について」（『戦国時代』吉川弘文館、一九七七年）ともに改題して同氏『戦国大名の権力構造』（吉川弘文館、一九八七年）に再録。
(49)『御霊神社文書』（『福知山市史』史料編一）。
(50)『綾部市史』上巻、一八八頁。
(51)「一柳文書」（『小野史談』六号〈小野の歴史を知る会、一九八六年〉表紙解説部分）。
(52)『譜牒餘録後編』（中村孝也『新訂徳川家康文書の研究』上、日本学術振興会、一九八〇年）。
(53)前稿では明智氏領国下の織豊系城郭を「明智系」城郭と称したが、明智光秀個人の要素が強いと誤解を受けるので本稿では使用しなかった。
(54)染谷光廣「織田政権と足利義昭の奉公衆・奉行衆との関係について」（『国史学』一一〇・一一一合併号、一九八〇年、のち『戦国大名論集』一七〈吉川弘文館、一九八五年〉に再録）。
(55)『新編桑下漫録』所収。
(56)『威光寺文書』（『福知山市史』史料編一）。
(57)『津田宗及茶湯日記』天正九年四月十日条（『茶道古典全集』七）。
(58)『天寧寺文書』（『福知山市史』史料編一）。
(59)『兼見卿記』天正一〇年七月二日条。
(60)『福知山城跡』（『福知山市文化財調査報告書・第九集』福知山市教育委員会、一九八六年）。

(61) たとえば北桑田郡鶴ヶ岡には「権助さん」が光秀の周山築城の際、人夫となって活躍し、大きな石をかるがると運んで人びとを驚かせたという伝承がある。当時の大規模な普請状況を彷彿させて興味深い（『わたしたちの美山町』ふるさと美山の学習資料集編集委員会、一九八〇年）。
(62) 千田嘉博「安土城総構の再検討」（『近江の城』二三、滋賀総合研究所、一九八七年）。
(63) 『白毫寺文書』（『兵庫県史』史料編、中世三）。
(64) 前掲註（52）。
(65) 藤井善布「黒井城」（『日本城郭大系』一二、一九八〇）。
(66) 「岩尾城」（『兵庫県の中世城館・荘園遺跡』五七頁、兵庫県教育委員会、一九八二年）。
(67) 中井均「蛇山岩尾城」（『中世城郭事典』三、新人物往来社、一九八七年）。
(68) 前掲註（40）。
(69) 前掲註（5）。
(70) 藤井善布「金山城」（『日本城郭大系』一二、一九八〇年）。
(71) 今谷明「延徳の丹波国一揆」（『歴史手帖』八巻八号、一九八〇年、同氏『室町幕府解体過程の研究』〈岩波書店、一九八五年〉に再録）。
(72) 『片山家文書』（『和知町誌』史料集（一）中世・近世〈Ｉ〉六四、一〇一号）。
(73) 「八上城」（『兵庫県の中世城館・荘園遺跡』六四頁、兵庫県教育委員会、一九八二年）。
(74) 『丹波笑路城発掘調査報告書』（亀岡市教育委員会、一九七八年）。
(75) 中井均「笑路城」（『中世城郭事典』二、一九八七年）。
(76) 今谷明「上杉本洛中洛外図の作者と景観年代」（『文学』一九八四年三月号）。
(77) 川嶋将生「戦国期地侍の動向」（『京都市史編さん通信』一一九、一九七九年）。
(78) 中井均「静原城」（『中世城郭事典』二、一九八七年）。

(79) 拙稿「元亀元年『志賀御陣』における朝倉、浅井の陣城について」(『近江の城』二六、一九八七年) で若干ふれた。
(80) 今谷明「畿内近国に於ける守護所の分立」(『国立歴史民俗博物館研究報告』八集、一九八五年、同『守護領国支配機構の研究』〈法政大学出版局、一九八六年〉に再録)。
(81) 『丹波史談』(一九八八年十二月号、口丹波史談会)。
(82) 竹岡林「滝ヶ嶺城」(『日本城郭大系』一一、一九八〇年)。
(83) 藤井善布「神尾山城」(『中世城郭事典』二、一九八七年)。
(84) 前掲註(5)。
(85) 藤井善布氏は須知城、神吉城、滝ヶ嶺城、猪倉城の四城郭を「繋ぎの城」と評価して明智氏領国の城郭網を想定されている(同氏「丹波地方の中世城郭について」〈『京都府遺跡調査報告書、第三冊』所収、一九八四年〉)。しかし遺構的にばらつきがあり同じ機能を持った城郭とは考えられない。なお猪倉城については前稿参照。
(86) 千田嘉博「中世城郭から近世城郭へ」(『月刊文化財』三〇五号、一九八九年)
(87) 松尾良隆「織豊期の『城わり』について」(『横田健一先生古希記念・文化史論叢』下、一九八七年)。
(88) 松尾良隆「天正八年の大和指出と一国破城について」(『ヒストリア』九九、一九八三年、のち『戦国大名論集』一七〈吉川弘文館、一九八五年〉に再録)。

【付記】本稿作成にあたっては芦田岩男(春日町歴史民俗資料館)、石川登志雄(前出)、黒川孝宏(亀岡市文化資料館)、小林基伸(兵庫県立歴史博物館)各氏のご協力を得ました。厚く御礼申し上げます。

【付記】註の肩書は当時のものである。なお、拙稿「織豊系城郭論と地域史研究」(『城館史料学』第三号、二〇〇六年)を参照のこと(再録にあたって)。

Ⅲ　明智光秀「家中軍法」をめぐって

堀　新

はじめに

天正九年六月二日付明智光秀「定　条々」（いわゆる「家中軍法」、以下本史料と略称）は、丹波国福知山の御霊神社が所蔵している（以下御霊本と略称）。本史料はその内容の面白さ、織田軍団唯一の家中法度および軍役規定という稀少性もあって、古くから注目されてきた。かつては明智光秀の人物研究の一環として採り上げられ、高柳光寿氏は「この軍法は光秀の軍隊の構成を知りうるばかりでなく、当時における信長配下の諸将の軍隊の構成をも推測し得られる資料であり、更に一歩を進めていえば、当時日本の諸大名の軍隊の構成をも推知できる興味ある資料というべきものである」と高く評価した(1)。そして桑田忠親氏は、軍法の細かい注意や厳しい罰則に着目したうえで、末尾に記された信長の恩恵に対する感謝の表現を根拠に、本能寺の変の一年前には信長を「暗殺しようなどという意図の全くなかったことが、立証される」としている(2)。

その一方で、本史料を「明らかに偽文書(3)」、「これが真物であれば貴重なものといいうるが、内容・筆蹟からも偽文書の疑いが濃い(4)」という指摘もあった。これら偽文書説は、活字になったものは意外と少ないが、学界には根強く存在していたとみてよかろう。

こうしたなか、平成八年（一九九六）に明智光秀文書研究会の調査により、ほぼ同文の尊経閣文庫所蔵本（以下尊経閣本）の存在が確認され、「信頼しうる史料であることが確定された」[5]とされるようになり、近年では疑うことなく研究に使用されるようになっている[6]。しかし、ほぼ同文史料が複数存在することは、例えば斎藤道三の遺言状が複数存在する事実があるように、すぐさま偽文書の疑いを解消できたと即断することはできないであろう。

早くから本史料に注目し、本格的な検討を行ってきた福島克彦氏も、「前半の一～七条が軍の規律、後半の八～十八条が百石単位の軍役基準で構成される。こうした軍旗と賦課基準の並立タイプは他に類例がない」とし、さらには「軍法末尾に光秀の姿勢が記されている。無味乾燥、制度的文言の並ぶ軍法において、個人の認識を記した書式は異例」と述べ、その特異性を指摘している[7]。福島氏は「織田軍の到達点、延いては近世知行制と軍役の相関を考察する検討不可避な材料」と述べているように、本史料の信憑性に疑念を抱いているわけではない。しかし、福島氏が指摘する本史料の特異性を忘れてはならないであろう。

以上のような史料的問題を解消するには、原本の検討が前提となろう。しかし、論者の多くはそれに触れることなく議論を展開しているように思われる。幸い、筆者は二〇一一～一三年度科学研究費補助金（基盤研究（A））「法令・人事から見た近世政策決定システムの研究」の史料調査において、二〇一二年九月十日に御霊本、同年九月二十八日に尊経閣本を実見する機会に恵まれた[8]。このうち前者の調査に同行した山本博文氏は、本史料の文字・文章・料紙などの点から総合的に判断して、「普通に考えれば、江戸時代の軍令に慣れた軍学者が、信長を討った有名な光秀の軍法として偽作したもの」と結論づけている[9]。筆者も山本氏の見解に賛意を表するが、近世の軍学者による偽作と指摘するだけでは不十分ではないだろうか。御霊本や尊経閣本の伝来や両本の異同、そして織田家臣団のなかでなぜ光秀のみが軍法を制定したとされるのか[10]等、さらに論ずべき点が残されていると考え、改めて論じる次第である。

そこで、それぞれの検討ポイントを確認しつつ、すぐさま信頼できる史料か否かを判断することなく、それぞれのポイントごとに検討を積み重ねていきたい。本史料は評価が真っ二つに割れる史料だけあって、単純には結論を導き出すことは難しいと思われ、論旨がややわかりにくくなるとも思われるが、重要史料の基礎的検討としての手順を省略することなく積み重ねたいと思う。

ここで、明智光秀の出自について述べておきたい。光秀の出自は、本史料の史料的問題を検討するうえで重要である。光秀の出自については、土岐源氏の明智氏という名門の出身か、明智地方出身ではあるものの明智氏を「僭称」しているに過ぎない低い身分の出身か、大きく見解が分かれているのが現状である。詳細な検討は別の機会に譲るとして、筆者の見解を述べておきたい。結論から言えば、系図間で父親の名前すら一定していない光秀が、正真正銘の土岐源氏明智氏の末裔とすることは難しいのではないだろうか。かつての名門がいかに没落したとしても、その由緒を示す系図等は最後まで残されるものであるからである。

なお本史料は『福知山市史』[11]に全文翻刻され、『新修亀岡市史』[12]は「御霊神社本を底本にし、尊経閣文庫所蔵の写によって補訂した」上で全文を掲載している。尊経閣本を「写」と判断した理由は不明であるが、本稿では両本ともに「原本」として検討したい。両文書はほぼ同文とはいえ、その異同も史料的検討をするうえで必要であるので、本稿末尾に御霊本[13]の全文を翻刻し、尊経閣本との異同を注記した。

一、史料の伝来について

内容の検討に入る前に、まず御霊本と尊経閣本の伝来について検討しておこう。

まず御霊本であるが、御霊神社は宝永二年（一七〇五）に創建され、明智光秀を主祭神の一つとする神社である。福知山城下では、光秀が地子免除とした恩恵への感謝と、光秀の霊を祀ることで火災水難がないことを祈ったという(14)。御霊神社には明智光秀関係文書が三点あるが、いずれも寄進・奉納されたものである。本史料を収納する箱書の記載(15)に拠れば、弘化四年（一八四七）に田丸屋清五郎によって御霊神社に奉納されたものである。他の二点のうち、（天正六年）十二月二十二日付奥村源内宛書状は、天保五年（一八三四）に越山小右衛門他五名が「寄進」したものである。残る一点である（天正九年カ）六月二十一日付出野左衛門助・片山兵内宛書状は、寛延四年（一七五一）に吉田政泰他三名が「奉納」したものである。

これを一覧表化したのが末尾の表である。表の№1が本史料であるが、御霊神社所蔵明智光秀関係文書のなかでは、最後に奉納されたものであることがわかる。江戸時代を通じて、戦国期への関心は高く、書状や法令などが多くの古文書集に収録され、書写が重ねられていった。そうした古文書集に、管見の限りでは、本史料は収録されていないようである。従って、幕末にいたって本史料は突然出現したことになり、奉納者である田丸屋清五郎がどのような経緯で入手したのか不明という伝来経緯の不確かさも相俟って、本史料への疑念を払拭することは難しかったといえよう。それを「解決」したとされるのが、前述したように、尊経閣本である。続いて、尊経閣本の伝来経緯を検証しよう。

尊経閣文庫とは、加賀藩第五代藩主前田綱紀の蔵書名にちなむ名称であり、綱紀は東寺百合文書をはじめ古文書蒐集に熱心だったことで有名である。尊経閣本も綱紀による蒐集史料である可能性が高い。

この可能性を裏づける帳簿類は存在しないが、尊経閣本の袖に貼り付けられた二通の極札から検証しよう。袖の上に「明智日向守光秀定條々軍書（黒印）」、下に「明智日向守殿光秀定條々武者於備場（黒印）」が貼り付けられている。『古筆鑑定必携』[16]所収の極札図版から判断すると、上の極札の古筆家は二代目朝倉茂入、下は古筆宗家三代了祐（一六四五～一六八四）と思われる。両者ともに古筆宗家二代了栄（一六〇七～一六七八）の弟子であり、了祐は了栄の八男である。二人の活動時期は、綱紀の治世（一六四五～一七二三）に重なっており、先の推測を裏づけている。従って、尊経閣本は、おそらく一七世紀後半、具体的には了祐が死去した貞享元年（一六八四）以前に、加賀藩主前田綱紀が購入・蒐集したと考えて間違いないであろう。

こうして、本史料は一七世紀後半には存在しており、幕末にいたつて突然出現したのではないことが判明する。御霊本に抱いていた出現の不自然さは、この点に限っては、一応払拭されるのである。

二、『明智軍記』等との関連について

しかし、本史料の存在の初見が一七世紀後半となれば、近世に流布した著名な軍記物語である『明智軍記』との関連性を、当然、想定しなければならないであろう。『明智軍記』は明智光秀の一代の事蹟を記したもので、著者は不明である。現存する最古の版本は元禄六年（一六九三）であるが、二木謙一氏は「おそらく、江戸時代中期・元禄の

はじめ頃に成立したのであろう」とする[17]。

そのように考えて良いとすれば、『明智軍記』の成立と「家中軍法」の出現はほぼ同時期となる。反逆者光秀のイメージ回復の動きは意外に早く、作者不詳『明智物語』が正保四年（一六四七）頃に成立している[18]。元禄六年（一六九三）初版の『明智軍記』もこの流れの延長線上にあり、貞享元年（一六八四）以前に蒐集された尊経閣本も同じ流れのなかにあると想定することは可能であろう。すなわち、光秀の反逆者イメージを払拭するために偽作された可能性である。こうした気運の高まりは、光秀の百回忌である天和元年（一六八一）と無関係ではないと思われる。

ところで、『明智物語』には明言されていないが、『明智軍記』と『美濃国諸旧記』（作者・成立年ともに不明）は、光秀が若い頃に諸国を遍歴したとしている。光秀は天正十年（一五八二）の死亡時五五歳だったとされることが多いが、近年は『当代記』[19]が記す六七歳が有力となっている。これに従えば、光秀の生年は永正十三年（一五一六）となる。『明智軍記』巻一の記すように、光秀が弘治二年（一五五六）にいったん朝倉家に仕官したとしても、四一歳までの光秀の動向は全く不明である[20]。こうした前半生の不透明さが、諸国を遍歴して見聞を広めたという物語を生むゆえんであろう。桑田忠親氏が指摘するように、こうした物語は滝沢馬琴『椿説弓張月』の源為朝、『義経記』の源義経、小瀬甫庵『太閤記』の豊臣秀吉など、英雄の伝記書にはしばしば見られる。諸国遍歴が後に活躍する素地を作り上げたという物語上の伏線として設定されたに過ぎないのである[21]。もちろん、『明智軍記』が記す弘治三年〜永禄五年（一五六二）の諸国遍歴を史実とは認めがたい。

そのうえで注目したいのは、『明智軍記』巻一の次の記述である。

光秀ニ大守（朝倉義景）宣《ノタマヒ》ケルハ、汝軍鑑鍛錬《グンカンタンレン》ノ為《タメ》、天下ヲ廻国シ、家々ノ軍配式法《クンハイシキホウ》ヲ窺《ウカヾヒ》ケル由聞及フ処也、只今ハ日本戦国ノ時分ナレハ、然ルベキ事ゾカシ、軍法修行《グンホウシユキヨウ》セシ所々ヲ遠慮《エンリヨ》ナク具ニ可シ語ルトゾ仰《ヲホセ》ケル、明智承リ、（中略）則家々ノ法式《シキ》、自地《ジチ》ヲ治メ、敵国ヲ討随シ武勇・智謀《チボウ》ノ兵術《ヒヨウシユツ》ノ次第、幷《ナラヒ》ニ諸家ノ老臣・武頭《モノガシラ》、同武功ノ兵士等ガ仮名《ケミヨウ》・実名《ジツ》迄、一家ニテ五十人・三十人ヅ、書付タル微細《ミサイ》ノ日記ヲ進覧《シンラン》仕リケレハ、朝倉殿大悦《エツ》御座《ヲハシマシ》テ暫ク留置《トメヲカ》レ、其ノ後明智ガ方ヘゾ返シ被遣ケル、

これによれば、光秀が諸国を遍歴して学んだのは、全国の戦国大名の「軍配式法」であり、これは「軍法修行」であったのである。こうして「軍鑑鍛錬」した光秀であれば、織田家臣団において軍法書や軍役規定を制定したとしてもおかしくないであろう。こうした光秀のイメージが、近世に成立した軍記物語から生まれたのではないだろうか。ちなみに秀吉の諸国遍歴は、こうした「軍法修行」ではない。

このような諸国遍歴による「軍法修行」が虚構である以上、ほぼ同時期に出現した本史料も、また同じく虚構＝偽作である可能性を捨て去ることは容易ではないと思われる。これは状況証拠に過ぎないが、織田家臣団のなかで光秀のみが軍法や軍役規定を制定しているとされていることへの、一定の回答となるであろう。

三、「家中軍法」の古文書学的検討をめぐって

次に、御霊本と尊経閣本を古文書学的に検討し、原本を見たうえでの印象も含めて述べよう。まず筆跡であるが、両本を並べて比較したわけではないので厳密ではないが、両本の筆跡は似ている。例えば「人」字の場合、左右に大きく払う点など、単純な字形だけに、特徴がよく出ているようにも思われる。また「のほり」は何ヶ所も出てくるが、

「の」を大きく書き、「り」を右に寄せて書くなど、両本とも特徴的な書き方である。しかし、「のほり」字形に関して言えば、似てはいるものの、同一ではないようにも思われる。弘化四年（一八四七）と貞享元年（一六八四）以前、加賀国と丹波国というように、時期も地域も異なるために接点が見出しにくい両本が、異なる筆跡であったとしても不自然ではない。仮に筆跡が異なる場合は、本史料の信憑性は高まるであろう。

次に書体であるが、尊経閣本の方が字形の崩し方がやや小さいような印象を受ける。この点も、両本の筆跡が異なると判断できる一つの要因である。

続いて花押であるが、両本ともに他の光秀文書と較べて問題はないように思われる。ただし、光秀の花押型はその時々で左右の幅や右下の払い幅が「揺れ」ており、その誤差が大きい。従って、その形から文書の年代比定ができるタイプの花押ではなく、また同時に真偽を判断する材料にもなりにくいように思われる。

それから料紙であるが、両本ともに楮紙であるように思われたが、御霊本はガラスケース越しの実見であるので、確たることは言えない。また全一八条であるので、両本とも複数枚に書き継がれている。御霊本は何枚か判断できなかったが、尊経閣本は三枚に書き継がれている。他の光秀文書と較べてやや立派すぎるきらいがあるのは確かである。しかし、書状と本史料のような法令では、一概に比較することは難しい。

以上の点に関わって、山本氏は御霊本を「紙の大きさが中途半端で、文字が後の時代のものだという印象を受けました。少なくとも安土桃山時代の文書ではありません。おそらく、江戸時代になって作られた文書でしょう」と述べている(22)。尊経閣本も含めて、通常の書状と比較すれば、筆者も同様の印象を持っている。

しかし文字については、例えば天正五年（一五七七）六月の「定安土山下町中」(23)（いわゆる安土の楽市令）の書体も、信長期の文書としてはやや早すぎる印象をもつ。この文書は全一三ヶ条であるので、料紙三枚に書き継がれており、各紙継目裏に「天下布武」の黒印が捺され、紙背には朱印も捺されている。これを偽文書と疑う余地はない。従って、書体だけを問題とすれば安土の楽市令に対しても疑念が湧いてしまうように、本史料もこの点だけをもつてして信憑性を云々することは難しいように思う。

ところで、両本の字配りは異なるが、記載内容はほぼ同文である。この点は重要である。本史料の写本は知られておらず、また御霊本と尊経閣本の接点はうかがえないので、両本がたまたま同文になったとは考えられない。すなわち、天正九年六月二日に光秀が家中に発給したうちの二通が、たまたま伝来して現在に至っている可能性もありうるからである。

以上、再度改めて原本調査を行う必要性は感じるが、実見した印象では両本を偽作と断定するには至らなかった。もちろん、後述するように、両本を史料的に問題ないと判断したわけではない。

四、「家中軍法」の文章・記載内容をめぐって

前節まで本史料をめぐる外的状況について検討したが、本節ではその内容について検討しよう。この点については、既に山本氏の指摘があるので、まず山本氏の見解を紹介しておこう。

まず文章であるが「素直に現代文に訳すことが困難な文章です。これは、難解というよりも、この時代にあまり目にしない文章だからです」と述べる(24)。これは全く同感で、とくに末尾の漢文は、一見して本史料に重大な疑念を抱か

せる。「瓦礫沈淪之輩」など、信長に出仕する以前の光秀の立場を表現したものとして注目されているが、他に類例を見ない特殊な表現であることを考慮しなければならないであろう。

なお、「云給云拾」の部分は難解であるが、これは「云給云恰」の誤りで、「給《かれ》と云い、恰《これ》と云い」と訓むのであろう[25]。意味不明ではないにせよ、このような難解な文章を光秀家臣が読んで理解できたのか、はなはだ疑問が残る。そもそも発令者である光秀すらあやしいものであろう。山本氏が指摘するように、「この時期の文書ではまず出てこない漢文的表現」が頻出する末尾の箇所は、いかにも江戸時代の軍学者が自らの知識をひけらかして偽作した印象は拭えない。また前半の軍法部分についても、「教養のない配下の武士に読ませたとするには、文章がかなり難解」で、「実際に軍令を守らせようとするなら、もっと簡単な文章で、重要なことから簡潔に書く[26]」はずである。

次に記載内容であるが、これも山本氏の指摘[27]に尽きる。本史料は石高に応じた軍役が規定されているが、これは石高に応じた兵力ではなく、甲《かぶと》、馬、指物、鑓、幟《のぼり》、鉄炮などの装備となっている。これらは実戦のためというよりも、行列の綺羅を飾る軍勢の装備である。これを江戸幕府の元和の軍役令と比較すると、光秀の軍役規定の方が重く、しかも鉄炮と並んで有力武器である弓の規定がないという不自然な内容となっているのである。また軍法についても、この当時重要視されていた「抜け駆け」禁止や、家臣の従者の行動を規制する条項もない[28]。

さらに法令としての形式で言えば、福島氏も山本氏も指摘しているように、家中軍法と軍役規定という異質なものが一つの法令となっていることも不自然である。その他にも、全体の条数が一八条という偶数条となっていることは、条書としては異例である。本来ならば奇数条であるべきであろう。

そして日付であるが、本能寺の変のちょうど一年前の日付というのは、あまりにもできすぎていないだろうか。その日付で信長の恩恵に対する感謝の念を記して、光秀が謀叛を決意するのはこれ以降であることを示しており、作為的な印象を拭えない(29)。

以上、本史料の記載内容からすれば、天正九年に明智光秀が配下の諸将のために制定したものとは考えがたく、光秀に仮託して近世の軍学者が偽作した可能性が極めて高いと言わざるを得ないのではないだろうか。

五、その他の光秀軍法について

前述したように、光秀が制定したとされる軍法は、他に二点伝来している。それは、天正九年十二月四日付「定家中法度」（山口市歴史民俗資料館所蔵「萬代帖」所収、以下萬代本と略称）、年月日未詳「軍役之条々」（内閣文庫所蔵「諸家文書纂」巻一三所収、以下内閣本と略称）である。本稿末尾の翻刻（参考史料一・二）を参照して頂きたい。

このうち後者の内閣本であるが、諸家に伝来した古文書類を収録した史料集である「諸家文書纂」に収録されたものである。「諸家文書纂」じたいは史料集として玉石混淆であるが、おおむね信頼できるものと考えられる。しかしこの場合は、冒頭の文章の不自然さといい、年月日を欠いていることといい、花押形が他の光秀文書には見られないことといい、署名が「明智日向守光秀」であることなど(30)、たちどころに疑問点を列挙できる。内閣本は偽文書としてよいであろう。

残る萬代本であるが、近世に山口で米穀・醤油醸造を商った有力商人である萬代家に伝来した手鑑のなかの一通である。萬代帖は、長府藩祖毛利秀元女が小田原藩主稲葉正則に寛永年間に嫁した縁により、正則から三代藩主綱元に古筆手鑑が贈られたほか、長府藩がその後蒐集した手鑑類とあわせて、そのなかから古筆を摘出・剥離して、明和九年（一七七二）に完成した二冊の手鑑のうちの一冊である。[31] 萬代本を『山口県史』[32]は「写」とするものの、瀬野精一郎氏[33]や小松茂美氏[34]は原本と判断している。筆者は本史料を実見したことはなく、大判の図版でカラー画像を見たのみであるが、[35] 画像を見る限りはこれが原本であることを疑う理由が思い当たらない。

さて萬代本の内容は、光秀家臣が織田家中の重臣たちとすれ違う際の作法などを定めたものである。紙幅の関係上、その一つ一つは検証しないが、内容的に問題はない。

従って、他二点の光秀が制定したとされる軍法書のうち、内閣本は明らかな偽文書であるが、萬代本は正本と思われるのである。

むすびにかえて

以上、かけ足で光秀「家中軍法」とその他の光秀制定とされる軍法書二点、合計三点について検討した。本史料（「家中軍法」）については、疑わしい点と信頼できる点が併存しており、その真偽を判断することはなかなか難しい。さらには、その他二点の史料が、全く問題にならない偽文書と、疑う理由がない正本であり、そのあたりがさらに判断を難しくさせている。

現時点での筆者の考えを述べると、史料の真偽を判断するさいは、総合的な判断をするのではなく、極めて怪しい点が一点でもあれば、否定的な判断を下すべきであろう。そうした意味では、本史料（いわゆる光秀の「家中軍法」）

は偽作の疑いを捨てきれず、近年の研究の多くとは異なる立場をとらざるをえないのである。ただし、これはあくまでも現段階での結論であり、今後はさらに萬代本を実見し、御霊本も直接実見するなど、さらなる調査と検討を行ったうえで、最終的な判断をしたいと考える。

【明智光秀「家中軍法」翻刻】

※御霊本を底本とし、尊経閣本との異同を〔〕で注記した。（）（丸カッコ）は筆者（堀）による補記である。

便宜上、各条の順序を示す数字を冒頭に付した。

定　條□〔々〕

（1）□〔一〕、武者於備□〔場〕、□〔役〕者之外、諸卒□〔高〕聲并雑談停□□〔止事〕、□〔付〕懸□〔り〕口其手賦・鯨波以下、可応□□□〔下知事〕、

（2）□〔一〕、魁之人数相備差図之（候）所、旗本待（侍）着可□〔随〕下知、但依其所、為先手可相計、付者兼而可申聞事、

（3）一、自分之人数、其手々々相揃、前後可召具事、付鉄炮・鑓・指物・のほ（幟）り・甲立、雑卒ニ至てハ、置所法度のことくたるへき事、

（4）□〔一〕、武者をし（押）の時、馬乗あと（後）にへた（隔）ゝるにをいてハ、不慮□〔之〕動有之といふとも、手前当用ニ不可相立、太以無所存之至也、早可没収領知、付依時儀可加成敗事、

（5）一、旗本先手其たん〱の備定置上者、足軽懸合之一戦有之といふとも、普可相守下知、若猥之族あらハ、不寄仁不肖忽可加成敗事、付虎口之使眼前雖為手前申聞趣相違可及返答、縦踏其場雖遂無比類高名、法度をそむ（背）くその科更不可相遁事、

(6)一、或動或陣替之時、号陣取ぬけかけ（抜駆）に遣士卒事、堅令停止訖、至其所見計可相定事、但兼而より可申付子細あらハ、可為仁着事、付陣払、禁制事、

(7)一、陣夫荷物軽重、京都仕度之器物三斗、但遼遠之夫役にをいてハ、可為弐斗五升、其糧一人付て一日八合宛従領主可下行事、

(8)一、軍役人数百石ニ六人、多少可准之事、

(9)一、百石ゟ百五拾石之内、甲一羽・馬一疋・指物一本・鑓一本事、

(10)一、百五拾石ゟ弐百石之内、甲一羽・馬一疋・指物一本・鑓二本事、

(11)一、弐百石ゟ参百石之内、甲一羽・馬一疋・指物二本・鑓二本事、

(12)一、参百石ゟ四百石之内、甲一羽・馬一疋・指物三本・鑓参本・のほり（幟）一本・鉄炮一挺事、

(13)一、四百石ゟ五百石之内、甲一羽・馬一疋・指物四本・鑓四本・のほり（幟）一本・鉄炮一挺事、

(14)一、五百石ゟ六百石之内、甲二羽・馬二疋・指物五本・鑓五本・のほり（幟）一本・鉄炮弐挺事、

(15)一、六百石ゟ七百石之内、甲弐羽・馬弐疋・指物六本・鑓六本・のほり（幟）一本・鉄炮三挺事、

(16)一、七百石ゟ八百石之内、甲三羽・馬三疋・指物七本・鑓七本・のほり（幟）一本・鉄炮三挺事、

(17)一、八百石ゟ九百石之内、甲四羽・馬四疋・指物八本・鑓八本・のほり（幟）一本・鉄炮四挺事、

(18)一、千石ニ甲五羽・馬五疋・指物拾本・鑓拾本・のほり（幟）二本・鉄炮五挺事、付乗馬一人之者着到可准弐人宛事、

右、軍役雖定置、猶至相嗜者、寸志も不黙止、併不叶其分際者、相構而可加思慮、然而顕愚案条々、雖

顧外見、既被召出瓦礫沈淪之輩、剰莫太（大）御人数被預下上者、未糺之法度、且武勇無功之族、且国家之費、頗似掠　公務、云袷云拾（恰）、存其嘲、対面々重苦労訖、所詮於出群抜萃粉骨者、速可達　上聞者也、仍家中軍法如件、

天正九年六月二日　　日向守光秀（花押）

【参考史料一「定家中法度」翻刻】

定家中法度

一、御宿老衆・御馬廻衆、於途中挨拶之儀、見かけてより其所之一方へかたつき（片付）、いんきん（慇懃）に畏而とをし（通）可申事、

一、坂本・丹波往覆（復）之輩、上者紫野より白河とをり（通）、下者しる（汁）谷・大津越たるへし、京都用所にをいて（於）ハ、人をつかハし（遣）可相調之事、付自身在京なくて不叶子細あらハ、其理可及案内事、

一、用所等申付、於召使輩者、洛中馬上停止事、

一、洛中洛外遊興見物停止之事、

一、於道路、他家之衆与卒爾之口論、太以曲事也、理非ニ不立入、可加成敗、但時に至て不及了簡仕合にをいて（於）ハ、其場而可相果一命事、

右意趣者、対　御座所分頗（領）依程近、不混自余令思惟訖、万一不慮為出来者、更不可有其悔、所詮面々若党・下人已下、猶以堅可申付、若於違犯輩者、忽可行其科、八幡照覧不可用捨者也、仍如件、

天正九年十二月四日　　日向守（花押）

【参考史料二「軍役之条々」翻刻】

御霊神社所蔵明智光秀関係文書

No.	和暦	署名	宛所	寄進年月日	寄進者	新修亀岡市史・資料編2
1	天正9年6月2日	日向守／光秀（花押）	（定条々）	弘化4年（1847）8月18日	田丸屋清五郎	84号
2	（天正6年）12月22日	惟任日向守／光秀（花押）	奥村源内殿／御返報	天保5年（1834）8月	越山小右衛門、足立五郎助、米屋佐助、乾重助、塩屋辰兵衛、黒谷屋三次郎	50号
3	（天正9年カ）6月21日	日向守／光秀（花押）	出野左衛門助殿／片山兵内殿／進之候	寛延4年（1751）正月	吉田政泰、山田信良、高木盛高、中山有方	85号

註　署名・宛所欄の「／」は改行を表す

軍役之條々

一、騎馬　三人

一騎ハ　馬取二人　鑓壱本

一騎ハ　馬取二人

一騎ハ　馬取一人

一、弐千石

一、長柄　八本

一、持鑓　三本　　一、甲持　一人

一、持筒　五挺　　一、指物持　一人

一、持弓　一張

一、長柄のもの（者）、羽織・はれん（馬簾串）の事、

一、小者共ニハなた（鉈）・鎌をさゝ（指）すへき事、

一、若党ハ腰おけ（桶）、小者ハめんつう（面桶）を可着事、

以上、

明智日向守光秀（花押影）

註

（1）高柳光寿『明智光秀』（吉川弘文館、一九五八年）一五六頁。他に奥野高廣『戦国大

名』（塙書房、一九六〇年）一〇八頁など。
(2) 桑田忠親『明智光秀』（新人物往来社、一九七二年）、講談社文庫版一五六頁。
(3) 「一九六四年の回顧と展望（石踊胤央執筆）」（『史学雑誌』七四―五、一九六五年）。
(4) 脇田修『近世封建制成立史論　織豊政権の分析Ⅱ』（東京大学出版会、一九七七年）二二一～二二二頁。福島克彦氏の御教示による。
(5) 藤田達生「織豊期大名軍制と交戦権」（『織豊期研究』一〇、二〇〇八年）。
(6) 早島大祐「戦国期研究の位相」（『日本史研究』五八五、二〇一一年）、池上裕子『織田信長』（吉川弘文館、二〇一二年）など。
(7) 福島克彦「十八カ条に及ぶ詳細な規定　織田政権唯一の〝緻密〟軍法」（『俊傑明智光秀』、学習研究社、二〇〇二年）。
(8) ただし、御霊本は福知山市郷土資料館の特別展『明智光秀　本能寺の変・小栗栖　五十五年夢』（二〇一二年八月一日～九月十日）におけるガラスケース越しの実見であるので、箱書等を実見できていない等の不十分さは残ることを、あらかじめお断りしておく。
(9) 山本博文『続日曜日の歴史学』（東京堂出版、二〇一三年）一三三頁。以下、山本氏の見解は同書による。
(10) 光秀制定とされる家中法度・軍役規定は、本史料の他に天正九年十二月四日付「定家中法度」（山口市歴史民俗資料館所蔵「萬代氏手鑑」所収）、年月日未詳「軍役之条々」（内閣文庫所蔵「諸家文書纂」巻一三所収）がある。いずれも重要であるので、本稿末尾に翻刻を掲載する。
(11) 『福知山市史』史料編一（一九七八年）。
(12) 『新修亀岡市史』資料編二（二〇〇二年）。
(13) 「福知山御霊神社文書」（東京大学史料編纂所架蔵影写本、請求番号三〇七一・六二―一三三二）による。昭和一四年（一九三九）の影写であるため、現在は判読不能の文字も解読できる。
(14) 『日本歴史地名大系　京都府の地名』（平凡社、一九八一年）。
(15) 「福知山御霊神社文書」（前掲）。

(16) 村上翠亭・高城弘一監修『古筆鑑定必携　古筆切と極札』（淡交社、二〇〇四年）一〇八頁・一一二頁。
(17) 二木謙一校注『明智軍記』（新人物往来社、一九九五年）所収「解題」、同書一頁。
(18) 関西大学中世文学研究会編『明智物語　内閣文庫蔵本』（和泉書院、一九九六年）。
(19) 「当代記」巻二（『当代記　駿府記』、続群書類従完成会、一九九五年）。
(20) ただし、光秀は「越前朝倉義景頼被申、長崎称念寺門前に十ヶ年居住」していた（『遊行三十一祖京畿御修行記』）ことは確実である。光秀が朝倉家を離れたのは、足利義昭とほぼ同じ永禄十一年（一五六八）とすれば、永禄初年から越前国に居住していたことになる。
(21) 桑田忠親『明智光秀』（前掲）二七頁。
(22) 山本博文『続日曜日の歴史学』（前掲）一二七頁。
(23) 奥野高廣編著『増訂織田信長文書の研究』下（吉川弘文館、一九八八年、初版一九七〇年）所収七二一号文書。
(24) 山本博文『続日曜日の歴史学』（前掲）一二一頁。
(25) 久保健一郎氏の御教示によれば、斎木一馬『古記録の研究』上（吉川弘文館、一九八九年）二七三頁・三三一頁に「給恰」の用語が示されており、『政基公旅引付』文亀二年八月二二日条に「云□《(給カ)》云恰」の用例がある。
(26) 山本博文『続日曜日の歴史学』（前掲）一三一頁。
(27) 山本博文『続日曜日の歴史学』（前掲）一二九頁。
(28) 山本博文『続日曜日の歴史学』（前掲）一三三頁。なお第六条の「ぬけかけに遣士卒」は抜け駆けを禁止したものではなく、陣取の名目で家臣を遣わすことを禁止したものである。
(29) もっとも、光秀の謀叛の決断は直前であり、光秀本人もそれが「不慮」（＝突然のこと）であると述べている（拙著『日本中世の歴史7　天下統一から鎖国へ』、吉川弘文館、二〇一〇年、七三頁）。ここでいう「作為的」とは、わざわざ光秀の謀叛と関わらせる内容を、無関係な家臣たちに申し聞かせていることを指している。
(30) 光秀は天正三年七月三日に「惟任」姓を賜姓され、「日向守」となる（『信長公記』巻八）。従って「明智日向守」と称することはない。

(31)　小松茂美「萬代亀四郎翁遺愛の手鑑『萬代帖』」(『手鑑「萬代帖」』、山口市教育委員会、二〇〇一年)。

(32)　『山口県史』史料編・中世二(二〇〇一年)。なお同書の翻刻によれば、「明智日向守光秀判形定家中法度(黒印、印文「琴山」)」の極札があり、今後改めて鑑定者を検討したい。

(33)　瀬野精一郎「萬代亀四郎氏所蔵手鑑について」(『東京大学史料編纂所報』八、一九七四年)。

(34)　小松茂美「萬代亀四郎翁遺愛の手鑑『萬代帖』」(前掲)。

(35)　本稿を準備する過程で実見の機会を得たいと考えていたが、あいにく所蔵機関である山口市歴史民俗資料館の耐震工事による一時閉館と重なってしまい、その機会を得られなかった。他日を期したい。

【追記】

本稿の初出(二〇一四年三月)以降に知り得たことを追記する。

①萬代本について

二〇一五年八月一八日に山口市歴史民俗資料館において実見する機会を得た。所蔵機関の皆様に篤く御礼申し上げる。「定家中法度」の下部(料紙の右下隅)に二行分の摺消痕を確認したが、文字は判読できなかった。印象では本文とは異筆であり、後筆部分を何らかの事情で摺り消したのかも知れない。

註(32)に記した極札は、尊経閣本の古筆宗家三代了祐のものと同筆・同印と思われる。そう考えて正しいとすれば、了祐(一六四五~一六八四)と稲葉正則(一六二三~一六九六)の活躍時期がほぼ重なることから、萬代本は小田原藩主で老中の稲葉正則から親族の長府藩毛利家(光広か綱元)へ贈られた古筆手鑑のうちの一つであろう。

萬代本を実見した印象では、これを写や偽文書とする理由は思い当たらない。

②織田信長の軍法について

名古屋市博物館寄託(当時)の個人所蔵文書中に、元亀三年(一五七二)八月日付の織田信長軍法写がある。本史料は二〇〇八年九月に、二〇〇七〜〇九年度科学研究費補助金（基盤研究（C））「『信長記』諸本の史料学的研究」（研究代表者　金子拓・東京大学助教（当時））の一環として調査済みであり、本稿執筆時に失念していたのは不明の至りである。その後、山本博文・堀新・曽根勇二編『織田信長の古文書』（柏書房、二〇一六年）に写真版と翻刻を掲載したが、改めて紹介しておく。本史料に疑念がないわけではなく、今後さらに検討する必要がある。

軍法

一、先手并左右之備相定上ハ、陣場悪候共、其所に陣取を可堅事、
一、備之跡先定置上者、先手取あひ候共、二の備ハ立堅、一左右を可相待事、
一、手廻の備、左右共に無下知ニ不可抜懸、諸事組頭次第に可仕候事、
一、備の近辺、馬を放、鳥獣出候共、色をたて走出間敷事、
一、敵城囲事、并攻手相定上ハ、使番一左右次第、下知を可待事、
一、敵東を襲事あらハ、味方西を可疑事、
一、敵城及合戦、攻取候ハヽ、則其城主ニ可申付事、
右條々、堅可相守此旨者也、
元亀三年中八月日　弾正忠信長（花押影）

Ⅳ　明智光秀の文学

桑田忠親

一

明智光秀は下剋上の世とはいえ、単なる私憤が動機で主権者たる信長を暗殺した為に、時人の信用は地に墜ち、後の世まで逆臣の汚名を遺す結果となったが、、武将としての一般的素養は、相当あった人で、城攻めの兵法、剣術、槍、薙刀は固より、鉄砲を取っても天下一の風評さえあった。而して彼の素養はかかる武道に限られず、茶湯、和歌、連歌の道にまで及んでいた。武将に於ける文芸趣味の涵養は、強ち彼一人に限らず、当時の一般的傾向であった事は勿論である。彼の女婿細川忠興の父幽齋の如きは正にその代表者であって、文芸の嗜みなきは武士の恥なりとて、多くの消極的文芸愛好者の中に於いて最も積極的に武士の文芸趣味を提唱した人である。光秀の文芸趣味には幽齋の影響があった事は争われない。彼の文芸趣味は、乏しき文献を以て窺うに茶湯、和歌、連歌等がその主なるものであったらしい。されど今は表題のもとに、茶湯には触れず、専ら文学、即ち和歌、連歌に就いてのみ述べることとする。

二

連歌は元来一首の短歌を上下二句に分かち、二人で合作したものであるが、鎌倉時代に入って漸く進歩し、何吟などといって、数人以上で、若しくは五十韻、百韻などと称して、五十句、百句を以て成立せしむるに至り、室町時代に至っては頗るこれが流行を見、宗祇、肖柏、宗長、兼戴、心敬等の巨匠が相続いて輩出した。織田豊臣時代には里村紹巴最も著われ当時の武家にして彼が教を受けぬものは少ない位であった。光秀の如きもその一人と思われる。

元亀二年比叡山を焼討するに及び、信長は光秀をして近江坂本の地に一城を築きこれに居らしめた。光秀は命を承けてその工事に着手したが、その折、三浦という者が、

　浪間よりかさねおけるや雲のみね

と発句をすると、彼は、

　いそ山つたへしける杉村

と脇句を附けたという。其後彼は信長の命に随って各地に転戦したが、兵馬倥偬の間、この道に精進することを怠らなかったと見えて、天正五年卯月五日には愛宕山に於いて千句の賦物連歌を興行した。連衆は光秀、行路、紹巴、藤孝、昌叱、兼如、祐景、宗及、心前、長純、幸朝、英怗、吉源、行順、已種、宥源で、その中、光秀の句ある部分のみを書き抜きすれば左の如くである。

　何人　第一

咲にけりかへりまうしの花の種　光秀
山のかたへの春のゆふして　行路
水口の近き田面はすき初て　紹巴
初何　第六
月の内に梯とをきいらか哉　心前
きり晴わたる山あひのみち　行順
嵐吹みねの正木の葉は落て　光秀
何学　第十
なひきそひて陰ふかゝれや雪の松　行祐
汀にこほるおきの上かせ　光秀
濱川のしほせに浪のたゝよひて　藤孝

この連衆の中、紹巴は里村紹巴、心前は紹巴の門弟里村心前、藤孝は長岡兵部太輔、即ち後の細川幽斎である。なお光秀は、京都吉田の神官吉田兼見の日記によると、同年九月十四日には京都に於いて連歌会を催し、兼見もこれに赴いている紹巴との交際は殊に深かったが、その一端は紹巴に宛てた左の自筆書状によって窺われる。

尚々、生田にて、
ほとゝきすいくたひもりの木間哉
夏は今朝島かくれ行なのみ哉

人丸塚のあたりにて、口より出候、時分はやく候ておかしく候、かしく、
出陣以來不能音問候、
一去二日至明石着陣候、洪水故一日逗留、今日四至書写罷通候、敵味方様躰、最前於京都承同前候、如何可成行候哉、御本意不可有程候、
一及承候生田川、同森、それより須磨月見松、松風村雨の一本、つき島、それより明石かた、人丸塚、岡邊の里、不依存見物、誠御邊誘引申候は丶と事〳〵存出候、
一御在洛付而、其元にき〳〵しき御遊覧共令察候、今度者西国与分目之合戦候條、可被詰御気と令推察候、乍去敵陣取に楯籠、可及合戦体無之由申候、藤孝御参会候哉、御床敷候、叱、前、徳雲、御言伝申度候、恐々謹言、
　五月四日　　　　　　　　　　　　　光秀（花押）
　　　　　　　　　　　　　　　　　惟日
　　臨江齋
　　　床下　　　　　　　　　　　光秀

これは光秀が西国出陣の途すがら生田、須磨、明石の邊を過ぎた時、その明媚なる風景につれて、ふと紹巴を偲び、なつかしさの余りに書き送ったもので、恐らくは天正六年の筆と思われる。臨江齋とは紹巴の雅號、叱とあるのは紹巴の弟子里村昌叱、前とは心前である。即ち光秀は紹巴のみならず、その弟子の昌叱、心前なども懇意であったのである。返し書きにある生田にての発句は、本文の意向と併せて、かかる際に於ける光秀の風雅が歴々と偲ばれて興味深い。忙中自から閑あらしめるという生活に対する心構えは、ここにも窺われる。

三

かくて光秀は信長の命を承けて山陰道の経略に力め、天正七年に至り丹波亀山に一城を築き、ここを根據地と定めたがその年の七月十八日には、亀山城内に於いて千句の賦物連歌を興行した。連衆は紹巴、光秀、昌叱、心前であった。左はその抜書きである。

　　第一
何人
梅は猶行末とをき匂ひかな　紹巴
松風かすむ月のあけほの　光秀
軒はもる雨の音聞雪とけて　昌叱

何垣　第三
朝な〳〵花によこほる山もなし　光秀
夜はとたゆる春雨のそら　紹巴
さへ帰るあらしの風に窓さして　心前

初何　第四
行方にたか里わかんほと、きす　心前

うへまし比と早苗とる袖　昌叱
五月雨に入江の小舟さし出て　光秀

何木　第六

萩かえやをのか眞袖の花薄　昌叱
小鷹かりする野路の行かひ　光秀
駒いはふ片山本は霧籠て　心前

白何　第七

玉すたれ身を巻取たもとかな　心前
はしゐなからにふかす夜の露　紹巴
一つらの鷹か山こへかすかにて　光秀

唐何　第九

たつにしもきほひにけりな村千鳥　光秀
鴈の啼音のこほる中空　昌叱
吹渡る嵐の末の霜置て　紹巴

山何　第十

ふりそひていく野も近し峰の雪　光秀
外面の竹もなひく冬草　紹巴

一村のかきほは梅にかこはせて　　心前

これで見ると、紹巴等は光秀に招かれて亀山に抵ったものらしい。連歌に於ける不即不離の妙味は、何處に在っても彼の感覚を魅惑して罷まなかったものであろう。

天正九年正月六日には、光秀は居城近江の坂本に於いて連歌を興行した。その事は兼見の日記で分かるが、何と云っても有名なのは天正十年五月二十七日愛宕山西坊で催された九吟百韻の張行である。この時は、光秀が十五句、紹巴が十八句、昌叱が十六句、光慶が一句、兼如が十二句、心前が十五句、西坊行祐が十一句、宿源が十一句、行澄が一句を詠んでいる。その一々を挙げることは止めておくが、まず光秀が、

時は今あめが下知る五月かな

と発句をすると、行祐はこれに続いて、

水上まさる末の松山

と脇句を附け、而して第三句は紹巴が、

花おつる池の流をせきとめて

と賦した。実に六月二日の本能寺の変を遡る数日の事であって、この光秀の発句は来るべき日の事を暗示している。即ち「時」は時節の意ではあるが、同時に明智氏の本姓土岐氏を寓し、「天が下知る」は信長に替って天下を治めるの意である。この光秀の発句に就いては、後に紹巴は秀吉からあらぬ嫌疑を蒙ったが、「天が下しる」を、「天が下なる」と主張して罰を免れたとも、また第三句で諫言したが用いられなかったと弁解したともいう。この事も人口に膾炙している。

かくして光秀はこの連歌を愛宕社の神前に奉納し、一旦亀山に帰って再び上京し、六月二日、本能寺の襲撃は敢行せられ、光秀は信長及びその嫡子信忠を斃すと、諸事ぬかりなく計策し、六月五日に安土城を手に入れて近江を定め、九日に再び入京し、吉田兼見の宅に赴き、過日勅使として安土に来った労を謝し、兼見の手を通じて銀子五百枚を禁裏に献上し百枚宛を五山へ、百枚を大徳寺に喜捨し、五十枚を吉田神社の修理費として兼見に進めた。而してその日の晩は兼見の饗応を受けたが、その晩餐こそは彼の連衆に対する永久の訣別であったに違いなかった。即ち兼見の外に、紹巴、昌叱、心前の三名も光秀の相伴をしたのである。恐らくは光秀の前途を今や心中に深く憂いつつ集って来た人々であったであろう。席上いかなる話がかわされたか、それは兼見の日記にも、記してはないが、その場面は想像出来ぬ事はない。然も夕食が終ると、直ちに兵を率いて下鳥羽に出陣せねばならぬ彼であった。かくて山崎の合戦となり、彼はもろくも敗死したのであった。

四

連歌の趣味は彼の半生を通じて観取し得るが、和歌に対する趣味も恐らく同様であったことと思われる。光秀の和歌としては、某年、彼が居城坂本に近き志賀の唐崎の松の何時しか枯れたるを見てこれを植えついだ際の詠というのがある。

　われならて誰かはうゑむひとつ松こゝろしてふけ志賀の浦かせ

勿論古歌の影響もあらわに見られるが、優にやさしき彼が心ばえの一端もまた窺われよう。

次に彼が自筆の短冊というのも現在遺っている。その一は保阪潤治氏の所蔵である。

九重のうちさへとをき東かた

進上

人々御中　　たひとしきかは待やうかれむ　光秀

一は蜂須賀侯爵家の所蔵である。

咲つゝく花の梢をなかむれは

見花

さなから雪の山かせそ吹　光秀

彼の短歌には勿論幽斎の影響があるに違いないが、そうした考證はまず止めておく。

五

光秀の文学に就いては、もっと述ぶべき事があるかも知れぬ。併しながら後世に逆臣と喧伝せられた彼のこと故か、関係史料中にも文学史料の見るべきものは至って少ない。即ち連歌、和歌以外のものは殆ど散逸したと憶測もせられよう。要はこの頃の武将として彼の文学の程度であるが、これも如上のものから見ても、他の武将に比して特に頭角を抜んでていたとも思われない。それにも拘らず、在来光秀の文学というものが世人の間に問題にされるのは、矢張、時は今――の発句を遺した為ではなかろうか。この百韻の張行は、近世初期の社会を震撼させた本能寺の変と関連して、極めて劇的な哀調を帯びている。而して其日こそは武将光秀が文学に対して永遠の訣別を告げた日であって、この句こそは彼が遺作を運命的に彩るものであった。かかる境地に於いて生れ出でた芸術作品なるものは、単なる堂上の弄びものとは趣を異にする。これ即ち生死の境を彷徨しつつ然もその裡に人生の真髄を把握せんとした戦国武将の実生活より必然的に醸し出された作品であって、その男性的な力強さは、到底平安朝の貴族文学には見られぬところであろうと思う。終に明智軍記所載彼の辞世と伝えらるる語を記し、以て結びとしよう。

逆順無二門、大道徹心源、五十五年夢、覚来帰一元、

明窓玄智禅門

【付記】読む際の便宜を図るため、旧字体は常用漢字に直し、一部の旧仮名遣いも改めた（編集部）。

第4部

本能寺の変と光秀

I

本能寺変の一起因——信長と光秀の勢力軋轢について

桑原三郎

一、はしがき

明智光秀は何故に本能寺変を起こしたか、という問題に対する解答は、今日までに枚挙に遑無き程に多く提示された。江戸時代だけでも老人雑話・細川家記・明良洪範・義残後覚・常山紀談・甲陽軍鑑・明智軍記・川角太閤記・遺老物語・柏崎物語・続武者物語・三河後風土記・落藩雑談・一言集・池田家譜集成・界御退之記・白石紳書・日本政記等々の多数に上るのであるが、これらの解答は、果して吾等に何れだけの満足を与えたのであろうか。吾等はこれらの解答が凡て参考史料であり、而も餘りにも多岐多様なるが故に、何れを是として何れを非とすべきかについても迷わざるを得ないのである。而してその多様の説の小異を捨てて大同についたとしても、次の事情にしか帰着し得ないのである。

一、短気・粗暴・苛酷・猜疑心強きを特性とする信長が光秀に多くの侮辱的言行をなした。この言行を小器・短才・飾詐を特性とする光秀が積怨し、好機を捉えて惹起したものである。

即ち従来の通論と見慣すべきものは信長と光秀の個性的個人的欠陥を起因としている。

竊かに考えるに源頼朝・北條時政・豊臣秀吉・徳川家康等が、自家勢力の確保進展を目的として起こした政治・思想・経済・軍事上等の大事業が、猜疑心その他の性格的原因によって起されたかの如く見られる場合が少なくない。例えば頼朝が義経・行家の追討を名目として諸国に設置した守護地頭、家康が鐘銘問題を口実として惹起した大坂冬の陣等は、単なる頼朝・家康の猜疑心に因るので無く、それ以外に政治・思想・経済・軍事等の必然的内面的重因が存在したのである。これと同様本事変も単なる個性上の欠陥にのみ存するもので無く、他に深大なる原因が存在したと考える。

この拙き小稿は、本能寺変が性格的原因以外にも起らざるを得ない一重因があったことを、収集された根本史料に據って證明せんとするものである。若し幸に本事変の起因闡明の一助となるを得ば好甚の至りである。

抑も信長と光秀との公的関係は永禄十一年に始り、本能寺変を以って終りとする。而してその変遷の状勢より天正六・七年と本事変の約一ヶ月前とを契機として三期に分けることが出来る。而して両者の軋礫は第二期と第三期に於いて愈々激化の一途をひた走りに走るのであるが、吾等はそれまでに至らしめた第一期から観察することとしよう。

二、第一期

永禄十年前後[1]に於ける信長と足利義昭の結局の目的は、自己の手中に中央政権を把握するにあった。されど実力家たる信長は上京の名義を有せず、流寓の窮境にあった足利義昭は台職就任の資格以外には何ものもなかった。されば両者の協力を俟って、始めて両者の上京が成し遂げ得るのである。この協力斡旋の労を執ったのが実に光秀である。

光秀はこの直前、越前朝倉義景の許を去って信長に仕えたばかりであった。しかもこの時年既に四十であった。右光秀の行動は細川家記以外に明記しているものがないが、義昭[2]・信長・光秀が轡を並べて上洛した直後、義昭対信長の軋轢が生じた時に光秀が再三その和協調停の衝に当った事実、或は信長[3]対本願寺・長曾我部氏等との和協仲介の任に当った事実等に據っても容易にこの事実を裏書することが出来る。

されば、この当時并に天正初期に於ける信長にとっては、光秀は最も貴重視すべき新参外様格の武将であった。殊にこの頃の信長はその中央政界に於ける地歩未だ鞏固ならず、且つ四囲に強大な敵を有した関係上、光秀の卓越せる外交・行政・軍事上の手腕を最も貴重とした模様である。[4]従って天正三年に信長がその傘下の諸将に稱號を賜り度き旨を奏請した際にも、その諸将の筆頭に光秀を推薦したので、光秀は朝廷から惟任日向守なる稱號を賜った。又信長[5]は光秀と細川氏との結縁を斡旋した時、光秀に次の如き書状を送った。

其方事、近日相続抽軍功、於所々、智謀高名依超諸将、数度合戦得勝利、感悦不斜、西国手に入次第、数ヶ国可宛行之條、無退屈可勵軍忠候、仍細川兵部大輔(藤孝)・専守忠義、文武兼備ニ候、同氏與一郎(忠興)事、秀器量志勝事抜軍ニ候、已後ハ可爲武門之棟梁候、云隣国、云剛勇、尤之縁邊之仕合也

八月十一日　　信長（花押）

惟任日向守殿

これは、当時に於ける信長属下の諸将中、光秀の勲功抜群なるにより、その報酬として将来西国平定の暁には数国を領有せしむべき旨を證約すると共に、細川藤孝の嫡子忠興は近き将来に於て武将の棟梁として目される傑物であり、且つ当時明智・細川両家の所領が隣接していたる関係を説いて、両家の結縁を勧めたものである。この細川父子は旧

幕府の重臣であったが、義昭と信長の衝突後、信長に属した武将である。

而してこの信長の結縁斡旋は、光秀をして近畿旧勢力の縁家と為し、その親善協力によって、自己の近畿に於ける勢力の確保と進展を期したものである。[6] 又一方光秀はこの信長の計策によって、京畿地方の旧勢力の上に立つ一大勢力を築くことが出来るのである。従ってこの前後に於て信長の斡旋に基く光秀と近畿諸勢力家との結縁は頻繁に成立した。

かくて本能寺変以前に於ける光秀は既に[7]その子を大和の筒井順慶の養子とし、その三人の娘を、[8]信長の甥信澄と大[9]和の井戸治秀と[10]摂津の荒木村重の嫡子村次に嫁せしめ、[11]甥齋藤利三の娘を四国の雄長曾我部元親の室としていたので、当時に於ける近畿の重なる旧勢力家は殆んど光秀の縁家となるに至った。

されば光秀とその諸縁家との所領を合算すれば、丹波・丹後・大和・摂津・四国過半と、山城・近江・尾張・美濃等の一部に亘っている。然も[12]光秀は多年京都の司法行政権を管掌し、近畿各地に於ける外交・行政・軍事上の殊勲をも有し、更に近き将来九州の大領兼有の予約もあった。従って当時の中央政界に鬱然たる一大勢力を有する者、それは実に光秀その人であった。立入隆佐記天正七年六月十日の條にはその目覚しき躍進の状を讃歎して「前代未聞大将也。○中略弓取ハせんしてのむへき事候」と記していることに據ってもその一斑が判る。而してその間にはその勢威を誇耀する状も醸された模様である。秀吉事記に「惟任者、○中略誇榮花極樂遊之條」と記し、校合雑記に「其時代京童の下々までかりそめの事草にも明智が者て者がちがをふるといひたる程の権威なり」とあるはこの事情が伝え書きされたものと考えられる。

かくて信長は僅か数年にして近畿略定の業を早くも実現し得たが、その近畿地方に於ける地歩は未だ確固たるもの

機を観てその地歩の補強工作を実行することにあった。

の地盤の上にあるに過ぎないからである。ここに於いて信長の近畿地方に断行すべき要務として残されているものは、

では無かった。何んとなれば右地歩の大部分は、外様大名格の光秀を中軸とする明智氏一門連姻の間柄なる諸旧勢力

三、第二期

信長はこの期に入るや、その股肱たる血縁者及び直臣をして、京都・安土を中心とする近地に封じ、自己の藩屏とする方策を遂に実行に移すに至った。この実行を見んか、光秀の勢威は削減の状勢を辿らねばならない。かくて信長対光秀の必然的軋轢が生ずるのである。

吾等はこの信長の企図の表面化をまず荒木村重事件に見ることが出来る。荒木村重は旧足利幕府の属将であったが、信長が将軍義昭を追放するや、細川藤孝等と共に信長の傘下の外様大名の席に列した武将で、その功労によって摂津一国を与えられていた。而して前述の如く光秀とは縁家なる親密関係にあった。されば村重と信長の衝突を見るや、光秀が両者の間に立って円満解決に努力したことは当然のことである。

今[12]この模様を立入隆佐記と原本信長記に據って考究すると、天正六年十月十一日、村重謀叛の風聞が世上に流布された時、光秀は松井友閑等を同道して村重に会い、その実否を訊したところ、一時は事実無根なる旨を陳弁したのであるが、その後村重と信長の間は遂に決裂するに至り、村重の伊丹城中一箇年の籠城もこの直後から醸されることとなった。この間も光秀は種々和協に盡力した模様であるが功を奏しなかった。

仍って信長信忠父子は親しく討伐に当った結果、村重等支え得ずして尼崎に逃れ、同城には僅かに村重の妻子・家臣の一部が残留して防戦に努めたが、士気沮喪し落城の日も迫った。光秀はこの機を捉えて亦もや両者の講和に乗り出し、まず信長と懇談して村重が尼崎・花隈両城を開け渡すに於ては、伊丹城中の妻子一族等を助命すべき和協條件の承諾を得、この旨を荒木方に申送ったが、村重はこの和協條件に應じなかった。而も村重に和協説得のため妻子等を人質として退城した伊丹城の重臣は遂に帰城しなかった。

かくて光秀の努力せる円満開城策も遂に不成立に終り、その人質全員に対して酷刑に處すべき命が発せられた。この時村重の一族荒木五郎左衛門は、悲壮にもその妻子の命に代らんと決意し、光秀に嘆願して信長からその許可を得んとしたこともあったので、光秀はここに最後の努力を払った模様であるが、反って逆効果を齎し、信長からは五郎左衛門をも妻子と共に刑戮すべしといふ厳命を受けて仕舞った。

かくて光秀が盡瘁せる再三の和協策も終に水泡に帰し、村重の妻子一族・家臣及び召使の男女等合計五百餘人は焚刑に處せられるに至った。而して村重の旧領摂津一国は信長の直臣池田恒興等の領有となった。かくて光秀の勢威削滅の端緒が開かれたのである。この事件の光秀に与えた影響は、正に一葉落ちて秋を知るの観があった。

次いで吾等はこの旧勢力削減の一例を、信長の長曾我部元親の征討に見ることとしよう。これより十年前、足利義昭を擁して上京した当時の信長は未だ京畿に於ける地盤も軟弱であったので、まず近畿地方略定の業に専念することが急務であった。(13)仍って光秀をして四国の雄元親との提携を計らした結果、元親との間に一つの和協條約を締結することが出来た。この折、元親は織田氏に他意無きを誓約した交換に四国は「手柄次第に切取」る承認を得、且つその子彌三郎には信長の偏名を貰受けた。(14)次いで天正六年には更に信長から土佐国の補職に任ぜられたが、これ等は凡て光秀の斡旋によったのである。又元親が右の答礼として信長に鷹・砂糖等を贈った折にも光秀の手を経る等、元親と光秀の間柄はこれらの斡旋を契りとして親密の度を次第に増し、遂には両家の間に婚縁関係も結ばれるまでに進展した。

然るに元親[15]が漸次勢威を拡張し、天正九年阿波の三好康長（後の関白秀次の養父）の所領同国美馬・三好二郡を侵略するや、康長はその縁家秀吉の手を経て、信長に失地恢復の運動を行った。この結果、元親は不利な立場に陥ったので、光秀に依頼して同地の安堵を受けんとして運動を起した。かくして美馬・三好二郡を繞る長曾我部氏対三好氏の争論は、光秀対秀吉の競争にまで進展した模様であるが、信長の裁断は意外にも先年元親に与えた四国切取り御免の許可證を認めず、秀吉・康長等の主張を是認し、遂には長曾我部氏討伐の軍を起すことに決した。かくてその先発部隊は本事変の一月前、既に四国に渡り、一宮・蠻山両城を陥落させていた。

かくの如くして、信長の直系・直臣の目覚しき勢力擡頭に反し、光秀は漸次信長から疎略され、その縁家も次第に衰亡の淵へと歩を進めていた。

殊に天正十年に入ってからは、信長[16]が旧勢力を討滅しその領地に血縁者・直臣を封ずる企図は顕著な進展の跡を示した。同年三月、信長は直系・直臣の部隊を第一戦線に立てて甲斐武田氏を討滅した後、甲斐を河尻秀隆に、信濃の高井・水内・更科・埴科等四郡を森長可に、同国伊奈一郡を毛利秀頼に、美濃恵那郡岩村城を團景春に、同国可児郡金山城を森長定に、上野国を瀧川左近に分封した。而して光秀もこの討伐軍に参加したが、他の旧勢力と同様第一線に立つことも命ぜられず、増封も無かった。[17]又信長は五月七日三子神戸信孝に四国長曾我部氏征伐の出陣を命ずると共に予め讃岐一国に封じた。殊に前半期に於て、信長は光秀の婿細川忠興が将来武門の棟梁たるべきを言明しながら、この五月に至っては、長子信忠に将来政権を譲与すべきを告示し、信忠を主柱とする織田氏一門・直臣の手に政権を覇握する意図を天下に表示した。

右の如く信長の企図が着々進捗するに伴って、信長対光秀の関係は益々間隙が生じた模様である、細川家記・明良洪範・柏崎物語・明智軍記・續武者物語等には武田氏遠征の折に、光秀の言行及びその宿舎が分に過ぎるというので、信長の怒を蒙って打擲されたとあり、細川家記・甲陽軍鑑・落藩雑記・林鐘談・一言集等にはこの際光秀は武田氏に内通する意図があったと述べ、何れも光秀と信長の間に深き溝の生じた模様を伝えている。又細川家記所載の忠興追懐談には、忠興がその舅光秀を来訪の折、何か密談を為し度き様子が見えたが、終に何事も語らず、唯涙に暮れていたことが屢々あったと記載している。

しかしながらこの状勢に於ても、光秀は未だ信長に反抗するまでに至らず、隠忍自重が保持されたものの如く、同五月安土来訪の家康一行接待役の命を受くるや、これが爲に大いに盡瘁し、京都・奈良・堺等に使を派し、金銀彩色の調度品以下、珍品逸物を献上せしめ、その饗膳[19]に盛らんが爲山海の珍物が集められたという有様で、忌憚されながらも命の儘に砕身した模様が明かである。

[18]

註

（1）この最初の数行は拙稿本誌第七十巻第三號「中央政界進出前後の明智光秀」の結言である。詳細は右稿を高覧されたい。
（2）曇花院文書元亀二年七月五日付光秀等宛信長書状、徳富猪一郎氏所蔵永禄十三年正月二十三日付光秀等宛信長書状。
（3）顕如上人書札案書留光秀宛書状、蠹簡集所収光秀宛信長書状。

（4）御湯殿上日記天正三年七月三日條。原本信長記・総見記・羅山信長譜等参考。
（5）細川文書藤冬宛信長書状、細川家記藤孝の一。
（6）細川家記藤孝の二にも「諸士の不和を解か」しめる目的であったと伝えている。又兼見卿記・原本信長記・細川家記等に據れば、信長は光秀の丹波丹後の征定にその縁家細川藤孝忠興父子を協力せしめ、天正四年四月本願寺一揆を石山城に攻めた折にも光秀・荒木村重・細川父子・筒井順慶等一門連姻を連合せしめ、同五年松永久秀討滅の軍を起した際にも明智・細川・筒井三家を協力せしめたこと等はその一例である。
（7）多聞院日記・明智軍記・明智系図等。
（8）蓮成院記録天正十年六月十二日條・多聞院日記同月五日條。秀吉事記・豊鑑・明智軍記・川角太閤記等参考。
（9）多聞院日記同年七月五日條。井戸家譜・明智軍記等参考。
（10）立入隆佐記、原本信長記の天正七年十月條。細川家記・明智軍記・荒木系図等参考。
（11）長曾我部家譜・美濃国諸家系譜齋藤一流・岐阜縣古文書類纂齋藤氏系図参考。
（12）太閤記・織田家譜等には村重事件の起因は光秀が村重の勢威を嫉視し信長に讒言した爲であると伝えているが、これ等は後世光秀反対側の人の手に成ったものであるから信憑し難い。仍って本事件の関係史料中最も貴重とすべき立入隆佐記と原本信長記に據ることとする。
（13）蠹簡集所載長曾我部信親宛信長書状。元親記・長元記参考。
（14）原本信長記・多聞院日記・元親記の長曾我部家譜等参考。
（15）原本信長記天正十年三月條、南海通紀巻十四。
（16）兼見卿記・多聞院日記・原本信長記・明智軍記等。
（17）寺尾越三郎氏所蔵天正十年五月七日付神戸信孝宛信長書状。
（18）兼見卿記・多聞院日記・蓮成院記録・原本信長記等の天正十年五月條。
（19）続群書類従所収於安土上様三河殿御申献立・原本信長記等。

四、第三期

家康一行が増封答礼のため安土に到着した前後、信長と光秀の関係は、遂に激しき悪化の状を呈した模様である。細川家記・明智軍記・明智実録・川角太閤記・続武者物語・常山紀談等の諸伝には、信長が光秀の饗應準備に就いて激怒し、その接待役を解除したので、光秀はこれを少からず不満としたとあるはその片鱗が伝え書きされたものであろう。この期に及んでは、信長の近畿地方に於ける旧勢力の削減策は、更に進展の跡を辿り、終に光秀の根據地にも触手するに至った模様である。後世の伝記明智軍記に、信長は光秀の所領丹波・近江滋賀郡を没収し、この代りとして未征定地の出雲・石見に封じたとあるが、吾等はこの伝説を全くの妄説ではなかったと思うのである。丹波人見民蔵氏所蔵文書に次の如き書状がある。

従丹州馳走候国侍組々粮料、馬之飼、弓矢鉄砲、玉薬可下行之、般者組合人数次第中船小船行相断可請取之、海上遅早者著岸可守相図候、陸陣中場之儀可任下地也

天正十年五月十四日　　信孝（花押）

丹州国侍中

これは、堺に出陣せる信長の三子神戸信孝が、将に四国征服の軍を発せんとした際、丹波の国士に対し、出征準備に就いて命じた軍令である。而して光秀の妹の孫であり、重臣にして甥なる齋藤利三の婿であり、且つ年来明智氏と親密関係にあった長曾我部元親の討伐に、その領治せる丹波武士をして参加せしめんとするものであって、(1)光秀・利三

以下明智氏一族が大いにこれを不満としたことは必至である。

しかも、丹波一国は、(2)従来光秀が五個年の辛酸を嘗めて漸く平定し、その勲功によって信長から与えられた所領である。従って丹波の軍事・行政等は凡て光秀の管掌下にあり、信長の同国に対する命令は必ず光秀の手を経て行われた。これは現存の関係文書記録類に徴して明白な事実である。又隣国丹後すらも彼の指令下にあった。例えば天正九年四月二十四日、信長が来秋を期して中国征討の軍を起さんとし、丹後に新封せる細川藤孝・一色義有等に出征の準備を命じた書状にも、(3)「右次第可出勢候、無油断用意専一候、猶惟任日向守可申也」とあって、詳細の指示は光秀の手を経て伝達せしめている。然るに今やその支配下にあるべき丹波の国士は、神戸信孝の直接指令下に置かれているのである。

これぞ織田氏が企図せる近畿地方の外様大名的旧勢力削減策が、遂に光秀の本領に及んだことを意味するのである。ここに於て光秀は、(4)この窮迫せる事態の排撃、自己勢力の擁護進展の目的を最近因として、遂に謀叛の決意を固めるに至ったものと推知される。

事変の一重因はかくの如くであった。従って光秀の謀叛の目的は、決して本能寺変に終るものではなく、自己が起って信長を討滅するに於てはその縁家たる細川・筒井・長曾我部・井戸・織田信澄等諸家の協力は勿論のこと、年来信長に制圧されてゐた各地の旧勢力を動員し得て、容易に近畿地方の平定を成し遂げ得ると思量した模様である。この事情は、兼見卿記に安土城内に於ける光秀の談話を載せて「今度謀叛之存分雑談也、蒲生未罷出云々」とあり、その近江諸氏の参加を当然と考え、蒲生氏郷のみが参加せざるを憂慮した模様が推知し得、細川藤孝に送った自筆書状には、細川氏が協力せざるを意外として「一旦我等腹立候へ共」と述べ、更に「五十日・百日之後ニハ近国之儀可相堅候」、と予定して居ることに據っても明白である。

而して光秀がこの窮迫せる事態を確認した時期は本事変を惹起した六月二日と差程間隔が無かったと考えられる。光秀は武田勝頼の滅亡後間も無く、安土に来訪する徳川家康一行の接待役を命ぜられたが、兼見卿記五月十四日の條には「徳川逗留安土之間、惟日在庄之儀、自信長被仰付、此間用意馳走以外也」と記し、親友光秀が歓迎の準備に忙殺されて居る模様を述べていること、四国遠征準備中の神戸信孝が丹波国侍に発した書状の日付が五月十五日であったこと等から考えればこの事情を推定し得る。

かくてその明白なる謀叛の意志表示を見るのは、五月二十七日、光秀が年来信仰厚き愛宕権現に参詣し、その西坊に於て催した連歌会の席上であった。従来の通説の如く、勿論この時までには、近日中信長が僅少の近臣を従えて四條本能寺に館し、信忠も亦寡兵を伴って妙覚寺に宿泊中のこと、及び信長傘下の列将は殆んど全部遠征若しくはその準備のため帰国中のこと、しかも未だ旧勢力も強大であること等も光秀の考慮に入れられたところであろう。かくしてこの機会を捕えんがため急遽襲撃を敢行するに至ったものと推考される。

註

（1）齋藤利三がこの長曾我部征討の軍を不満とした模様は、言経卿記天正十年六月十七日の條に「今度謀叛随一也」と記し、長曾我部系図に「依四国違変而、齋藤恩映其身、荐令明智謀叛」と見え、増補筒井家記・明智軍記等には山崎会戦に於て利三が信孝の軍に挑戦したと伝えていることによっても窺知し得る。

（2）細川文書・原本信長記・細川家記等参考。

（3）細川文書天正九年四月二十四日付、細川藤孝等宛信長書状。

（4）　輯古帖所収河井右近丞宛光秀書状には「我等存分之儀、無異儀於相叶者、大神樂可参候、猶以望所於任覚悟者、大々神樂可参候、於神前御祈念所仰候」とあるから光秀が未だ十兵衛殿光秀と称した小禄の時、既に欝勃たる大野心を懐いていたことが推知し得る。

五、結語

信長と光秀は、その立脚する勢力が矛盾し、且つ光秀の信長に対する従属関係も淡き外様大名格であった。さればこの両者が共に勢力伸展の状勢を辿るに於ては、近き将来両者の間に両雄不並の原則が行わるべき必然性が潜んでいたのである。

第一期に於ける両者は深き互恵的関係にあった。仍って両者は相協力して、各自の勢力の確保進展に努めた結果、信長は近畿地方の平定を了し、更に関東・中国両地方にまでの勢威伸張を見、一方光秀も近畿地方の旧勢力を基礎とする鬱然たる一大勢力を築き、両者相並んで益々進展の階段を昇り続けていた。かくて両雄の抗争が開始されねばならぬ状勢となった。

果せる哉、信長対光秀の相剋は微温的に開始され次第に深刻化した。信長は滅亡の日の近づくにつれて、自家勢力確充の企図・直臣の勢力擡頭等の諸事情に基づき、近畿地方から旧勢力を削減しその地に一族直臣を代封する計策を実行した。従って光秀の基礎とする近畿旧勢力は漸次衰退の一路を辿らざるを得なかったが、遂に天正十年五月、右信長の企図は光秀の本據地にまで触手されるに至った。

ここに於て明智氏一門は自家勢力の保持進展のためには、織田氏の勢力を討滅せざるを得ぬ急迫せる事態に陥った。かくて好機を誘因として本事変は敢行されたものである。即ち本事変を一面より見れば、新しき時代の成立過程に於ける共通現象として醸されるところの伝統勢力と勃興勢力との抗争の一つであった。

【付記】読む際の便宜を図るため、旧字体は常用漢字に直し、一部の旧仮名遣いも改めた（編集部）。

Ⅱ 本能寺の変後に於ける明智光秀

桑田忠親

一、序説

天正十年六月二日明智光秀が織田信長を京都本能寺に襲ってこれを生害せしめた事件は、これを本能寺の変といって近世史上特に著名である。そして同月十三日羽柴秀吉と山城の山崎に戦って光秀が敗れ、明智氏が滅亡するに至った結末についても、これを知らぬという人は殆どあるまいと思う。けれどもこの本能寺の変以後その滅亡に至る約十日の間に於ける光秀が動静は、これまた世に三日天下といわれているものの、その詳細に至っては、まだ世間に知られていない事も多々ある。それで今ここに最も確実な史料たる文書、日記などを基礎として、その間の事蹟を述べ、問題の人物たる明智光秀が当時に於ける心情の一端を知るようすがともしてみたいと思うのである。

二、毛利氏を誘う

六月二日自ら本能寺に信長を斃し、一族明智彌平次秀満（俗説に左馬助光春とある人に相当する）をして信長の嫡子信忠を二条城に居らしめた光秀は、一説に據れば、その日に早速毛利家に飛脚を遣わして本能寺の顚末を注進した、その飛脚といふのは三日の深更に備中の高松に着いたが、暗夜だったので間違って秀吉の陣所の附近をうろついて居った、それを夜廻りの者が怪しみ、搦め捕って拷問したところが、懐中に文箱を持っていた、秀吉に差出すと、秀吉はその中の光秀の書状を見て大いに驚き、直ちに使者の首を刎ね、それから安国寺恵瓊を喚び寄せ、信長の死を秘し毛利氏との和議を謀ったということである。その時の光秀の書状は勿論伝わっていないが、別本川角太閤記に引用してあるところを見れば、左の如きものであった。

急度以二飛戟(檄)一令二言上一、今度羽柴筑前守秀吉事、於二備中国一企二乱妨一條、将軍御旗被レ出、三家御対陣之由、誠御忠烈之至、永可レ伝二末世一候、然者光秀事、近年対二信長一、懐レ憤遺恨難二黙止一、今月二日、於二本能寺一、誅二信長父子一、達二素懐一候、且将軍被レ途二御□(本カ)意一之條、生前之大慶不レ可レ過レ之候、此間宜預二御披露一者也、誠惶誠恐

六月二日　惟任日向守

小早川左衛門佐殿

小早川左衛門佐即ち隆景に宛てたものである。将軍とは当時信長に追われて毛利氏に頼って居った足利義昭のこと、三家とは毛利、小早川、吉川の三家を指す。勿論原文通りではなかろうが、陰徳記にも「惟任日向守、信長を討申、其儘元春、隆景へ此由注進シ、上下ヨリ差合セ、秀吉ヲ可討ナリト云送リケルニ」とあるから、光秀が毛利氏の応援を乞うためにこれと殆ど同文の書状を送ったことは事実であろうと思う。この書状を見ると、光秀は、将軍を追った信長、秀吉を非難し、これと対抗して将軍をかばっている毛利氏の行為を忠烈と賞している。これは光秀の言い分と

して当然なものであったが、兎も角も大切な書状を持った光秀の使者が秀吉に捕えられたのは、秀吉にとっては又とない幸であったろうが、光秀にとっては運命の窮る第一歩であったと云えよう。

三、家康を襲う

毛利氏に飛脚を馳せてその出兵を促した光秀は、其次には徳川家康の虚を襲わんとした。家康は永禄以来信長と提携し、常にその片腕となって天下統一の事業にたずさわってきた。天正十年三月信長を助けて甲斐の武田氏を天目山下に亡ぼすや、駿河を与えられた。それでその謝礼と甲斐平定の祝辞を述べるために安土に来ったが、ついで信長の勧めによって泉州堺の地を遊覧した。ところが信長が備中出陣のために上洛するという報に接し、信長に会わんがために京都に上ろうとした。本能寺の変を知ったのは其時のことであった。そこで家康は知恩院で追腹を切ろうと思い、本多忠勝などは京都に討入り信長の弔合戦をしようと云ったが、附従う家臣も極めて少なかったので、結局はここを切り抜けて一先づ帰国しようということに決定し、伊賀の山越えをして命からがら三河に帰ったのが四日の事であった。譜牒餘録後編所収の山口藤左衛門の書上によれば、この家康の堺遊覧からして光秀の策略に因るということである。家康が信長と一緒に居ったのでは事がし難いから、信長に進言し、御馳走に事よせて堺を見物させたという。

この事はどこまで信用してよいか不明であるが、光秀がこうした家康の虚を衝いて、これを殺害しようとしたことは事実である。即ち伊賀路へ使を走らせ、和泉から伊賀越えをする家康を討取った者には永代の恩賞を与えんとて、郷民に家康襲撃のことを命じたのであるけれども家康は既に伊賀者に助けられて、難所を通過してしまったため、光秀の計画も水泡に帰した訳であった。但、この時家康に随伴した穴山梅雪は野盗のために途中で殺されてしまった。

四、近江を定む

光秀は当初に於いて早くも二計画の齟齬を見たものの、本能寺の変の翌日、三日には近江に進軍した。これはまず信長の根城たる安土を手に入れんがためであった。信長の臣山岡某が光秀の近江入を拒んで瀬多の橋を焼き落したが光秀は大努力でこれを修復して近江に攻め入った。其時の近江の騒動は大変なものであった。そして四日には山崎片家、齋藤利三等の部将に命じて、佐和山、長濱の如き近江に於ける主要な城を占領させたので、同国の士は争って光秀の許に馳せ参じ、殆ど一国を平定することが出来た。近江が手に入ると、美濃でも光秀につく者が多くなった。それで五日には信長の本城たる安土城に入ったのである。同城には同国日野の城主蒲生賢秀等が留守居をして居ったが、賢秀は信長の家族を擁して去り、他の者も多く離散し、城を開け渡すに至った。この時、光秀は賢秀及び其子の賦秀（後に氏郷と改む）を味方に附けようとして近江半国を以て招いたのであるが、賢秀父子は堅くこれを拒み、日野城に據り、一向宗徒の一揆を催して光秀に当らんとしたのである。

安土に入城した光秀は、まず城に在った金銀財宝を改め、これを家臣に分配したが、またその頃丁度安土に居ったオルガンティノという耶蘇教の宣教師に乞うて、ジュスト即ち高山重友を説かしめ、これを味方にせんと図った（けれどもこれは遂に成功しなかった）。そして六日には多賀神社に禁制を掲げ、社内に於ける軍勢の乱妨狼藉、陣取放火等を禁じた。なお歴代古案によれば、この頃、光秀は越後の上杉景勝にも使者を遣わし、景勝が味方せんことを求めている。かくして光秀は安土に留っていたが、七日になるというと京都から神祇大副の吉田兼和が朝廷の使者としてやって来た。何しに来たかというと、今度の事変に当って皇居の所在地たる京都には差障りのない様に宜しく計らうべしという勅命を齎したのである。これは兼和が光秀のことを朝廷に取りなした為で、後に兼和はこの事を神戸信孝に科められた時、それをまた朝廷に訴え、朝廷の取なしで無事に終った。そこで光秀は兼和と城中に対面したが、この時兼和が誠仁親王よりの進物緞子一巻、及び兼和が持参の大房之鞦、一懸を渡したので、光秀も厚くこれを謝し、忝く勅命を拝受した。この辺の様子は、兼和の日記たる兼見卿記によって委しく知られるが、「今度謀叛之存分、雑談也」と兼和は記している。これは光秀の行動に対する兼和の弁護である。なほこの七日には、光秀は山城の賀茂、貴船の両社に禁制を出した。

五、信澄の死

安土城を手に入れて近江を定めた事、禁裏守護の勅命を拝した事、それだけは恰も光秀成功の先触れともいうべき事柄であったが、ここにそれとは反対の光秀にとって不利な事件をもう一つ挙げてみよう。それは五日に津田信澄が大坂に於いて、信長の二男神戸信孝及び惟住長秀によって殺害せられた事である。信澄は信長の弟信行の子である。弘治三年父信行は故あって信長のために誅せられた。幼時柴田勝家に育てられ、永禄七年元服して津田氏と称し、天正六年二月近江国大溝の城を与えられた。同十年五月信長が四国を撃たんとするや、軍を率いて大坂に至ったが、兵を城外に留め、自分は千貫櫓に居った。二十一日徳川家康が遊覧のために大坂城に来たので、信長の命を承けて大いにこれを饗応したのであった。

ところが六月二日に本能寺の変である。この時、神戸信孝、惟住長秀等も信澄と一緒に大坂に来て、四国へ渡る兵船の準備をして居ったが、五日になって突然信澄を攻めた。これは信澄の妻は光秀の女でつまり信澄は光秀の婿になっていたし、信澄自身もその父が信長に殺されたことを恨んで居ったので、光秀に一味するだろうという疑を受けたからであった。一説によれば、信澄は光秀の指図によって大坂に居ったものでこの時信孝を殺して光秀の軍と合体しようと謀ったのを、信澄の与力が裏切りして信孝の許に知らせたので、信孝は長秀と共に、急にこれを攻めたという。信澄は兵の大部分を城外に置いてあったため、僅かの近臣を以て防戦したが、衆寡敵せずして、遂に千貫櫓に於いて自殺した。時に二十八歳（一説二十五歳）。光秀には子息がなかったので、光秀によって天下を譲らるべき人だったともいわれている。兎も角もこの婿として有力な味方となるべき信澄の死は、光秀にとって大打撃であったと云はねばなるまい。信澄が生きていて光秀の味方となれば、光秀はその力を借りて摂津の諸城を手に入れ、今少し強硬に秀吉に対抗し得たかも知れないのである。

六、京都を治む

安土城を手に入れ近江一国を定めた光秀が、一族明智秀満を安土に止め、再び軍を反して京都に入ったのは九日の事である。勅使として安土に来った吉田兼和は、八日に帰京して禁中に光秀のことを復命したが、九日になって光秀から本日入京するという自筆の折紙が来た。そして未の刻になって光秀は軍勢を率いて上洛したので、兼和は白川までこれを出迎えた。この時、京都の公家衆が悉く迎へに出ようとしたので、兼和がその事を告げると、光秀は、この際そんな事は御無用に願いたいと云って、これを辞退した。そして兼和の宅に至り、過日勅使として安土に来った労を謝し、兼和の手を通じて、銀子五百枚を禁裏に献上し、百枚宛を五山へ、百枚を大徳寺へ喜捨し、五十枚を吉田神社の修理費として兼和に進めた。「不レ寄二存知一仕合也」と兼和はその日記に書いている。この日の夕食は兼和が饗応し、連歌師の里村紹巴、昌叱、必前と、兼和とが相伴したが、食事が済むと、光秀は直ちに下鳥羽に出陣した。

夜に入って兼和は献上の銀子五百枚を持って勧修寺晴豊と共に参内し、委細天聴に達したので、光秀に対して銀子御礼の女房奉書を下し給うた。兼和は直ちにそれを持って下鳥羽の陣所に赴き、光秀の手に渡した。光秀は陳謝措くところを知らなかった。この九日の上洛については、兼見卿記に「向州云、一昨日自二禁裏一御使忝、為二御礼一上洛也」とあるからその名義は、禁裏へ御礼のためというにあったのである。細川忠興軍功記などには、この時、光秀は具足を著したまま参内したと記し、また増補筒井家記には十日の未明に参内し、金子五百両、白帛百疋、綿五百把を献じた事が書いてあるが、兼見卿記の詳細な記事を見ても、光秀が参内した事は書いてないから、恐らく誤伝であろうと思う。

京都に於いて光秀がなした主なる事は、禁裏へ献金した外には、寺社に寄進した事と洛中の地子を免除した事である。寺社への寄進は、既に述べた五山及び大徳寺の外に、御霊、北野、祇園等の諸社へ灯籠料、洛中洛外の諸寺諸院へ祠堂金を寄附した。それからまた阿彌陀寺の面譽上人に、敵味方上下によらず、二日の本能寺の変に討死した人々には、法名を授け、過去帳に認めて、よく弔うべしとて、砂金二包を与えた。此等の事はすべて光秀の後生菩提のためであったと明智軍記に記してある。洛中の地子を免除した事も京都町家舊事記等の諸書に見えているから事実であろう。それにはまず光秀が京都の地下人に金銀を与えた。それに対して地下人が返礼した。それをまた光秀が受けた。その時の有様は義残後覚という書物に面白く書いてあるから、左に謁げてみよう。

かくて日向守光秀は、明日西国へ出陣なれば、京町中の者ども、御礼にあがるべし、則東寺の四つ塚にて請給ふべしとありしかば、かしこまり候とて、おもひ〳〵進上をぞいたしける、あるひはまんぢう、粽、もちのたぐひ、あるひは樽、肴、菓子などをあぐるもありけり、又一方には、いや〳〵さやうのたぐひは、世も静謐にをさまりたがひに上下などをじんじやうにちやくして、御館にてうけ給ふときにこそはしかるべけれ、すべに甲冑をよろひ、はたさし物にて、馬武具東西にはせちがひ、くろけぶりをたてゝ、しかも鳥羽の野はらにてうけさせ給ふ礼なれば、ただほしいひなどこそしかるべけれとて、引飯をつみあげてまゐらする者もおほかりけり、さるほどに、日向守四つ塚に牀机を立させおはしまし、此進上を見たまひて、引飯まゐらせたるをは、心得たるものもあるものかなとて、殊外よろこひ給ふ、その、ちの給ひけるは洛中の礼を請て、しるしなくは有べからすとて、向後町中の地子役をゆるし置との御諚なり、各ありがたしとてよろこびいさみて帰りける

これを見れば、引飯の返礼として光秀は更に洛中の地子を免じたということになる。それはともあれ、当時の上下が如何に戦禍を忌み、平和を渇望して居ったかが分るのである。この地子免除の事については、その事が叡聞に達し久我宰相吉通、難波中将宗豊、土御門少将通里を勅使として叡感の旨を伝えられたということである。

なお以上の如き寄進免除等の事務を行うに当って光秀が京都に所司代として三宅式部大輔秀朝を置いたという事が、織田信長譜、増補筒井家記、明智軍記等に見えている。これは満更うそではあるまいと思う。増補筒井家記によれば、この外、勝龍寺城には城代三宅藤兵衛、淀には番頭大炊介、伏見には池田織部、宇治には奥田庄太夫が在番して居っ

たらしい。因に、光秀が大徳寺に銀子を寄進した時の折紙は、この九日附で光秀が同寺に掲げた禁制と共に、今なお同寺に伝わって居るが、光秀の自筆にかかるものである。同寺誌によれば、この銀子で以て、光秀の冥福のために、同寺に方丈と南門とを建てたのであった。

七、長岡父子を誘う

禁裏に献金して宸襟を安じ、洛中の地子を免除して人心を鎮め、寺社に寄進して冥福を祈った光秀は、なお味方を募ることに汲々として居ったことは事実である。近江に於いて蒲生賢秀父子を招かんとして失敗に終った光秀は、次に丹後弓木の城主一色義有に味方を求めこれは成功した。そして其次には長岡父子を誘った。長岡父子というのは丹後田辺の城主長岡（後に細川）藤孝と、其子忠興のことである。光秀は前に信長の命によって其女を忠興に嫁せしめた。この光秀の女というのが関原役の時に有名な細川忠興の妻であって、それ故、忠興は光秀の婿に当るわけである。これは光秀も確かに成功するという自信を有って誘ったに違いない。

ところが案に相違して長岡父子はこれを拒絶したのである。この時の様子は細川家記に委しく書いてある。即ち長岡愛宕下坊幸朝僧正よりの飛脚によって本能寺の変を知ったのは三日の日の事であった。備中出陣のため忠興の居城たる丹後の宮津を出た許りのところであったが、父子共に天を仰いで愁い悲しみ、宮津に引返した。すると光秀からは沼田光友が使者としてやって来た。その時の光秀の書状は生憎伝って居らないが、細川家記の記事によれば「信長我に度々面目を失わせ、我儘之振廻のみ有之に付、父子共に討死し、欝積を散し候、人数被召連、早々御上洛有て何事をも能く計ひ可給、摂州幸闕国なれは、先御知行可有」といった様なものであったらしい。

ところが忠興はこの書状を見て非常に怒って使者の光友を殺さんとさえした。それを父の藤孝が、使者には罪がないからと云って、止めて追いかえし、同時に父子共に薙髪して哀悼の意を表した。けれども光秀は、それに懲りずに、九日附でまた書状を長岡父子に遣わした。その時の書状というのは、今なお細川侯爵家に伝わっており、左の如きものである。

覚

一御父子もとゆゐ御拂候由、尤無二余儀一候、一旦我等も腹立候へ共、思案候程、かやうにあるへきと存候、雖レ然、此上は大身を被レ出候て、御入魂所レ希候事、

一国之事、内々摂州を存当候て、御のほりを相待候つる、但若之儀思召寄候はゝ、是以同前に候、指合きと可二申付一候事、

一我等不慮之儀存立候事、忠興なと取立可レ申とての儀に候、更無二別条一候、五十日百日之内には、近国之儀可二相堅一候間、其以後者、十五郎、与一郎殿なと引渡申候て、何事も有間敷候、委細両人可レ被レ申候事、

以上

六月九日　光秀（花押）

全文は光秀の自筆に成る。山崎の敗亡より実に四日前のもので、現存する光秀の筆蹟として最終のものである。文意は、御父子共信長の死を悼んで髻を截られたそうだが、致し方もない、自分も一度は腹も立ったが、よく考えてみると当然と思った、けれども斯くなった上は自分に味方して貰いたい、それに就いて御父子に進上すべき国としては

内々摂津をと予算しながら、御上京をお待ちしている、が但馬、若狭を望まれるとならば、それもまた御望み通りにする、自分が今度こうした思いがけない大事を敢行したのは、婿たる忠興などを引立てたい為であって、更に外の目的がある訳でない、ここ五十日か百日の内には近畿を平定するから、それからは十五郎や与一郎などに譲って、自分は隠居する積である、といった意味のものである。

与一郎とは則ち忠興のこと、十五郎とは忠興の兄頓五郎興元のこと、両人とあるのは此時の使者のことで、明智秀満と荒木勘十郎を指すらしい。覚書の形式を借りたもので、宛名はないが、明かに藤孝に宛てたものである。現在の自分の立場を此の如く弁解して居るのは、味方を求めんが為の手段に過ぎないとはいえ、その焦躁した有様が目に見える様ではないか。かくて長岡父子は光秀よりの再三の勧誘を退け書を秀満に送って光秀と義絶したが、それでも足りなかったか、忠興はその室明智氏を離縁し、家臣と侍女とを添えて、丹波国の三戸野という山中に在る明智家の茶屋に幽居せしめた。それで明智氏も父光秀に対して「腹黒なる御心故に、自らも忠興に捨てられ、幽なる有様也」と恨み言をいうて遣ったという事である。此の如く光秀は自分の娘からも其行為を非難せられたのであった。

八、順慶を誘う

光秀の境遇としては、その女婿たる津田信澄と長岡忠興とが、親族として営然得らるべき味方であった訳だが、信澄は信孝等によって殺され、忠興には全く裏切られてしまった。こうした打撃を与えられつつも、光秀は次に今一人の有力なる味方を得んことに力めた。その味方とは大和を領し郡山城に主たる筒井順慶である。

順慶は前から光秀の恩を蒙っていた。それは、信長が大和国を光秀に与えんとしたのを、光秀はこれを辞し、順慶に譲ったからであった。故に順慶は今度の様な場合には光秀に味方する義理がある訳である。故に本能寺の変を知るや、順慶は六月四日、南方衆及び井戸衆を遣はし、五日近江に入って光秀の軍に合せしめた。是に於いて光秀は、順慶に対して、末子乙壽丸を質とし、大和に和泉紀伊を併せ与えんという條件で、これを招き、且、自ら山城の洞ヶ峠に野陣して順慶の来るのを待った、が、順慶の方では、まず家臣を集めて相談した時に筒井家の若士共は、元来筒井家は織田家に対して君臣の約束はない、今まで信長の為に屢々功労があるが何等の賞も受けて居らぬ、今度光秀が信長を殺したのは、信長も足利将軍義昭を追放しているから、その罰である、この際光秀に力を合せて三箇国を領知せられたならば、諸士多年苦戦の労も晴らすことが出来るだろうと云ったが、老臣松倉重信はこれに反対し、弑逆の光秀に与しては、その罪は免れ難い。けれども光秀には多年の好みもあるから、一まず同心の返事をし、山城の洞ヶ峠に陣して少し様子を見ようと云い、島勝猛もこれに賛成したので、洞ヶ峠に出陣したということである。

ところが十日になるというと俄に順慶の態度が一変した。これは初めからの計画であって、順慶は羽柴秀吉の西上を知ると、直ちに使を秀吉の許に遣わし、誓紙を送ってこれに一味した。そして光秀から来て居った使者を追い返して、洞ヶ峠の軍を引き、郡山に籠城してしまったのである。一方、光秀は、十日になって下鳥羽の陣屋を出て河内に入ったが、河内に於いて秀吉の西上を知ったらしく、十一日に再び下鳥羽に帰陣して淀城を修理し、これに據って秀吉に当ろうと謀った。この時にはもう順慶の裏切りも明かになって居ったので、光秀の狼狽や思うべしである。十二日、白川、浄土寺、聖護院三郷の人足を使って城の南側の堀を普請して居ったところが、早くも摂津の天神馬場に至った秀吉が山崎へ足軽を出し、勝龍寺の西の在所に放火したので、人足共は驚いて逃げ出してしまった。光秀は齋藤利三等と共に軍事を議し、部署を定めて山崎表に一戦を試みんとした。

かくて山崎合戦は開始せられたのである。六月十三日の山崎合戦の情況の詳細については、ここには省略するが、要するに一族及び近畿内に於ける有力者から叛かれた孤立状態の光秀は、到底秀吉の敵ではなかった。戦は僅か二時間にして決し、光秀は敗れて勝龍寺城に走り込んだが、その夜逃れ出て近江に向う道中に於いて土民の為に殺された。なおその頃、本願寺光佐から光秀の所へ祝いの使者が来たが、光秀の敗亡を知って帰ったという事が天正日記に見えているから、光秀が本願寺を誘った事も明らかである。

かくて十四日には秀吉が近江に入り、三井寺に陣したので、安土城に在った明智秀満は、城を焼いて坂本城に入ったが、十五日、堀秀政の軍に攻められ、光秀の妻子を殺し、城中に火を放って自殺した。因に光秀の首級は間もなく探し出され、秀吉によって本能寺に梟された。光秀が齋藤利三の言を容れて早く坂本城に引返し、秀満と共に近江に於いて秀吉に対抗すれば、かくももろく滅亡しなかったであろうとも云われている。

九、結語

本能寺の変より滅亡に至る間の光秀の事蹟は、以上述べたところで相当詳かにされたと信じるが、最後に、世に三日天下と嘲笑せられる程、かくも短日時の間に光秀が亡んだ訳は、何であるかというと、人気を集めるだけの手腕が光秀にはなかったためである。其の上無理をしている。本能寺の変は確かに不自然な行動であった。戦国時代の下剋上の世相から見て、天下を治めるだけの力のある者が空名無力なる長上を倒してこれに代るのは、非難はせられるものの、自然の成行であった。

天下統一の気運は、人心をしてより強大なる者へと向わしめていた。光秀はこの潮流に逆った。信長に代る力なくして、単なる私憤のためにこれを弑したのであるから、自滅は当然であろう。故に本能寺の変後に於ける明智光秀の事蹟は、まことに影の薄いものであった。けれどもこの間の事蹟を究めると、飽くまで生というものに執着を持ったかが知られるのである。

【付記】読む際の便宜を図るため、旧字体は常用漢字に直し、一部の旧仮名遣いも改めた（編集部）。

付録　明智光秀関連年表

柴　裕之編

明智光秀関連年表

年号	西暦	事項
永正十三	一五一六	惟任（明智）光秀が生まれる（『当代記』による。但し、このほか享禄元年など生誕説あり）。
永禄八	一五六五	この頃、近江田中城に籠城し活動する。
永禄十一	一五六八	この頃までに、越前国一乗谷滞在中の足利義昭・細川藤孝と接触し、足軽衆に属し活動する。 九～十月、足利義昭・織田信長が上洛のうえ「天下静謐」を成し遂げ、義昭が征夷大将軍となる（足利義昭政権の発足）。 十一月十五日、細川藤孝・里村紹巴らとの連歌会にはじめて出席する。
永禄十二	一五六九	正月、室町幕府将軍足利義昭が京都本圀寺で三好三人衆に襲撃される。光秀、防戦にあたる。 二月、信長が将軍義昭の御所造営を開始する。 二月二十九日、村井貞勝・朝山日乗とともに、将軍義昭の御所周辺での寄宿を禁止する。 四月以降、織田家の家臣とともに京都支配に努める。 四月十六日、信長の意を受けて、木下秀吉・丹羽長秀・中川重政の諸将とともに、若狭武田氏内部の政争に対応する。
永禄十三／元亀元	一五七〇	四月十日、東寺から山城国下久世荘での「押妨」を訴えられる。 四月二十日、織田氏の若狭攻めの先導隊として、同国熊川に着陣する。 五月、丹羽長秀とともに若狭国方面に軍勢を進める。 九月、織田勢が朝倉・浅井両勢が近江国志賀郡にて対陣する。光秀、山城勝軍山城に入る。 十一月十三日、公家・吉田兼見の邸宅を訪れ、石風呂に入る。 十二月、近江宇佐山城将を務める。
元亀二	一五七一	八月二日、この頃までに、信長が近江出陣を計画する。光秀も近江での戦いに参加する。 九月二日、比叡山東方の仰木村の「なで切り」を計画する。十二日、比叡山焼き討ちが敢行される。 九月、信長の朝廷復興策に活動する。 この年、近江国志賀郡（坂本領）の支配と比叡山領処理を任され、居城として近江坂本城の築城を開始する。比叡山領の処理をめぐって将軍義昭と対立し、暇乞いを申し出る。
元亀三	一五七二	三月、近江木戸・田中両城を攻める。 四月四日、柴田勝家・佐久間信盛・滝川一益とともに、河内国交野郡の片岡氏との連携を図る。 七月以降、琵琶湖沿岸部の諸勢を率い、海路で近江攻めに参陣する。 九月、琵琶湖西岸一帯が混乱し、光秀、対応に追われる（翌年三月まで）。比叡山領の高野蓮養坊の支配をめぐって問題となる。 この年、近江坂本城がほぼ完成する。

元亀四／天正元	一五七三	二～三月、信長と敵対した将軍義昭に呼応し、北山城・西近江衆が光秀と敵対する。琵琶湖沿岸の今堅田城・木戸城・田中城近辺で敵対勢力と激闘する。 五月二十四日、近江西教寺において、今堅田城の戦い（二月二十九日・三月一日）での戦死者の供養を行う。 七月、将軍義昭が籠もった山城槇島城攻めに参加する。光秀、以後十月頃まで将軍義昭方勢力との戦いに従事する。 八月、越前朝倉氏が滅亡、八～九月にかけて朝倉氏滅亡後の越前国の統治整備にあたる。 十一月二十六日、近江坂本城に帰還する。 十二月、この頃までに村井貞勝とともに京都代官として活動し始める。
天正二	一五七四	正月、大和多聞城の城番を務める。 二月四日、大和多聞城にて、大和善法寺の美濃国生津荘における年貢相論に直納を認める裁許を下す。 七～九月、伊勢長島一向一揆攻めが行われ、光秀からは佐竹宗実が派遣される。光秀、長岡藤孝らとともに河内方面に転戦する。 七月二十七日、信長に摂津方面の戦況報告書を送り、内容を絶賛される。 十月二十日、佐久間信盛ら諸将との連名で、紀伊根来寺に河内高屋城攻めの協力を要請する。 十月二十九日、佐久間信盛ら諸将との連名で、河内国誉田八幡社に禁制を発給する。 十一月十六日、近江坂本城に帰還する。
天正三	一五七五	六月、丹波攻めの総大将を任され、丹波国内における織田方の小畠永明・川勝継氏との連携を図る。 七月三日、惟任名字と日向守の官途を与えられる。この後、京都代官としての活動が見られなくなる。 七月二十四日、丹波国桐野河内に出陣するため、小畠永明に人員・道具の供出を要請する。 八月、越前一向一揆平定に参陣する。 九月十六日、小畠永明に、二十一日に丹波出兵予定の旨を報告するとともに、傷の具合を気遣う。 九月二十一日、山城国愛宕山で戦勝祈願を行う旨を威徳院に伝える（二十五日以降に延期）。 九月二十三日、越前国から近江国大津に帰還する。 十一月二十一日、近江国志賀・高島両郡の郡境紛争の解決にあたる。 十一月、敵対する丹波荻野直正の居城・黒井城を包囲する。 十二月二日、丹波国内の村々に徳政（債務破棄）を実施する。 この頃から長岡（細川）藤孝が光秀の与力として活動するようになる。
天正四	一五七六	正月十五日、丹波八上城主の波多野秀治が反織田方となり敗退、丹波攻めから撤退する。 二月、丹波国内の味方に黒井城攻め協力の礼状を送る。丹波再出馬を試みる。 四月、大坂本願寺勢との戦いのため摂津・河内方面へ出陣し、天王寺砦を守備する。 五月三日、織田方が大坂本願寺勢に大敗し、光秀が摂津天王寺砦に孤立する。四日後、窮地を脱する。 五月二十三日、病に倒れ、京都に戻る。

		五月、この頃から、大和国の筒井順慶が光秀の与力として活動する。 十一月七日、光秀の妻・妻木氏が死去する。 この年から丹波国の居城として亀山城の築城が開始する。
天正五	一五七七	二月、紀伊国雑賀攻めに加わり、翌月に雑賀方が降伏する。 八月、織田家から離反した松永久秀・久通父子を攻撃するため大和国に出陣する。 十月一日、長岡藤孝・筒井順慶らとともに、松永方の拠点・大和片岡城を攻略する。 十月二十日、この頃、丹波攻めのため大和国を離れる。 十一月十七日、この頃までに丹波籾井城などを落とし、細工所城や八上城方面に攻め寄せる。 十二月、光秀が携わった大和興福寺・東大寺の戒和上職をめぐる相論が解決する。
天正六	一五七八	四月四日、織田信忠に従って摂津国大坂に赴き、麦薙を実施して大坂本願寺方に損害を与える。 四月十日、丹波国へ侵攻し、細工所城の荒木氏綱を降伏させる。 五月、羽柴秀吉の援軍として播磨国に出陣する。 六月、播磨神吉・志方両城を攻める。 八月、娘の玉が長岡忠興（藤孝の嫡男）に嫁ぐ。 九月中旬、丹波攻めの再開を企画する。 十月、摂津有岡城主の荒木村重・村次（光秀の女婿）父子が織田家を離反する。 十月十日、摂津有岡城攻めに加わる。 十二月二十日、丹波国へ侵攻し、波多野秀治の居城・丹波八上城を包囲する。
天正七	一五七九	正月、明智（小畠）永明が波多野勢と戦って戦死する。 二月二十八日、丹波国亀山へ出陣する。 二月、惟任勢、丹波八上城周辺に攻撃施設を設けつつ、通路を遮断する。 四月、この頃までに丹波八上城包囲戦が進み、城内に多数の餓死者が出る。 六月、惟任勢、丹波八上城の波多野秀治らの身柄を拘束し、近江国安土へ移送。秀治らは磔刑に処される。 七月、丹波宇津城主・宇津頼重を没落させる。 八月、丹波黒井城を陥落させる。髙見城にも攻め寄せ、山城国愛宕山威徳院に柏原の地を寄進することを約束する。横山城を陥落させ、その後福智山城として改築する。 八月二十四日、戦乱で離散した丹波国氷上郡住人の還住を促す。以後も丹波国内の戦後処理に奔走する。 九月、丹波国領城を落城させる。「三ケ年以来之鬱憤散候」と書状にその感慨を記す。 十月二十四日、近江安土城に赴き、信長に丹波・丹後両国の平定を報告する。 十一月、荒木村重の拠点・摂津有岡城の包囲戦に加わる。有岡城内の荒木方と赦免交渉を行うも成立せず、城内の村重妻子らが殺害される。

天正八	一五八〇	この年、長岡藤孝らが丹後国の反織田方・一色義道を滅ぼし、その子五郎らが光秀の与力となる。 二～九月、丹波国の領国支配を進める。 七月、丹波国宮田市場を保護する。 八月、長岡藤孝が丹後国を与えられ、同国の統治整備に携わる。 九～十月、滝川一益とともに大和国内の統治整備に携わる。
天正九	一五八一	正月二十三日、信長から京都馬揃え開催の責任者を任される。 二月二十八日、京都馬揃えに、大和・山城衆を率いて参加する。 四月十二日、長岡藤孝・忠興父子に招かれ、里村紹巴とともに丹後国宮津へ赴いて茶会や遊覧をする。 四月十八日、丹波亀山城普請に従事する百姓の飯米支給などを定める。 六月二十日、これ以前に丹波国内の城破りを命じ、従わなかった和久左衛門大夫を討つ。 八月、信長に仕えていた光秀義妹・妻木が死去する。 十二月四日、家中法度を定める。
天正十	一五八二	正月、年頭の挨拶のため近江安土城で信長に謁見する。 正月十一日、石谷頼辰・斎藤利三兄弟を通じ、悪化した織田・長宗我部両氏間の関係維持にあたる。 三月五日、甲斐武田氏攻めに参陣する。 五月十五～十七日、近江安土城に御礼に赴いた徳川家康の饗應役を任される。 五月十七日、近江坂本城に帰還し、西国出陣の準備をする。 五月二十六日、丹波亀山城に入る。 五月二十七～二十八日、山城国愛宕山に参詣し、威徳院で連歌会を興行し、「愛宕百韻」を神前に捧げる。丹波亀山城へ戻る。 五～六月、信長の三男・織田信孝を総大将とした四国攻めが進められる。 六月一日、明智秀満・斎藤利三ら重臣と談合し、信長への謀反を決意する。丹波亀山城から西に進み、三草山方面へ向かうも引き返して、摂津・京都両方面の分岐点「老の山」へ登る。 六月二日、京都方面に進軍し、明け方に桂川を渡る。午前中、惟任勢が京都本能寺の信長を強襲して討つ。続いて二条御所に籠もった織田信忠勢を攻撃し、信忠を敗死させる。午後、近江国へ移動するも、瀬田橋が焼かれ、その修理に追われる。光秀は近江坂本城に引き揚げる。この頃、長岡藤孝や筒井順慶らとの連携を図る。また、備後国鞆に滞在する室町幕府将軍足利義昭や各地の反織田勢力と接触を進める。 六月三日、山城国大山崎に禁制を発給する。以後、九日頃まで京都近辺各所に禁制を発給し、京都の治安維持に努める。 六月四日、惟任勢が近江佐和山・長浜両城を攻略する。 六月五日、天下人織田家の政庁・近江安土城に入る。摂津大坂城にいた女婿の織田信澄が、織田信孝と惟住（丹羽）長秀に討たれる。

六月七日、近江安土城で勅使の吉田兼見に対面する。その際に、兼見に「謀叛之存分」を語る。

六月八日、摂津攻めのため近江安土城を発つ。

六月九日、京都に入り、朝廷や寺社に銀を献上する。その後、下鳥羽へ出陣する。

六月十日、この頃、長岡藤孝・筒井順慶が光秀には従わない姿勢を明らかにする。

六月十一日、山城淀城を修築し、敵方の動きに備える。羽柴秀吉、摂津尼崎に着陣し、織田信孝を総大将に織田勢が結集する。

六月十二日、山城国山崎表に足軽を遣わして勝竜寺西方を放火する。

六月十三日、織田勢と山城国山崎で激突し、敗北する（山崎合戦）。戦後、山城勝竜寺城に撤退したのち、再起を目指して近江坂本城に向かうが、途次に山城国山科・醍醐で村人の「一揆」により討たれ落命。享年六十七（ほかにも五十五、五十七、七十と諸説あり）。

六月十四日、織田勢の攻撃により、近江坂本城が落城する（惟任家の滅亡）。

※本略年表は、柴裕之編著『図説 明智光秀』（戎光祥出版、二〇一八年）所載を加筆・修正したものである。

【初出一覧】

柴　裕之「惟任（明智）光秀論」（新稿）

第1部　光秀の源流と政治的位置

Ⅰ　三宅唯美「室町幕府奉公衆土岐明智氏の基礎的整理」（『愛知考古学談話会マージナル』9、一九八八年）

Ⅱ　早島大祐「織田信長の畿内支配――日本近世の黎明――」（『日本史研究』五六五号、二〇〇九年）

第2部　領国支配と丹波平定

Ⅰ　藤井讓治「坂本城の経営」（『新修大津市史』近世前期　第一章第四節、一九八〇年）

Ⅱ　大槻昌行「明智光秀の丹波平定」（『福知山市史』第2巻 近世編第一章第一節、一九八二年）

Ⅲ　大槻昌行「光秀の支配」（『福知山市史』第2巻 近世編第一章第二節、一九八二年）

Ⅳ　仁木　宏「明智光秀の丹波統一」（『新修亀岡市史』本文編2　第三章第一節、二〇〇四年）

第3部　政策と文化

Ⅰ　桑原三郎「明智光秀の民政」（『社会経済史学』7―11、一九三八年）

Ⅱ　福島克彦「織豊系城郭の地域的展開――明智光秀の丹波支配と城郭――」（村田修三編『中世城郭研究論集』、新人物往来社、一九九〇年）

Ⅲ　堀　新「明智光秀『家中軍法』をめぐって」（山本博文編『法令・人事から見た近世政策決定システムの研究』、科学研究費補助金（基盤研究A）研究成果報告書、二〇一五年）

Ⅳ　桑田忠親「明智光秀の文学」（『歴史公論』5―6、一九三六年）

第4部　本能寺の変と光秀

Ⅰ　桑原三郎「本能寺変の一起因――信長と光秀の勢力軋轢について――」（『歴史地理』73―3、一九三九年）

Ⅱ　桑田忠親「本能寺の変後に於ける明智光秀」（『歴史公論』4―2、一九三六年）

【執筆者一覧】

総論

柴　裕之　別掲

第1部

三宅唯美　一九六〇年生。現在、岐阜県恵那市職員。
早島大祐　一九七一年生。現在、関西学院大学文学部教授。

第2部

藤井讓治　一九四七年生。現在、京都大学名誉教授。
大槻昌行　（左記参照）
仁木　宏　一九六二年生。現在、大阪市立大学大学院文学研究科教授。

第3部

桑原三郎　（左記参照）
福島克彦　一九六五年生。現在、大山崎町歴史資料館館長。
堀　新　一九六一年生。現在、共立女子大学文芸学部教授。
桑田忠親　一九〇二年生。一九八七年逝去。國學院大學名誉教授。

＊大槻昌行氏・桑原三郎氏と連絡を取ることができず、連絡先をご存知の方は編集部にご一報いただければ幸いです。

【編著者紹介】

柴　裕之（しば・ひろゆき）

1973年、東京都生まれ。

東洋大学大学院文学研究科博士後期課程満期退学。博士（文学）。

現在、東洋大学文学部史学科非常勤講師、千葉県文書館県史・古文書課嘱託、早稲田大学エクステンションセンター八丁堀校講師。

単著に『戦国・織豊期大名徳川氏の領国支配』（岩田書院、2014年）、『徳川家康 境界の領主から天下人へ』（平凡社、2017年）、『シリーズ・実像に迫る017　清須会議 秀吉天下取りへの調略戦』（戎光祥出版、2018年）、編著に『論集 戦国大名と国衆6　尾張織田氏』（岩田書院、2011年）、『論集 戦国大名と国衆20　織田氏一門』（岩田書院、2016年）、『図説 明智光秀』（戎光祥出版、2018年）などがある。

シリーズ装丁：辻　聡

シリーズ・織豊大名の研究　第八巻

明《あけ》智《ち》光《みつ》秀《ひで》

二〇一九年六月一〇日　初版初刷発行

編著者　柴　裕之

発行者　伊藤光祥

発行所　戎光祥出版株式会社

東京都千代田区麹町一―七

相互半蔵門ビル八階

電　話　〇三―五二七五―三三六一㈹

FAX　〇三―五二七五―三三六五

編集協力　株式会社イズシエ・コーポレーション

印刷・製本　モリモト印刷株式会社

ISBN978-4-86403-321-3

好評の本書関連書籍

各書籍の詳細及び最新情報は戎光祥出版ホームページをご覧ください。
https://www.ebisukosyo.co.jp

シリーズ・織豊大名の研究　A5判／並製

第1巻　長宗我部元親　平井上総 編著　368頁／本体6500円＋税
第2巻　加藤清正　山田貴司 編著　455頁／本体6800円＋税
第3巻　前田利家・利長　大西泰正 編著　380頁／本体6500円＋税
第4巻　吉川広家　光成準治 編著　334頁／本体6500円＋税
第5巻　真田信之　黒田基樹 編著　400頁／本体6500円＋税
第6巻　最上義光　竹井英文 編著　420頁／本体6500円＋税
第7巻　石田三成　谷 徹也 編著　404頁／本体6500円＋税

シリーズ・実像に迫る　A5判／並製

009　松永久秀　金松 誠 著　104頁／本体1500円＋税
017　清須会議　秀吉天下取りへの調略戦　柴 裕之 著　112頁／本体1500円＋税
019　筒井順慶　金松 誠 著　112頁／本体1500円＋税

図説 明智光秀　柴 裕之 編著　A5判／並製／159頁／本体1800円＋税

中世武士選書　四六判／並製

第31巻　三好一族と織田信長　「天下」をめぐる覇権戦争　天野忠幸 著　203頁／本体2500円＋税
第40巻　足利義昭と織田信長　傀儡政権の虚像　久野雅司 著　221頁／本体2500円＋税

シリーズ・室町幕府の研究　A5判／並製

第1巻　管領斯波氏　木下 聡 編著　425頁／本体6500円＋税
第2巻　足利義昭　久野雅司 編著　405頁／本体6500円＋税
第3巻　足利義晴（在庫僅少）　木下昌規 編著　376頁／本体6500円＋税
第4巻　足利義輝　木下昌規 編著　423頁／本体6500円＋税

戎光祥研究叢書　A5判／上製

10　織田政権の形成と地域支配　柴辻俊六 著　337頁／本体7000円＋税

マンガで読む 新研究 織田信長　柴 裕之 監修　すずき孔 著　A5判／並製／165頁／本体1200円＋税